新时代思政课教师的修炼

冯春柳／著

东北师范大学出版社
长 春

图书在版编目（CIP）数据

新时代思政课教师的修炼 / 冯春柳著. — 长春：东北师范大学出版社，2021.1
ISBN 978-7-5681-7574-6

Ⅰ. ①新… Ⅱ. ①冯… Ⅲ. ①政治课—高中—中学教师—师资培养—研究 Ⅳ. ①G633.202

中国版本图书馆CIP数据核字（2021）第001242号

□责任编辑：石　斌　　□封面设计：言之凿
□责任校对：刘彦妮　张小娅　□责任印制：许　冰

东北师范大学出版社出版发行
长春净月经济开发区金宝街 118 号（邮政编码：130117）
电话：0431–84568023
网址：http：//www.nenup.com
北京言之凿文化发展有限公司设计部制版
北京政采印刷服务有限公司印装
北京市中关村科技园区通州园金桥科技产业基地环科中路 17 号（邮编：101102）
2022年6月第1版　2022年6月第1次印刷
幅面尺寸：170mm × 240mm　印张：14.25　字数：233千

定价：45.00元

序言

追求卓越而幸福的新时代思政课教师

有人说，卓越的人有三条命：性命、生命和使命。要到达卓越，必须生命与使命同在。罗曼·罗兰曾说：“生命被赋予了一种责任，那就是精神的成长。”幸福的人，必定是追求精神成长的。苏霍姆林斯基也曾说过，要想让教师得到幸福，必须引导教师走上从事研究的幸福道路。是的，教师从课中研究，从读中研究，从写中研究，从实践中研究，从研究中实践，这就是一种幸福。坚持不懈，持之以恒，虽如鼍龟，但是只要上路，相信种子，相信岁月，总会遇见隆重的庆典。在《人生的智慧》中，叔本华认为：自己，是一个人所能成为或所能得到的最好的、也是最多的资源。一个人在自身发现的乐趣越多，就越幸福。美国作家约瑟夫·坎贝尔认为：成为自己，是一条长路，是“英雄之旅”。

春柳老师的这本专著是她2019年与2020年的教育叙事，与该书的对话，感觉就好像在和春柳老师本人交流，给人一种生机勃勃、积极向上的感觉，呈现出一位追求卓越而幸福的新时代思政课教师的形象。

春柳老师是一位追求卓越的教师。在教育教学的各个环节、各个方面，都以自身的示范和榜样作用培养学生的道德情怀。她“因人施策”“因材施教”“按需施教”，针对不同层次、不同类型、不同特点、不同需要的学生，发现与发展每一名学生的潜能，创造性地开展教学活动，激活学生的创新潜质和学科特长，激发学生学习本学科的学习动力、学习能力与学习毅力，使学生在追求卓越中不断突破自我、超越自我、成就自我，最终得到最优化、最大化的成长与发展。她秉持终身发展的理念，使学习像吃饭、睡觉、呼吸一样自然，随时关注并及时补充更新自己的学科知识，拓展教育教学的综合实践能力，将追求卓越贯穿于自己终身发展的全过程。

春柳老师专著中提出教师专业成长的四个重要的途径。一是在课堂中淬炼：以课为媒，淬炼本领——打磨自己。二是在阅读中修炼：啃读经典，修炼专业——发现自己；三是在写作中凝练：笔耕不辍，凝练风格——成为自己；四是在对话中历练：漫谈成长，历练对话——超越自己。

春柳老师是一位幸福的教师。她在思政课教育教学过程中得到精神的满足与实现，师生彼此达到知识与生活、知识与生命的共鸣。她把平平淡淡的事情干得有滋有味，有声有色，从从容容，享受教育，享受教研，享受学习，享受师生生命共同成长的历程。

最美的教育在路上，让我们都努力成为卓越而幸福的新时代思政课教师！

陈式华

2020年11月14日

目录

第一辑

以课为媒，淬炼本领：打磨自己

第二辑

啃读经典，修炼专业：发现自己

第三辑

笔耕不辍，凝练风格：成为自己

第四辑

漫谈成长，历练对话：超越自己

1

第一辑

以课为媒，淬炼本领：打磨自己

课比天大，把课上好是最崇高的师德。课是教师的根本，课堂是教师安身立命之本，不论何种层次的教师，都应该时刻把课放在第一位。古代的艺术家认为“戏比天大”，这体现了艺术家对艺术境界孜孜不倦的追求，任何时候都把“戏”放在第一位，不忘初心，牢记使命，真正做到了有信仰、有情怀、有担当。教师的根在课堂，教师也理应认为“课比天大”，必须提高课堂教学技能，以课为媒，淬炼本领，这是为人师的第一要务。

第一章　朝向伟大事物

组成学习共同体

2019年9月26日，汤逸山老师参加东莞市高中政治省青赛的选拔赛复赛，表现突出，成绩优异，特别是时事开讲与说课环节，思路清晰，设计新颖，令人眼前一亮，五个评委都不约而同地给了高分。最后，汤逸山老师脱颖而出，代表东莞市高中政治组参加广东省的比赛。

9月27日，我一大早就给小汤发信息，告诉他上午要做个备赛方案发给我。结果我等到晚上八九点都没收到方案。我想，一定是小汤太忙了，我帮他制定吧。

9月28日，与往常一样，我也是早上五六点钟就醒了。但是，与往常不一样的是：今天我既没有打开相关教育教学类的专著看，也没有看微信公众号中推送的有关教育教学的最新文章，而是进行头脑风暴，设想如何制定一个全面的备赛方案，让小汤成长得更好、更快。思考了一个多小时，7：30起床打开电脑制定备赛方案，7：55写完后准备发方案给小汤。打开微信一看，咦，孺子可教也！原来，昨晚11：59小汤已经把方案做好并发给我了。小汤的方案如下。

小汤的备赛方案

（一）阅读专业书籍

每周一本专业书籍，如《基于学科核心素养的中学思想政治教学》《深度学习：走向核心素养》《致青年教师》《做一个大写的教师》等。

（二）学习优质课例

（1）观看往届优质课录像视频，一周三个。

（2）留意公众号优质的教学设计。

（3）每天中午至少阅读两篇有关思想政治课教学的优质教学设计。

（4）阅读最新版思想政治教材必修1、必修2，每周一个单元。

（三）学习优质演讲

（1）积累演讲素材，如成长故事集、专业成长案例等，整理并背诵。

（2）自己提前拟定几个热门时政话题，写稿并背诵，如“3·18”讲话、“一国两制”、中美贸易摩擦，一周一篇。

（3）自己提前拟定几个热门的演讲话题，如真善美、难忘的一节课、一节好课的标准、开学第一课、毕业前最后一课，一周一篇。

（4）留意“3·18”讲话后优质的思政文献。

（5）到网上学习优质的演讲。

（6）找个语文老师提高普通话水平，特别是个别音准。

（四）阅读优质文献

翻阅近几期核心期刊的优质文献，特别是人大复印的有关核心素养的文献。

（五）向获奖选手、市内大咖请教

（1）向刘秋燕、陈观胜老师请教。

（2）向王定国、陈月强、王建新、冯春柳、徐丰等名师请教。

时间紧、任务重，打算每天晚修时间坐在教室与学生共上晚修，第八、九节课坐在教室与学生共同自习。

以下是我给他制定的备赛方案：

最美的教育在路上

——汤逸山老师参加2019年第二届省青赛备赛方案（东莞市高中政治）

备赛方案表

目标	一等奖
总导师	王定国、陈月强、徐丰、王建新
直接导师	冯春柳
顾问	陈观胜、刘秋燕

续 表

监督人	黄艳銮、李雪芬
参赛者	汤逸山
特训项目	具体内容
教师素养	阅读书目： （1）苏霍姆林斯基《给教师的建议》 （2）闫学《跟苏霍姆林斯基学当老师》
教师素养	（3）李镇西《自己培养自己》 （4）万玮《教师的五重境界》 （5）郑英《教育，向美而生》 （6）《习近平新时代中国特色社会主义思想学习纲要》《习近平新时代中国特色社会主义思想三十讲》《平“语”近人——习近平总书记用典》《习近平讲故事》等 （7）习近平总书记3·18座谈会的讲话
现场教学	1. 阅读书目 （1）余文森《从有效教学走向卓越教学》《核心素养导向的课堂教学》 （2）《普通高中思想政治课程标准（2017年版）》 （3）韩震、朱明光《普通高中思想政治课程标准（2017年版）解读》 （4）陈式华《基于学科核心素养的中学思想政治教学》 （5）沈雪春《议题式教学的课堂架构和设计论坛》 （6）近两三年的《思想政治课教学》《中学政治教学参考》杂志的教学设计 2. 观课议课（每天一课，时间：每天下午5：00—6：00） （1）2019年江苏省高中、初中《思想政治》优质课展评研讨 （2）上一届省赛的光盘 （3）第二届卓越课堂的U盘 （4）各地各科优质课的课堂实录 3. 关注最新版教材
时事点评	（1）每天中午12：15—12：45观看凤凰卫视的《有报天天读》，晚上7：00观看CCTV的《新闻联播》 （2）每周四晚上观看《石评大财经》 （3）从不同的视角关注年度时事，每周两篇时评

续 表

演讲技巧	（1）阅读《从零开始学演讲》《演讲与口才》 （2）收看《朗读者》 （3）每天诵读一篇美文 （4）每天观看一期《我是演说家》或者《超级演说家》 （5）以“铸魂育人，立德树人”“我给学生心灵埋下真善美的种子，引导学生扣好人生第一粒扣子”“坚持‘八个相统一’，增强思政课的思想性、理论性和亲和力、针对性”“难忘的一节思政课”“我是这样感染学生、赢得学生、感召学生的”“做一个‘六要’思政教师”“我自豪，我是一个思政教师”等为主旨约6分钟的演讲稿，每周一篇
板书	每天练习3—5张《司马彦字帖》

冯春柳

2019年9月28日　星期六

两份方案可以说是不谋而合，内容大同小异，只是我根据他的特点，给他量身制订了练习板书的计划。“字乃人之衣冠！”我觉得板书非常重要，往往是给评委的第一印象，也是教师最基本的专业素养，必须锤炼！锤炼！！再锤炼！！！以上阅读书目，我早就根据我们课题组的需要购买了，并且都已经阅读过，有的还不止一遍。为了与小汤共同成长，我会与他一起再阅读，并且会互相讨论，撰写读书笔记。观课、议课方面，我们决定每天至少一课（放假时甚至可以更多），分别谈谈自己的观后感，讨论授课者的优点与缺点是什么，学习借鉴别人的经验与教训，取长补短，以帮助自己快速成长。

中午，我把备赛方案发给陈月强师兄看了，并且请他提出指导性意见与建议。他把我们的方案称为“魔鬼训练营”，并且发来如下省赛的具体要求：

一、学科基本功比赛

（一）时间

待定。

（二）项目

1. 时事开讲（占60%）

（1）内容形式：选手在8分钟内就大赛前6个月内的时事（话题在大赛前一天抽签决定，开讲顺序在赛前30分钟抽签决定）开讲，形式不限。要求符合党和国家方针政策、法律法规，坚持正向引导，科学准确，生动高效。

（2）选手不得在PPT、开讲中等透露自己所在地市、学校和姓名，否则在该项总分中扣除5—10分。

2. 教师素养演讲展示（占40%）

（1）选手结合自身的教学实践及思考，围绕“学习《习近平新时代中国特色社会主义思想学习纲要》《习近平新时代中国特色社会主义思想三十讲》《平‘语’近人——习近平总书记用典》《习近平讲故事》等”“铸魂育人，立德树人”“我给学生心灵埋下真善美的种子，引导学生扣好人生第一粒扣子”“坚持‘八个相统一’，增强思政课的思想性、理论性和亲和力、针对性”“难忘的一节思政课”“我是这样感染学生、赢得学生、感召学生的”“做一个‘六要’思政教师”“我自豪，我是一个思政教师”等主旨进行6分钟的演讲，演讲主旨赛前6分钟抽签决定。

（2）选手不得在PPT、演讲中等透露自己所在地市、学校和姓名，否则在该项总分中扣除5—10分。

（三）学科能力总分

时事开讲×60%+教师素养演讲展示×40%。学科能力总分前10名选手进入第二阶段的现场课堂教学环节。如果有总分同分现象，以时事开讲分数高低排序。

二、课堂教学比赛

（1）要求：彰显铸魂育人、立德树人；坚持政治性和学理性相统一，价值性和知识性相统一，建设性和批判性相统一，理论性和实践性相统一，统一性和多样性相统一，主导性和主体性相统一，灌输性和启发性相统一，显性教育和隐性教育相统一；具有思想性、理论性、亲和力和针对性。

（2）内容：选手自选高中思想政治必修1—必修4模块中的任一课题。

（3）时间：40分钟有学生参与的完整现场教学。

（4）抽签：抽签决定上课班级和顺序。

（5）选手不得在PPT、教学设计、讲课中透露自己所在地市、学校和姓名，否则在该项总分中扣除5—10分。

通过详细阅读比赛要求，我们更加明确了备赛方向。我也对我们的备赛方案进行了调整，使它更适合主题。

组成学习共同体，朝向伟大事物——课，以课为中心展开研讨，是教师成长的第一步。

一节体现新课改的思政课

首先，我们安排通过“研直播”这个微信平台观看2019年江苏省高中思想政治优质课展评研讨中南京市第一中学郝老师的课，这节课的内容是2019年最新版教材《中国特色社会主义》中的《科学社会主义的理论与实践》。

以下是汤逸山老师的观后感：

一、优点

（1）语言精练，用词优美。

（2）活动型课堂。活动一：小组探讨科学社会主义从空想到科学；活动二：《国际歌》填写；活动三：分组分工解读《共产党宣言》；活动四：议题，驳斥观点。

（3）朗诵有背景音乐。

（4）敢于质疑，设问具有思辨性。

（5）论证有思维的过程。

（6）让学生提问题，深度学习课程内容。

（7）立德树人，培养学生理想信念。

（8）能反思社会主义运动发展的挫折，正反两面论证。

（9）课堂广度：推荐研究马克思著作。

（10）教师从自身出发，采访谈马克思，接地气，且让学生发自内心地接受马克思的理论。

（11）板书有特色，高举“火炬”。

二、缺点

部分说教的地方可以提供参考材料、设置情境，让学生总结，选取的课题内容离学生有点距离，教师应该是提前给了学生很多关于社会主义运动史的资料，不然难以讨论起来。

以下是我的观后感：

《中国特色社会主义》这门课理论性强，在指引方向、树立中国自信、培养学生的政治认同和科学精神等方面发挥着重要作用。在新时代，《中国特色社会主义》这门课如何上出历史感、时代感与未来感，如何落实“3·18”讲话中提到的“八个相统一”，如何培育学生的科学精神、政治认同、公共参与、法治意识等学科核心素养，是我们迫切需要解决的问题。对此，南京市第一中学郝老师的《科学社会主义的理论与实践》这节课告诉了我们答案。

（1）通过与经典对话、与时代对话来坚持政治性和学理性相统一。

郝老师的课整体设计非常精妙，谋篇布局非常大气沉稳，主要通过三个活动的推进实现了与经典对话、与学生对话、与时代对话，是一堂充满学科味道的有深度、有高度的思政课。首先，这节课上得很有政治味道，如导入中介绍思想家——马克思，引出中心议题“为什么马克思是对的”，围绕这个中心议题展开四个层层深入的探讨活动。活动一：小组探讨科学社会主义从空想到科学；活动二：《国际歌》填写；活动三：分组分工解读《共产党宣言》；活动四：议题，驳斥观点。有人认为：诞生于19世纪的科学社会主义不再适合现代的发展了，而且苏联解体、东欧剧变的现实也证明科学社会主义已经过时了。其次，本课除了以上四个活动，还设计了《国际歌》的填词，“真理”“天下的主人”的填词，设计巧妙、新颖，既激发了学生的兴趣，又体现了政治性。再加上朗读《共产党宣言》与学生提问、朗读小组回答这一环节，充分体现了与经典对话、贯穿学理性的设计。

（2）通过驳斥错误观点达到了价值性和知识性相统一、建设性和批判性相统一。

郝老师设计的活动三发挥了正确的价值观的导向作用，引导学生从中国壮丽70年的奇迹来正面证明科学社会主义不但没有过时，反而呈现出强大的生命力；从资本主义存在的现实矛盾等反面证明必须坚持科学社会主义的重要性，最终达到了立德树人的目的，培养了学生政治认同的核心素养。

（3）通过活动、情境、议题、探究、思考、分享等路径实现了主导性和主体性相统一、灌输性和启发性相统一。

郝老师激情澎湃，立场坚定，功底扎实，成效卓著，语气沉稳、亲切，语气、语调都带着平等、民主的气息，娓娓道来，思路清晰，层层深入，真正是与学生交谈，启发学生的思维，而不是自上而下地上课与灌输，真正做到了走进学生的心灵，以智慧启迪智慧，以素养达成素养，以心灵涤荡心灵。

在郝老师的课中，学生可以动静结合，既扎实地学到了东西，又有效地启发了思维，获得身临其境的体验。该课在每一个活动的布局中都有一个完整的活动探究路径，充分体现了2017年版新课标的精神。学生乐于参与、合作、探究，由学生提问、回答，发挥了学生的主体作用，学习效果十分明显，学生的核心素养也得到了切实的培养。

以郝老师设计的探讨活动为例。

内容：朗读竞赛。以小组为单位，朗读《共产党宣言》（节选），感悟其理论力量，并回答问题。尝试填写《国际歌》歌词。

要求：小组分工。

第一段：第1、2组；第二段：第3、4组；第三段：第5、6组；提问：第7组；评价：第8组。

评比标准：

朗读时感情充沛，声音洪亮、整齐；及时、准确地回答提问组的问题。

准备时间：1分钟。

（4）通过采访外国友人、推荐相关书目、紧跟时政热点和“火炬”板书等做到理论性和实践性相统一、统一性和多样性相统一以及显性教育和隐性教育相统一。

郝老师的课精彩不断，播放自己到美国游学考察采访外国友人布莱尔的视频，使课显得更加真实、接地气，有理有据，不空洞说教。郝老师还通过推荐一些西方学者研究马克思主义的著作，如《马克思为什么是对的》《马克思主义：赞成与反对》《马克思与马克思主义》等来推进课堂的广度与深度，达到理论与实践、统一与多样的统一。该课还紧跟时政热点，让学生齐读习总书记在纪念马克思200周年诞辰大会上对马克思的精彩论断。最后郝老师通过有心思的巧妙精美的设计，把板书画成一个“火炬”的图案，意蕴为对马克思主义的传承、发展和创新，达到情感的升华，让学生从知、情、意、行上认同与践行马克思主义，政治认同的目的由内而外、自然而然地达成了。

郝老师的课就是好！设计得精巧、精妙！我由衷地佩服他。（后来得知郝老师的课获得了高中组一等奖）

社会主义有点潮

2019年9月28日，中国女排十连胜。女排精神在朋友圈刷屏了。我把“女排精神不是赢得冠军，而是有时候知道不会赢，也竭尽全力，在所不惜！人生不是一定会赢，而是要努力去赢！”发给小汤以共勉，小汤立即回：“好。以后多发这种。”我回：“互相鼓励！”结果他说：“我是积累演讲素材。”我顿时明白，不用鼓励，他也会继续前行。最美的教育在路上，我们一直在路上。

今天小汤观看了两节课。他认为A老师的课一般，只有最后一个环节（让学生把自己的感悟用便利贴贴成一个“70”的形状）值得借鉴。B老师的课围绕中国特色社会主义的“潮”展开。

环节一：中国特色社会主义“潮”在哪？（标题亮点：“潮”）

分组拿一张图片，讨论图片中反映的成就并上台解读展示。（亮点）

环节二：中国特色社会主义为什么能勇立潮头？

小组讨论。

环节三：勇当中国特色社会主义弄潮儿。

议题：全球化时代，“中国特色”与“国际接轨”是否能兼得？

议题设置冲突性还不够强，且问题缺乏具体情境，如西方思潮传入等情境，由于缺乏情境支持，学生热情还不够，而且最后一个议题与第三环节不够贴切，学生上完这节课并没有勇当时代弄潮儿的热情。因此，借鉴意义不大。

我昨天已经观看了这两位老师的课，虽然也觉得一般，但是我认为：从一节你认为不那么好的课中看出问题，你就是行家！你就是不一般！所以我还是认真地从头到尾观看了一遍。以下是我的观后感：

第一，公开课不比常态课，公开课非常讲究课的整体设计，课的谋篇布局要紧紧围绕某一主题而进行，不能是零散的材料堆积而成的一节课。虽然素材可能很精彩，但是这样的课整体看来不够大气，缺少主题与主线，略显逊色，不够出彩。所以，一节好课必须围绕主题（这是一节课的灵魂），设计好主线（这是一节课的血脉），把零散的材料穿成一条漂亮的珍珠项链，呈现在学生面前。A老师与B老师的素材都很好，但是缺少了“魂”，略显传统，设计不够新颖，没有让人眼前一亮的感觉。

第二，细节决定成败。公开课的语言、语气、语速、语调都很考究，课堂上必须语言优美、沉稳、精练、精准，一般不允许有多余的话语，要让学生听了有如沐春风的感觉，有“语出惊人”的效果更佳。A老师在课上讲错了一句话，后来重复纠正过来了。这会让观课者有“比较随意”的感觉，语言不够精练，很明显没有经过推敲、斟酌与打磨。B老师的课有一个小插曲——上着上着翻页笔找不着了，后来只能通过触屏来解决。这些在公开课中都是要避免的。形象、着装、仪表、仪态等，在公开课中也必须都考虑到。

第三，小组的合作、探究、分享是非常必要的。传统的分四大组，整整齐齐、排排坐的座位安排很明显不是很适合小组合作。A老师的学生座位安排就是传统的四大组，所以课堂上没有小组的合作探究，都是老师与学生的一问一答。这种授课方式没有体现新课标的新理念，整节课下来，灌输、说教的意味太浓厚，特别是最后一个环节的切入很生硬，过渡语言不够紧凑，欠思量与考究。整节课没有“一气呵成”的感觉。B老师的学生虽然是以小组的形式围坐在一起，但只是假合作、形式上的合作，实质并没有做到合作探究。

“你真正喜欢上教育教学研究，我就成功了！”

中华人民共和国国家勋章和国家荣誉称号颁授仪式于2019年9月29日上午在人民大会堂举行，其中8人获授共和国勋章，6人获授友谊勋章，28人获得国家荣誉称号。崇尚英雄才会产生英雄，争做英雄才能英雄辈出。党和国家历来高度重视对英雄模范的表彰。今天我们以最高规格褒奖英雄模范，就是要弘扬他们身上展现出的忠诚、执着、朴实的鲜明品格。

忠诚，就是英雄模范们对党和人民事业矢志不渝、百折不挠，坚守一心为民的理想信念，坚守为中国人民谋幸福、为中华民族谋复兴的初心使命，用一生的努力谱写感天动地的英雄壮歌。

执着，就是英雄模范们在党和人民最需要的地方冲锋陷阵、顽强拼搏，几十年如一日埋头苦干，为国为民奉献的志向坚定不移，对事业的坚守无怨无悔，为民族复兴拼搏奋斗的赤子之心始终不改。

朴实，就是英雄模范们在平凡的工作岗位上忘我工作、无私奉献，不计个人得失，舍小家顾大家，具有功成不必在我、功成必定有我的崇高精神，其中很多同志都是做隐姓埋名人、干惊天动地事的典型，展现了一种伟大的无我境界。

伟大出自平凡，平凡造就伟大。只要有坚定的理想信念、不懈的奋斗精神，脚踏实地把每件平凡的事做好，一切平凡的人都可以获得不平凡的人生，一切平凡的工作都可以创造不平凡的成就。

一切伟大成就都是接续奋斗的结果，一切伟大事业都需要在继往开来中推进。新时代必将是大有可为的时代，全党全国各族人民要像英雄模范那样坚守，像英雄模范那样奋斗，共同谱写新时代中华人民共和国的壮丽凯歌！

被评为“人民教育家”的基础教育界泰斗于漪老师，正是我的榜样与偶像，当她被评为“改革先锋”时，我已经深深学习与关注她了。她对祖国和民族的挚爱，对教育的忠诚，对学生的深情，对语文教学的痴迷，都使我深受感染、深获教益。她最常说也最诚恳的一句话是：“与其说我做了一辈子教师，不如说我一辈子学做教师。”教育是科学，教育是艺术，教育更是事业，于漪老师“一辈子”为此孜孜以求，却自谦“一辈子做教师，一辈子学做教师”。纵观于漪老师67年的教育生涯，她从田野走来，始终带着泥土的清香，一辈子辛勤耕耘在校园，她就是一个出自草根、坚守讲台、凝望未来、不断超越自我的优秀教师。德国教育家第斯多惠说：“教育者必须要在他自身和自己的使命中，找到真正的教育的最强烈的刺激。”这最强烈的刺激就是自我教育。故应把自我教育看作终生的任务。我也要一辈子做教师，一辈子学做教师！

崇尚英雄，争做英雄，接续奋斗，继往开来。

晚上，我给小汤发信息如下，“我想：经过一个多月的特训，你能发自内心地喜欢上教育教学研究，我就成功了！”小汤回：“经过一个月，如果我喜欢上教学研究，你就成功了！哈哈哈……”

让博物馆在课堂上“活”起来

无巧不成书，小汤看到于漪老师的事迹后给我发来了一段话，“积累：上课就是滴灌生命之魂，教课就是用生命歌唱。一个肩膀挑着孩子的现在，一个肩膀挑着国家的未来”。

我回他：“我一站上讲台，我的生命便在歌唱！享受站在讲台的日子，享受每一节课……我们便是幸福的教师。深研教育名家，也能加速成长……”我给他发了9篇有关介绍于漪老师教育思想与理念的微信推文，其中有5篇是《人民教育》的专访，我都拜读过。

我研究观看了常州市北郊高级中学C老师的《原始社会的解体和阶级社会的演进》一课。整节课以“鉴往知来：人类社会发展历程专题展”为主题展开，设计新颖，让人感觉博物馆在课堂上“活”起来了。

本节课由诗朗诵《诗经·魏风·伐檀》导入，使阶级社会的劳动场景活灵活现。

坎坎伐檀兮，置之河之干兮。河水清且涟猗。不稼不穑，胡取禾三百廛兮？不狩不猎，胡瞻尔庭有县貆兮？彼君子兮，不素餐兮！

坎坎伐辐兮，置之河之侧兮。河水清且直猗。不稼不穑，胡取禾三百亿兮？不狩不猎，胡瞻尔庭有县特兮？彼君子兮，不素食兮！

坎坎伐轮兮，置之河之漘兮。河水清且沦猗。不稼不穑，胡取禾三百囷兮？不狩不猎，胡瞻尔庭有县鹑兮？彼君子兮，不素飧兮！

随着伴读音乐，《诗经·魏风·伐檀》向学生们款款而来，C老师让学生们在欣赏《诗经·魏风·伐檀》时，找出哪些词语反映了统治阶级的不劳而获。学生们立马兴致盎然，在古朴的《诗经·魏风·伐檀》中进入学习状态，兴致勃勃地投入到先秦时期活灵活现的劳动场景中去。

第一环节：“从石器锄耕到青铜稼穑”，设计了“摆放待展品”，使当时的生产力水平鲜活地呈现在学生们面前。

摆放待展品：

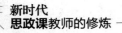

在博物馆一楼临时展览厅，需要通过展品向观众介绍原始社会和奴隶社会的生产力状况。

现在邀请大家将展品放到原始社会、奴隶社会两个展台，并完成任务卡一。

要求：（1）每组选出一名展示人员，展示任务卡一的探究成果。

（2）时间：3分钟。

C老师在黑板上贴出三张体现当时生产力水平的展品（生产工具）的图片，让学生们选择摆放，并阐述这样摆放的理由。根据展品的图片，学生们进行小组合作探究，研究当时的生产力水平到底可以使用怎样的生产工具。在这个过程中，古老的生产工具鲜活地呈现在学生面前，仿佛具有生命力般把学生们带到远古时代。学生分析得出，原始社会分为旧石器时代与新石器时代，由于生产力水平低下，普遍采用的生产工具都是石器，所以展品应该是石制品。奴隶社会时期，生产力水平提高，已经生产出金属类劳动工具，所以展品应该是金属制品。学生分析问题的能力得到了提高。

第二环节："从患难与共到不狩不猎"，设计了"制作微视频"，使当时的生产关系"活蹦乱跳"地展示在学生们面前。

制作微视频：

展厅右侧有一个视频播放区，同学们需要制作微视频，目前已经收集到两个视频材料。请各小组判断这两个视频材料能否完整地反映原始社会和奴隶社会生产关系的特点，并完成任务卡二。

要求：每组选出一名展示人员，展示任务卡二的探究成果。

C老师先给学生们解释了"生产关系"的含义，接着播放反映原始社会时人们共同狩猎场景的视频，该视频真实地还原了原始社会时期人们在劳动过程中形成的关系与地位。学生分析在原始社会生产力极端低下的情况下，面对草莽丛生、猛兽横行的恶劣环境，原始人必须依靠联合的力量，通过共同劳动才能在应对自然界的活动中获取食物，战胜野兽，抵御灾害，维持生命，求得发展。可见，原始社会的生产关系是适应当时极端低下的生产力的。在原始社会的绝大部分时间中，正是这种以原始的公有制为基础的生产关系推动着生产力缓慢向前发展。因此，原始社会是一个没有剥削的社会。

第二段视频介绍了奴隶社会时期奴隶主买卖奴隶的过程。学生透过视频解释分析在原始社会后期，生产力的发展导致奴隶主和奴隶两大对立阶级的形成，他们之间是剥削与被剥削的关系，他们之间的利益是根本对立的，矛盾是不可调和的。奴隶主的残酷压榨和剥削必然激起奴隶们的反抗斗争，奴隶主为了维护本阶级的利益，就需要建立一套暴力机构，包括军队、监狱等，这种阶级统治的工具就是奴隶制国家。

第三环节："从茹毛饮血到彼君子兮"，设计了"撰写讲解词"，使国宝甲骨文、淹城灵活地展现在大家面前。

撰写讲解词：

为了让参观者了解人类文明的发展，现在需要招聘学生讲解员。

请各小组在左边任选一个国宝，说明你们小组打算从哪些方面撰写讲解词并完成任务卡四。

要求：（1）每组选出一名展示人员，展示任务卡四的探究成果。

（2）时间：3分钟。

根据甲骨文、淹城的图片，各组自己选择好要讲解的国宝，先组内分享再进行展示。学生在研究、撰写讲解词的过程中，可以很好地了解这些文物的特点与价值，并且弄清楚它们被称为国宝的原因，萌发保护国宝的决心与意识，做好文物的传承与创新。

该课美中不足的地方有以下几点：

第一，整节课缺少高潮环节，情感的升华也没有很好地贯彻落实，没有找到落脚点。在介绍国宝时本可以好好渲染一下，让学生萌发守护国宝、树立文化自信的爱国情怀，但是授课教师却没有很好地利用这个内容，有点可惜。

第二，学生没有生成知识；问题的设计不是很合理，特别是让学生们讨论：原始社会发展到奴隶社会是进步还是退步？这个问题根本不需要讨论。可以换个问法：人们通常认为奴隶社会比原始社会进步，如何判断一个社会的进步与退步？判断标准是生产力还是生产关系？你怎么认为？

第三，整节课没有达成知、情、意、行的统一，最后以习近平总书记的话作为结语，也只是让学生朗读了一遍，没有进行情感升华或者行动要求，略显生硬。

比较，寻找一节好课的共同点

今天是国庆节，也是庆祝中华人民共和国成立70周年的日子。今天，是举国欢庆的日子！今天，是全国上下欢欣鼓舞的日子！！有大阅兵，有群众大游行，有7天小长假……当看到阅兵仪式直播节目中英姿飒爽的女兵时，我热泪盈眶；当看到游行队伍中的港澳方阵时，我热泪盈眶；当看到游行队伍中的立德树人方阵时，我热泪盈眶……我深爱着我的祖国和人民。让我们共同祝愿我们的祖国繁荣昌盛、国泰民安！

没有任何力量能够撼动我们伟大祖国的地位，没有任何力量能够阻挡中国人民和中华民族的前进步伐。

中国的昨天已经写在人类的史册上，中国的今天正在亿万人民的手中创造，中国的明天必将更加美好。

伟大的中国人民万岁！伟大的中华人民共和国万岁！伟大的中国共产党万岁！

民族要复兴，我辈当自强！

当然，在这举国欢腾的日子我们照样没有忘记研课。但是，今天，一打开研直播的网页就立刻看到这个学习通知：

尊敬的老师：

适逢国庆七十年，为了能够让学员度过一个温馨、愉快的国庆佳节，中国教师研修网将于9月30日晚上十点至10月8日早上六点关闭远程培训平台，谢谢大家的理解，提前祝大家国庆快乐！

中国教师研修网

2019年9月29日

本来我们打算国庆期间好好研课的，无奈我只好发信息给小汤："那么研究教育名家吧，看专著，写读书笔记。"

下午他回信息："看完岳川的课例，可谓大开眼界、美不胜收，不愧为一等奖第一名。”摘录笔记如下：

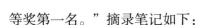

（1）总体设计思路缜密、逻辑严谨且自然流畅、行云流水。导入篇：字里行间探哲学→推进篇：捕光逐影话过往→深入篇：合纵连横共明天→升华篇：少年不负家国梦。

（2）该课既有语言美，更有行为美。语言美：汉字组词、创作诗词、星辰大海；行为美：拍摄纪录片、寻找合作地区、解决不平衡问题。

（3）教师博学广识，驾驭文字水平高，引用爱因斯坦的名言，更为课堂增加了哲学的韵味。

（4）课堂活动新颖，贴近学生，操作难度不大，学生喜闻乐见，如组词、拍摄角度、区域合作等。

（5）课堂站位高，恢宏大气，跨越时空，落实核心素养，但又见细微知著，以小见大。

（6）哲理的学习既有主线又有通俗例子，如器官之间的联系，能让学生更通俗地理解哲理，能举一反三。

总而言之，情境选取真实，活动选择巧妙，课堂既有深度又有温度，该课既是哲理课又是很好的立德树人课。

个人认为，岳川自创诗句中的“小政府，大市场”值得斟酌推敲，现在不提这个了，这个是西方的社会治理理论，社会主义市场经济强调既要发挥市场在资源中的决定性作用，又要发挥政府的作用。

与南京市第一中学的郝老师相比，岳川的课侧重活动，郝老师的课侧重议题；岳川更注重广度，郝老师更注重深度；岳川的课例核心素养显性，郝老师的课例核心素养较为隐性无痕；岳川强调对哲理的体验，郝老师强调对文本的思维解读。他们共同的地方是都运用了语言的魅力，岳川是组词，郝老师是组歌词；岳川是自创《江城子·回望》，郝老师是朗诵《共产党宣言》。

原来我昨天安排他对比研究2017年第一届省青赛高中政治第一名岳川老师的课《用联系的观点看问题》与南京市第一中学郝老师的课，试着找找它们的共同点。他今天果然认真研究与分析了，看样子还收获颇丰。我回信息说：“他们的课的共同点是思维含金量高。”小汤回说：“茅塞顿开！”

其实，不仅如此，一节出色的课，要三百六十度无死角；要有成为千古绝响的气势；要让学生觉得余音绕梁，听了还想听，第二天还盼望着这位老师来上课。这才是真正的好课。

不仅要围绕一条线索展开，还要围绕两条甚至三条线索展开，这样方显厚重与大气，不会让观众觉得直白与单调；必须有创作、创新环节，不走别人走过的老路，这样才会让人眼前一亮；必须有政治味，既要体现“八个相统一”，还要落实学科核心素养——政治认同、法治意识、科学精神、公共参与；要围绕主题，设计情境，安排活动，策划议题，让学生参与、合作、探究；必须有高潮环节，要让学生做到知、情、意、行的统一，情感升华要找到落脚点，做到水到渠成，自然而然地生成知识；必须与时俱进，充分体现时代感，反映党和国家的最新主流舆论导向……总之，教育是科学，教育是教人求真、引人向善、让人至美的，正如陶行知所说：“千教万教，教人求真；千学万学，学做真人。”教育是艺术，艺术是需要创作与创新的，要以学生喜闻乐见的方式呈现课堂；教育是事业，事业需要十年如一日地坚守，需要平凡岗位上的点滴付出与积累，需要忠诚、执着、朴实，伟大出自平凡，平凡造就伟大。只要有坚定的理想信念、不懈的奋斗精神，脚踏实地把每件平凡的事都做好，一切平凡的人都可以获得不平凡的人生，一切平凡的工作都可以创造不平凡的成就。

努力吧，青年！开创未来！接续奋斗，奋斗是青春的底色！继往开来，未来是属于你们的！

第二章 把有意义的事情做得有意思

自己培养自己

2019年10月2日，我们各自钻研与阅读有关教育教学的随笔，并且写读书笔记。

小汤阅读的是吴非老师的《致青年教师》，以下是他摘录的读书笔记。

（1）教师必须通过教育教学，让学生敬重文化和文明，让学生敬重教育，让学生敬重教师。

（2）教育工作的一个重要特征是“慢”，文明不可为一时的成功狂喜，再说，教育不是体育比赛，文明不需要“战胜”谁。

（3）课堂有你，更有学生。

（4）课堂除了有探索和发现，有理智与情感，还应当有孩子的童趣，有少年的率性，有青春的诗和梦。

（5）学生或感动，或激动，或疑虑，或感慨，或悲伤，或有不平之气，或有醒悟，或有疑问，等等，都是不错的结果，因为学生的情感思维活动会促进学生心灵的健康发展。如果学生听了一节思政课，做了作业，却像什么都没发生一样，那是最糟糕的。

教师的心中要有阳光，课上说到巴尔蒙特“为了看看阳光，我来到世上”，看到有几位学生眼睛发亮，有一位激动得泪光闪闪。

小汤说：“入职五年了，通过这本书该好好反思我走过的路了。”

（1）教师不是演员，名角登台，必有轰动效应；戏迷进入“忘我”之境，不再思考杨贵妃为何醉酒，而只迷梅兰芳之身段与水袖。名角的任务是演，并没有义务鼓动观众“学”。戏曲演员还有一种“唱堂会”，点什么唱什么。学科教育，有课程标准，有教学目标，上课不是“唱堂会”。

（2）教学上的拿手好戏常常是方法或是“技术”，而不是“戏”。优秀的教师，了解青少年思维的共性，了解教学班级学生思维发展的特点，知道学生对教师提出的问题会有什么样的思维过程。他善于和学生对话，倾听学生的发言，从中找出合理的、有价值的内容，并进一步启发学生深入思考。

（3）教师不要把自己当演员。你的学生喜欢你的课，主要是因为你引导他进入有意思的境界，通过你的教学，他学到了方法，发现了智慧，而不是在看一场演出。

（4）托马斯·阿奎纳：“教学是教师试图借以摆脱学生的一个过程。”

不能让学生认为我们不认真。

今天小汤还研究了一节课：江西省赣州市第一中学刘玲芳的《传统文化的继承》。

导入：黄飞鸿视频。

环节一：传统建筑。

佛山传统建筑：镬耳屋、满洲窗。

广东：西关大屋、骑楼、围屋。

活动：小组竞猜邮票上的传统建筑。

环节二：舞狮文化（亮点，但不是语文课）。

百年归巢青、龙珠采朱青、墨斗金龙青、银盘玉珠鲤鱼青。

环节三：拜师礼仪。

环节四：功夫的传统思想。

活动：学黄飞鸿功夫。（学生跟不上，可以提前一个晚上全班演练，第二天全班一起跟着老师打）

优点：

（1）接地气，就地取材，都选取了佛山的素材。

（2）教师语言功底深厚，普通话标准，语言感染力强。

缺点：

（1）课堂内容比较肤浅，学生基本处于了解中华文化的层面，缺乏深度，没有思维的碰撞。

（2）为看视频而看视频，为打拳而打拳。

（3）没有把问题展示在PPT上。

小汤发信息给我说：“看了2016年的课程，发现课程理念跟今天比已经有点落后，没想到几年间，随着新课程的出现，课堂的评价方式也发生了改变。”

我回道：“2017年版新课程标准正式出台后，许多理念都有了更新。我们尽量研究2018年、2019年的优质课，这样参考价值更大。看完江苏的再看上海、北京的。”

我于2019年10月3日重读了李镇西的《自己培养自己》，感触颇深，被李老师真实、朴素的教育思考、教育故事所折服。

我追求成为这样的思政课教师

小汤今天观看了深圳孔令启老师在《中学政治教学参考》举办的第一届全国高中思想政治卓越课堂中所上的一节课——《运动是物质固有的根本属性》。以下是小汤的观后感：

导入：学生谈成长的故事。

（1）今天的你我：生命的追求与坚守《坐上高铁去北京》。（亮点）

设问：材料涉及哪些运动的主要形式？这些运动形式的载体或者承担者是什么？运动与物质是什么关系？

谈谈你对材料中“变”与“不变”的理解？→运动与静止的辩证关系。

（2）哲学命题思考与哲学点亮生活。

设问：根据你查阅的资料和你的理解，你欣赏课本中的哪个观点？谈谈你的理由。

慧能大师：

第一层次：现象认识——幡动。

第二层次：产生这种现象的解释——风动。（类似科学态度）

第三层次：哲学层面，从人与世界的关系解释——心动。

（唯心主义有其合理性）

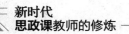

（3）恰同学少年，深度思考的学习品质比努力更重要。（分析学生的文章）

孔老师解字说哲学→智慧在于动。

（4）哲学生活的情感延伸与升华——《孔老师的寻人启事》，引导学生主动思考。

优点：

（1）把哲学课上成了人生修养课、人生理想课、生命价值课。

（2）教师点拨到位，思维引导能力强，锻炼了学生的思维能力。

（3）对哲学理解深刻、境界高，对课本例子剖析到位。

（4）语言不仅优美，而且境界高，勾勒出一幅美好的画卷。

小汤由衷地感叹："孔老师是大师啊！膜拜！""但个人觉得孔老师只分析了唯心运动的思维，而对唯物主义角度的解释谈得较少。""听了几天课，有一个感悟：启迪人生，追求智慧。这样上课才能上档次。"我回信息说："用心灵涤荡心灵，用一个灵魂唤醒另一个灵魂，永远不会过时！"

我今天重读了汤勇的《致教育》。汤勇老师对读书的推崇与推行、对教育的理解、对师生关系的分析等，都令我刮目相看、脑洞大开，我更加坚定了对自己专业发展的要求：躬行、常思、勤读、多写。

思政课还可以这样上

我对比研究了江苏省2019年优质课展评荣获一等奖的课与广东省2017年第一届省青赛荣获一等奖的课，不愧是能引领思政课方向、具有独特设计、让大家耳目一新的好课。执教者独具匠心的设计、精彩的课堂活动、扎实的基本功让观课老师叹为观止、自愧不如。这些课让观众觉得余音绕梁，真正达到了听完还想听、第二天还盼着这位老师来上课的境界，堪称新时代思政课的典范。

高峰老师上的是以"方向决定道路，道路决定命运"为题的综合探究课。他选择了安徽小岗村这一具有历史性、标志性的地方，通过"小山村大巨变"

透视中国改革开放四十多年的发展，分析其成功的原因，引导学生感悟时代背景、时代价值和历史意义。

为了贴近学生，缩短学生与农村之间的距离，高峰老师带领学生到小岗村实地研学，先后采访了一些历史见证人，并将师生的所见、所感、所悟制作成真实的视频情境。整节课设计成三个篇章：一按“红手印”——户户包田解决温饱；二按“红手印”——人人参股奔向小康；三按“红手印”——代代传承，砥砺前行。用三次“红手印”串联起小岗故事、小岗道路和小岗梦想，通过议题式教学解决课堂中的疑问。整节课前后呼应，由知到行，逐步升华。

甘文兰老师上的是八年级上册《坚持国家利益至上》一课，这是被教师们认为最难上的一课。她以带领学生参加“学宪法、讲宪法”演讲诵读比赛撰写演讲稿为线索，开始了带领学生寻访守岛32年的王继才、王仕花的一段旅程。

整个教学环节分为寻岛、登岛、爱岛三个环节。“寻岛”环节帮助学生厘清了当个人利益和国家利益冲突时个人能不能有点私心等问题。小切口、大背景、深道理在“为什么要守岛”等具体问题解决中充分体现。“登岛”环节引导学生思考王仕花为什么还要坚守，其儿子选择戍边你是坚持还是反对，让学生在思维的碰撞中产生火花。“爱岛”环节引导学生实现思维和感情从“家”到“岛”到“国”的升华。

两位教师的共同之处在于：①注重价值引领。无论是“坚持道路自信”还是“坚持国家利益至上”，两节课都既关注面上拓展，更注重点上拓深，将爱国情、强国志、报国行有机融入教学情境和活动，在潜移默化中让学生认同和信服。②设计形象生动、贴近学生的教学情境。师生的小岗村、开山岛之行，尽管有时疲于奔波，有时饥肠辘辘，但和学生一起获得了第一手最真实的教学材料和学习材料，形成了课堂最真实的情境，对学生人生观、价值观都形成了正确的引领。③积极开展议题式教学。两位教师努力在教材知识逻辑与学生思维逻辑中找到一个点，走进学生心里，通过设置理性的思辨话题，引导学生在价值冲突中识别观点，在比较鉴别中确认观点，在探究活动中引申观点，有效实现了情感升华。

通过研究发现，江苏省的课其实强调以下两方面：

一是追求真实。教师带领学生真刀实枪地进行调查研究，以求真务实的态度影响学生。思政课教师走出书斋、走进社会生活、走到学生当中，才能真正了解社会现实、准确把握学生心理，避免在教学中出现单纯从概念到概念、从理论到理论的情况。也只有与现实紧密结合起来，思政课才能增强现实针对性，让学生们想听、爱听，并给学生带来智识上的启发。

议题式上课，引领学生亲自去获取第一手资料，在真实面对中去探究。探究的方式多样化，如采访、亲证、体验、感悟，用这样的参与来让学生有所悟，树立国家意识，真大胆也真用心，值得学习。

2019年8月，中共中央办公厅、国务院办公厅印发《关于深化新时代学校思想政治理论课改革创新的若干意见》（以下简称《意见》）。《意见》指出，思政课是落实立德树人根本任务的关键课程，发挥着不可替代的作用，要“推动形成全党全社会努力办好思政课、教师认真讲好思政课、学生积极学好思政课的良好氛围”。我们应落实新时代思政课改革创新要求，办好、讲好、学好思政课，坚持守正和创新相统一，不断增强思政课的思想性、理论性和亲和力、针对性。作为思政课教师，如何上好思政课？关键就在于牢牢抓住教学质量这条生命线，在“实、深、活、美”四个方面下功夫。

《意见》指出，要“厚植爱国主义情怀，把爱国情、强国志、报国行自觉融入坚持和发展中国特色社会主义事业、建设社会主义现代化强国、实现中华民族伟大复兴的奋斗之中”。

教师认真讲好思政课，要按照“六个要求”提升能力，提高个人素养，认真备好每节课、讲好每堂课，努力成为可信、可敬、可靠、乐为、敢为、有为的优秀思政课教师。广大思政课教师应在深刻把握“八个相统一”的基础上，更新知识结构，开阔学术视野，夯实理论基础，以透彻的学理分析回应学生，以彻底的思想理论说服学生，用真理的强大力量引导学生，把真善美的种子播进学生心里。在教学内容上，坚持“内容为王”的原则，深耕教材、把准教材、讲清理论，增强思政课的思想性和理论性，让学生真懂、真信。在教学方法上，大力推进思政课教学方法改革，探索形式多样且喜闻乐见的教学方法，注重推动人工智能等现代信息技术在思政课教学中的应用，增强思政课的吸引力和感染力，让学生愿学、乐学。在教学形式上，既执行“规定动作”，又设计“自选动作”，组织多种生动活泼的教学活动，使学生在互动中、在参与中学习知识，增强思政课的针对性和实效性，让学生真学、真用。在教学话语上，掌握“大众话语”“生活话语”“网络话语”，以学生喜闻乐见的话语风格开展教学，用“接地气”的语言讲出“高大上”的理论，让“有意义”的内容变得“有意思”，增强思政课的亲和力和说服力，让学生真心喜爱、终身受益。

二是追求知性美。坚持做到政治性与学理性相统一。思政课说到底是一门理论性课程，需要体现思想性和理论深度。面对信息获取更加便捷、知识储备更加丰富、理性思维更加发展、价值观念更加多元、思想渴求更为强烈的学生群体，思政课教师必须不断提高理论水平，拓宽理论视野、历史视野、现实视野、国际视野。当然，“深”既不是晦涩的同义语，也不是故作高深，而是给学生以更深入的学理分析、更前沿的知识传授、更深层的价值引导。这就要求必须提升思政课教学内容的知识含量、学术品位，把思想政治当作科学来对待和研究，并与哲学、社会科学及自然科学展开广泛对话，在满足学生对知识的渴求的同时，彻底改变一些人认为思政课“不是学术”“没有学问”的看法。

内容要深刻，方法则要灵活。更丰富的形式、更活泼的课堂，才能让学生易于接受、乐于参与。例如，在教学过程中，要敢于打破传统的大包大揽模式，构建一种新型的伙伴式共同学习关系。由教师与学生间“我讲你听”的单向灌输模式向双向互动、交流研讨的模式转变，把研究讨论问题的主动权交到学生手中，在互动教学中培养学生的思辨能力、主动思考能力、发散性思维能力等。新颖、灵活的教学方法看似不是思政课的核心内容，却能够显著提升教学质量，达到事半功倍的效果。

思政课教学对教师来说就是一门艺术，同样要追求形式上的“美”。美的力量能拨动学生的心弦、打动学生的心灵。思政课教师不仅要在专业理论学习上下功夫，而且要逐步探索、掌握思政课的授课艺术，包括提升讲课内容的思辨性，培养恰到好处的幽默感，提高引人入胜的表达技巧，拿捏传授知识的时机与火候。只有把思政课中的哲思、意蕴、理趣充分融为一体，以循循善诱的方式把思政课中最有价值的内容展示并传递给学生，才能真正达到全面提升学生思想政治理论素养的目的，实现知、情、意、行统一的培养目标。

学无止境

一大早，小汤就发信息提醒我："记得带杂志和书籍给我。"于是我给他准备了2019年1月至6月的《思想政治课教学》杂志、李镇西的《自己培养自己》、汤勇的《致教育》以及《中学政治教学参考》举办的第二届卓越课堂实录与点评的U盘，并且告诉他，今天可以观课啦！我们都期待着更精彩的课。

下午，我给小汤推荐了两个电视节目——《社会主义有点潮》和《开卷有理》之《马克思靠谱》，希望他通过这两个节目可以更加清晰地了解习近平新时代中国特色社会主义思想，理解科学社会主义的相关知识，掌握马克思主义理论中国化的实际情况。

做事情时，我们既要"把'有意义'的事做得'有意思'"，又要"把'有意思'的事做得'有意义'"。一节课既有意义又有意思，得益于精到的创意、精良的制作、精致的包装、精心的推广、精干的团队，得益于课本身接地气、冒热气、显正气、去戾气、聚人气，得益于集体智慧的结晶。我们正在为此而努力。

牛刀小试

今天是周四，下午是科组活动时间。小汤准备了时事政治"深圳示范区"与教师素养6分钟的演讲，在科组教师的面前试讲。我们给他指出了需注意的问题：

第一，时事必须要有重点、亮点，不能泛泛而谈、面面俱到。

第二，主题与小标题既要新颖、言简意赅，又要能说明问题。

第三，选取的角度要给人眼前一亮、耳目一新的感觉。

第四，教师素养选取的案例、故事要真实、情真意切，学生的姓名也要用真名。

第五，教师素养在演讲时要娓娓道来，讲故事要思路清晰、生动感人。

第六，平时要多积累一些教育名家的名人名言，多看教育名家的著作，演讲时要有所引用。

第七，时间短，只讲一个故事就可以了。

第八，要把开头、结尾准备好，并且背熟，平时动笔写写相关的教育故事，多积累与学生互动交流的故事。

初定课题

小汤晚上给我发来哲学综合探究的内容。他说："我觉得哲学的综合探究都挺好的，适合讲公开课，哲学综合探究都是浓浓的道路自信、理论自信。""我今晚在看你给我的杂志，收获很大，有些活动形式值得参考。书到用时方恨少，后悔当年订了也没好好读杂志。""可以把华为用上，组织学生到华为小镇参观一下。我也可以讲文化自信的课，对比美国大片、日本动漫。""素养演讲其中一个故事，我写我的爷爷的教师故事。""结合哲学第四单元的综合探究，结合深圳的昨天、今天、明天，我应该适合上这种课。"

我告诉他"努力永远都不会晚。文化自信不够吸引人，很难上好"，并且给他发了深圳全球首发的宣传片，叫他收藏好。我建议他上哲学第四单元的综合探究《坚定理想，铸就辉煌》，可以利用中国女排精神、共和国勋章的英雄人物、深圳示范区、劳动教育等时政热点问题。

教育部、中央组织部、中央宣传部、财政部、人力资源和社会保障部五部门印发了《关于加强新时代中小学思想政治理论课教师队伍建设的意见》，该意见主要讲了如下要点：

（1）中小学要严格按要求配齐思政课教师。

（2）建立中小学思政课教师轮训制度，依托各级党校和高校马克思主义学院每3年对中小学思政课教师至少进行一次不少于5日的集中脱产培训。

（3）优先发展中小学思政课骨干教师入党，培养和选拔优秀党员教师担任思政课教师。

（4）各中小学校要将思政课教师实践教育纳入年度工作计划，确保每位思政课教师每年参加实践教育活动不少于2次，其中参加外县（区、市）实践教育活动至少1次。定期组织中小学思政课骨干教师出国研修。

（5）实施中小学思政课骨干教师提升计划，高校在研究生招生中给予中小学思政课教师专门名额，每年支持一批优秀中小学思政课教师在职攻读思政教育相关硕士、博士学位。

（6）健全各级中小学思政课教研机构，确保人员配备到位。加大从中小学思政课教师队伍中选拔思政课教研员的力度，配齐建强中小学思政课教研队伍。

（7）健全中小学思政课教师表彰奖励机制。鼓励各地各中小学校定期开展思政课教师主题宣传活动，表彰思政课教师年度人物，树立优秀思政课教师先进典型。在全国模范教师、教学名师、国家级教学成果奖等评选推选活动中向中小学思政课教师倾斜。实施中小学思想政治教育杰出人才支持计划，评选一批国家级中小学思政课名师和骨干教师，并给予相应支持。

（8）各地要因地制宜设立中小学思政课教师岗位津贴，纳入绩效工资管理，相应调整学校绩效工资总量。

（9）各地各学校要将中小学思政课教师队伍建设作为教师队伍建设的重中之重，把中小学思政课建设所需经费纳入年度预算。

讲好中小学思政课，引导中小学生扣好人生第一粒扣子，是每位中小学思政课教师的神圣职责和光荣使命。思政课应该如何上？《关于加强新时代中小学思想政治理论课教师队伍建设的意见》指出，鼓励中小学思政课教师加强对学生成长规律和教学改革的研究，积极推进案例式、探究式、体验式、互动式等教学，树立教学改革标兵，激励教师聚焦育人实效、苦练内功。鼓励中小学思政课教师运用现代信息技术等手段提升教学效果。鼓励支持各地各中小学校组织开展思政课教师教学比赛，开展优秀教学设计评选活动。

上好思政课，离不开一支高素质、专业化的思政课教师队伍。

思政课教师任重道远！

打开上好思政课的大门

今天上午我看了深圳全球首发的宣传片，认为其可以用在时政“深圳示范区”上，选取其中的开放之城、创新之城，这些都是不错的素材。

山西省太原市“时代新人思政课”育人实践活动开展得非常不错，很值得我们学习、借鉴与推广。其“从思政课程到课程思政”的育人模式，也很值得我们去探索与研究。我叫小汤好好研究他们的课。

例如，成成中学教师张晓春的《信仰的光芒》一课，在国歌声中开启，展示了《血战到底》《颜色革命》等影片片段，启发学生感知信仰缺失带来的后果。

太原市第五实验小学语文教师成晨的《方块字，中国心》一课，通过歌曲《中国娃》导入，分别从“汉字之源”“汉字之理”“汉字之法”“汉字之美”四个方面去探究汉字的奥秘，激发学生对汉字的兴趣。在“汉字之源”环节，学生用PPT展示“爱”“国”这两个字的发展与演变，并讲解字理。

在“汉字之理”环节，教师通过对“德”的字理讲解，让学生从学习汉字知识上升到理解社会主义核心价值观的层面。

太原市第五十三中学政治教师李星婷以山西文化为核心，为学生上了《厉害了，我的文化》一课。课程以感受山西文化之“流”、寻山西文化自信之“源”、明当代青年之“责”为线索，内容逐步推进，情感逐渐升华，从而激发学生对山西文化的共鸣。

“四个关注”为思政课注入灵魂。关注人、关注实践、关注问题、关注意义是“时代新人思政课”的四个聚焦点，提升了思政课的内涵，为思政课赋予了灵魂。

关注人。“时代新人思政课”聚焦新时代的奋斗者，引导学生把关注重心放到普通人身上，自觉树立为他人、为社会、为国家而努力学习的信念。

关注实践。关注实践，就是要关注平凡人立足本职岗位的奋斗，关注他们的梦想和追求、创造与奉献。

关注问题。教育要直面问题，社会的功利浮躁、不良的价值追求、信仰和信任危机等都是思政课无法回避的问题。教师和学生在“时代新人思政课”中一起寻找解决问题的方法。

关注意义。“时代新人思政课”引导学生关注学习的意义、生活的意义、生命的意义、奋斗的意义，让学生在成长的关键时期养成探究人生意义的习惯，找到人生向前的动力，为树立正确的“三观”打下良好基础。

“时代新人思政课”以新时代为背景，选取学生关注和感兴趣的话题，以奋斗者的时代新人为榜样，通过师生一起探讨、相互启发解决问题，发挥学生的主观能动性，引导学生正确的价值追求。

思政课成为“热搜”话题。成成中学校长聂惠娟说：“思政课堂上讲述的很多故事打动了学生，很多问题引发学生热烈讨论，很多现象引起学生深度思考。在感动、讨论和思考的过程中，学生们的精神受到了洗礼。”

在思政课上，学生们的各种观点激烈碰撞。什么是正能量？如何向上、向善？如何做一个时代新人？围绕这样的核心内容，教师们通过接地气的热点话题或学科故事，为学生们打开了一扇扇窗。正是由于“时代新人思政课”的探索，课堂教学在原有的广度和深度上增加了育人的高度、温度和效度。在实践过程中，思政课的概念也渐渐明晰：“思”强调内容的思辨性与思维的开放性；“政”是方向盘，突出社会主义核心价值观的引导。

（1）课堂教学实现“三转型”。从“时代新人思政课”的实践中能够看出，思政课不仅要问需于生，更需要以学生喜闻乐见的方式让思政教育走进学生心中。基于学生实际情况和育人目标，“时代新人思政课”力求实现课堂教学的“三转型”：一是课堂教学目标由知识到见识；二是教学方式由呈现到发现；三是学生的学习状态，力求由被动变主动，然后化为学生自觉的行动。

太原市图书馆开设了全国首个“马克思书房”，在马克思书房埋下思想的种子。

为行走的思政课注入红色基因。山西省是红色文化资源的聚集地，近1500处革命遗址和纪念馆遍布全省。教师带领学生攀爬太行山、走进梁家河村，让学生在行走与实践中感受红色文化。

（2）生涯调研活动致敬劳动者。为了帮助学生将学校学习和社会实践连接起来，让学生了解工作的意义和价值，激发学生深层次自主学习的动力，太原市进山中学面向高一、高二全体学生开展“未来有约·生涯人物访谈”活动，访谈对象既有初出茅庐的青年从业者，也有资深的业界领袖，涉及金融、医疗、教育、法律、电商、艺术、销售、物流等多个行业。

这些活动都令我们大开眼界，打开了上好思政课的大门。

有层次、立体的课

我和小汤商量初定的比赛课题是哲学第四单元综合探究《坚定理想，铸就辉煌》，小汤设想了三个活动：①先带领学生在深圳著名的“硅谷”大街、潮起珠江展馆等地方逛一圈，再确定主题，让学生自己发朋友圈，上课时再根据需要选取运用；②在课堂现场引进机器人，让机器人与学生对话，引出价值观的话题；③采访家长，录视频，提供老照片，让学生感受深圳变化的年代感。

我建议他必须注意以下几点：①课的设计必须围绕三条线索进行——个人、社会、国家，这样才不会显得单薄，可以以深圳这座城市的理想与使命为切入点，由城市讲到个人、国家；②查一查深圳是否有改革先锋人物或者获得共和国勋章的英雄人物，可否请进课堂或现场连线；③可以设计“寻梦”“追梦”“圆梦”三个环节，还可以设置当梦想照进现实、设计梦想观察团等环节；④可以设计问卷调查——你有理想吗？你的职业理想是什么？还要注意引导学生思考以下问题：剖析各种选择的价值取向、主体立场、客观条件、社会效果。怎样的人生才是有意义和有价值的人生？你准备怎样度过自己的一生？为什么说劳动是光荣的、美好的？谈谈劳动在人的价值实现过程中的作用。上述人物的人生道路与他们的理想信仰之间的关系是怎样的？谈谈实现中国梦与今天中国人的理想之间的关系。

作为新时代的学生，我们应该善于抓住人生的“三天”：不忘昨天，奋斗今天，创造明天，铸就无愧于时代的辉煌。

小汤说他上午去松山湖见了刘秋燕，我问他：“要注意什么问题？有什么启发？”他说：“刘老师给我提了许多中肯而又有建设性的意见，非常宝贵。她建议配备我的团队，写稿、做PPT，一抽完签就动笔。我看看找谁，让他们负责帮我找素材、做PPT。”我说：“你觉得谁可以胜任就叫谁！到时候申请全科组老师一起出去听课。不用担心这个，你有强大的亲友团、智囊团！”

我看了整整一上午江苏初中的优质课，发现5：40—6：23的课上得不错，内容是“国家利益至上”，其中有三个方面值得借鉴：选取《开讲啦》国家核潜艇之父黄旭华的故事，非常感人；板书按照知、情、意、行的思路书写，很有创意；最后的视频也选取得非常符合主题，特别是最后出现的“我将无我，不负人民”。上课期间学生掌声不断，说明触动了学生心灵，学生们深受感动。把爱国情、强国志、报国行厚植于学生心中，上得有高度、有深度，学生深受启发，真正做到了让学生真学、真信、真懂、真用。

思政课的“走心率”

小汤昨晚发信息告诉我他的初步想法：“革命故事——理想信念（揭示社会历史发展总趋势），黄旭华——人的价值，采访父母合成视频——个人与社会的关系，发朋友圈——放飞青春梦想。”“放飞青春梦想也可以改为爸妈给孩子的一封信。”“批驳错误思想——揭示社会历史发展总趋势，黄旭华——人的价值，父母采访——在劳动中处理个人与社会关系，发个朋友圈——如何放飞青春梦想。”我说：“放飞梦想是自己写给五年后、十年后的自己的一封信。放飞梦想是讲自己的，不是父母的期待。”小汤说：“秋燕能拿第一是因为形式、内容都很新；所以黄旭华这个素材虽然好，但是给人一种呆板的感觉；思政老师的惯用手法是给黄旭华写一封200字的感谢信。”我说：“不是的，你上课必须有故事案例支撑啊。有些东西是必需的，这就看你怎样上出新意了。你一定要想想如何把两条、三条线索结合起来，或者总结他身上的特质（关键词）。现在公开课要出彩，要么思维含金量高，要么重视实践，使学生身临其境。”

2019年10月10日，我一大早就发信息给小汤："你要想办法把古老、呆板的故事讲出新意，使其焕发青春，耐人寻味，让人耳目一新，见所未见。""可以以这三个线索推进：信仰·信念·信心、寻梦·追梦·圆梦、青春·奋斗·辉煌，还要善于制造两难选择，让学生在思想争锋、思维碰撞中进行价值判断与做出正确的价值选择，做到价值性与知识性的统一。第一环节讲我的理想与深圳的理想和使命，第二环节讲伟大人物的理想与祖国的理想，第三环节讲怎样才能实现自己的、城市的、祖国的理想。讲深圳的理想与使命担当可以让学生用一个词来形容深圳，并阐明选择这个词的理由，或者创作一首诗来歌颂深圳。"

下午我把央视录制的《【壮阔东方潮，奋进新时代——庆祝改革开放四十年】深圳：改革开放造就的崭新城市》视频，还有两篇微信推文——《摇荡的钟摆：极简改革开放史》《三大创新让学生爱上思政课》发给小汤。《三大创新让学生爱上思政课》讲到许多学校都在探索将一些新的教学方式和新技术手段引入思政课堂。在线课程、智慧课堂、问题链探究、混合式教学、情景剧体验、微电影导学、选修课创设等，都对思政课教学改革产生了新推动。其中讲到一名老师上有关改革开放的思政课："你给改革开放打多少分？"课上，清华大学马克思主义学院副教授冯务中让学生扫描二维码进入在线课堂，并用手机为大家发来这样一道选择题，还打开了弹幕功能。"我打100分""深圳人民表示改革开放的好处很多""99.99分"……学生们拿起手机表达想法。有的学校还把VR技术引入思政课堂，让学生动起来。例如，学生们戴上VR眼镜，"重走长征路"，通过虚拟环境体验红军长征过程中的地理环境、气候条件等，以及遭遇围追堵截，爬雪山、过草地的艰辛。"我转身面对正在爬山的战士，他们的面部表情都很真实，耳边传来的是风声。老班长告诉我，让我快点跟上队伍。"研一学生高杨摘掉VR眼镜后表示，"红军长征的艰难与不易从没有这么真切，书本上的文字变得鲜活起来。"真正实现了统一性与多样性的统一。

思政课的"听课率""抬头率""入脑率""走心率""真爱率"都有待进一步提升，这都是我们努力的方向。我们要力求使思政课触动学生心灵，努力在教材知识逻辑与学生思维逻辑中找到一个点，走进学生心里，通过设置理性的思辨话题，引导学生在价值冲突中识别观点，在比较鉴别中确认观点，在探究活动中引申观点，坚持建设性与批判性的统一，达到有效地实现情感升华，真正实现讲到学生的心坎里去。

人磨课

小汤说："我觉得可以从大逃难入手，批驳错误思想，你觉得呢？这个切入点可能比较新颖。""想想还是不行，与理想信念相违背。其实可以以科大讯飞机器人为切入点深挖一下的。今年是科大讯飞20周年。"我鼓励他"试试吧！"并且给他发了科大讯飞机器人播报新闻的报道，还给他发了武汉军运会的时政新闻，让他做好时政积累。小汤说："我这个周末好好构思如何让学生在憧憬未来中放飞理想信念。找成哥联系上了科大讯飞，他们愿意无偿借我机器人。"这是重大的利好消息。

早上我看到施一公在2015年研究生开学典礼上的致辞，原题为"少年壮志不言愁"。我觉得我们可以学习他的一些做法。在他看来，就科学研究而言，最重要的三个方面是：①时间的付出——不要以为你可以耍小聪明，世界上没有免费的晚宴，这是亘古不变的道理。所以有时候我很反感有些人说我的成功完全是机遇，这一定是瞎掰。任何人不付出时间，一定不会有成功。②方法论的改变。③建立批判性思维——除了方法论的改变，还包括挑战学术权威。施一公认为的科研是一种生活方式。它让我们能够无忧无虑地去思考和解决一些科学问题。但是，我们也要承担一定的社会责任，我们的研究是希望能够回报社会，为人类做出贡献。是的，投入大量时间，注意方法，要有批判思维、创新思维，这些都是成功做好某事的必备条件，没有人能轻易成功。不经风雨怎能见彩虹？！

我建议小汤在课堂上唱《少年壮志不言愁》，或者找一找学生比较喜欢的与理想有关的歌曲，看看课堂上可不可以运用。我同时建议他积累一些有关理想的名人名言，还有与名人有关的理想故事。

“中国信·信中国”

这几天我们想了无数方案，经历了无数自我否定、头脑风暴，觉得非常不容易！

小汤的方案是：“红船，从中共一大切入，想了三个议题。有些地方还需要斟酌，特别是环节与环节之间的衔接还不够巧妙。”我建议他注意以下问题：“这个切入点学生有没有兴趣呢？深圳、华为任正非父女俩的故事、黄旭华母子俩的故事；你的板书可以是帆船形状；可以有穿越时空的三封信吗？可以从习主席的授勋仪式讲话入手，以英雄为主题；可以联系黄继光班的程强吗？可以写信吗……”

我还建议他从穿越时空的回信入手，以“中国信·信中国”为主题贯穿整节课，以黄继光与他妈妈的信、任正非与他女儿的信、黄旭华与他妈妈的信为线索，以“信仰·信念·信心”与“寻梦·追梦·圆梦”为小标题开展教育教学活动，辅助以格言、诗歌、歌曲等，作为学生的活动环节。下午我们还讨论了将近1个小时，最后他才明白我的意思。

奋斗

我一大早给小汤发信息：“坐而论道，不如起而行之。奋斗精神是中华民族的伟大精神和优良传统，也是新时代学生成长的必然要求。真正的人生因拼搏而出彩、因奋斗而生辉。人生的价值是在奋斗中实现的，只有奋斗的人生才是幸福的人生。奋斗的青春，才无愧无悔。我们要立鸿鹄志、做奋斗者，把个人奋斗融入社会主义事业的伟大实践奋斗，把崇高理想熔铸在砥砺奋进的征程之中，使自己的人生成长同民族、国家命运紧密联系，以乐观向上的人生态度践行‘空谈误国、实干兴邦’的求实精神，勇于开拓，攻坚克难，刚健有为，撸起袖子加油干，争做有担当、有作为的好学生。可以做结束语！”“两首歌曲《我们都是追梦人》《我奋斗，我幸福》可以用，爱因斯坦、马丁·路德·金、黑格尔的名言也可以用。”小汤想采用“听歌曲《不忘初心》并填词的环节”，我认为歌曲要学生耳熟能详才行得通，才吸引人。我建议他可以试着让学生创作有关“理想”的座右铭。后来小汤终于知道我安排他讲华为任正非父女的故事来源于以下采访。

Joe McDonald：特朗普总统之前也暗示过，如果中国政府愿意在贸易协议上跟美国达成某种程度上的共识，他不会对华为下狠手，把华为从实体清单上拿掉，或者进一步改变您女儿的状况。您对特朗普总统的表态是怎样的反应？他似乎把华为作为中美贸易谈判的棋子或筹码，对这个表态您什么反应？

任正非：如果通过这个“棋子”能解决问题，听起来是好的，但是要国家为我们做出让步，我是不会去推动的，这是国家与国家之间的问题。我们毕竟有钱，还能扛得起打击，中国很多老百姓是贫穷的，让贫穷的老百姓让一些利益给美国，来救一个有钱的华为，我良心上过不去。所以，我认为，我能坚持多挨打几年，包括我女儿多受一些罪，也不能把中国的利益让给美国。其实，美国也应该看到，中国还有不少贫穷人口，他们的生活还在低水准上。

因此，在这点上，我完全没有考虑，我也不会去求中国政府给美国好处，放华为一马。不放一马，我们就是发展慢一点，孟晚舟多待一点时间，多受一点苦难，但是对中国人民、对国家有好处，我心里就舒服一点。如果国家拿很多利益去换取华为生存，我总觉得对不起自己的国家。

下午恰好看到浙江省教研员王国芳老师发的直播预告：10月24日，指向学科核心素养的学习情境和任务设计——2019年浙江省高中思想政治学科教学活动评审。我告诉小汤：“又有新课直播了，这又是学习的大好机会！”

精彩内容不容错过！这次活动主要有两个课题——《社会主义制度在中国的确立》《中国特色社会主义制度、道路、理论、文化》，我们充满期待！

课磨人

早上5点多，我给小汤发了浙江省教育厅教研室牛学文老师的《什么样的课是优质课》。牛学文老师认为在新课程条件下，一节课是否是优质课，可以从以下三个层面加以判断。第一，从理念层面看：主要看学生在课堂学习中自主的程度、合作的效度和探究的深度。次要看教师在课堂教学中是否坚持了“一个中心，两个基本点”。“一个中心”，就是以学生发展为中心。“两个基本点”之一，就是坚持依标施教。“依标施教”就是根据课程标准进行课堂教学活动。“两个基本点”之二，就是坚持体现人文性、综合性、开放性和实践性。第二，从操作层面看：主要看学生是否做到联系阅读、主动问答、自主讨论、自评互判。次要看教师是否做到引人入胜、精导妙引、结尾无穷。第三，从策略层面看：能否做到开头引人入胜，中间高潮迭起，结尾余味无穷；是否能扬长避短，按照自己的习惯把自己的长处发挥得淋漓尽致；能否做到狭路相逢是勇者，同时出奇制胜。“出奇制胜”，就是要在别人意想不到的地方“露一手”，以收“豁然开朗”或“拍案叫绝”的功效！

一般来说，“出奇制胜”的“战术”往往是没有“套路”或“招式”的，因为“武功”的最高境界是“无招胜有招，平淡见真奇”！

结合牛老师的这篇文章和江苏省的24节直播课的观课感悟，我不由得豁然开朗，对于什么样的公开课才是好课、才是优质课了然于胸。但是说起来容易，做起来难呀！

中午，我拜读了于漪老师的《现在的老师不缺教学技巧，而缺思想与批判性思维》，她指出，“我想到多少年来教给学生的一句话：知识就是力量。但是，现在恐怕还要信奉：思维才有力量！就教育来说，小到一所学校、一名教师，确实要思考思想如何提升，思维如何转换，如何来提升学生的思维品质。这是时代的需要”。概念的界定、形式逻辑的思维、辩证逻辑的思维是缺一不可的。批判性思维要在掌握真凭实据的基础上展开，否则怎么批判？批判什么东西？批判不是否定，批判是在原有的基础上使好的发扬光大，使不足得到克服。思维方法确实要突破，批判性思维培养的目的是提升中学生的思维品质和思维能力，有这样一个扎实的基础，批判性思维就能得到正确的运用。

下午，小汤才把我与他共同商量的——必修4哲学综合探究四《坚定理想，铸就辉煌》这一课的基本思路以文档的形式发过来：

导入：十年前，流传着一个说法——“90后、00后是理想信念丢失的一代”。国庆70周年老师的朋友圈，90后、00后表达对祖国的热爱，折射出坚定的理想信念。

黑格尔：“一个民族要有一群仰望星空的人。”

环节一：为国深潜，母子情长。

情境（先不出具体的名字）：共和国勋章获得者黄旭华隐姓埋名三十年，在国家一穷二白的情况下制造核潜艇，被家人误会几十年，直至最后才被理解。

问题1：如果你的孩子三十年没回家，你会原谅他吗？

问题2：黄旭华母亲为什么说“三哥的事，大家都要谅解”？

问题3：黄旭华为什么把一生献给了核潜艇？

诗朗诵：（教师朗诵）理想是肥皂，洗濯你的自私心。理想既是一种获得，理想又是一种牺牲。理想如果给你带来荣誉，那只不过是它的副产品，而更多的是带来被误解的寂寥，寂寥里的欢笑，欢笑里的酸辛。（《理想》，作者：流沙河）

环节二：为国护航，父女情深。

情境：孟晚舟事件。

角色扮演：1～3组——父亲角色，4～6组——女儿角色。

问题1：如果你是任正非，看到女儿被逮捕，你心情如何？你会选择什么方式去救自己的女儿？（父亲、女儿分别发言、对话）

问题2：特朗普暗示如果中国政府愿意在贸易协议上跟美国达成某种程度上的共识，他会进一步改变你女儿的状况。你会如何选择？（父亲、女儿分别发言、对话）

诗朗诵：（教师一句，全班一句）理想使忠厚者常遭不幸，理想使不幸者绝处逢生。平凡的人因有理想而伟大，有理想者就是一个“大写的人”。（《理想》，作者：流沙河）

环节三：你我共情，共写“传”奇。

视频播放：深圳普通人推动深圳特区的发展。

小组活动：第一组为红船设计图标和名称，并说出其寓意。

第二组在红船上安放几个你觉得对中国近现代发展做出重要贡献的人物。

第三组在红船的船帆上写你觉得对中国近现代发展产生重要影响的事件。

第四组在船桨上写出青年学生的具体行动。

各小组派代表上来分享，如“为什么会选这个人物放在船上”。

教师展示全班共同制作的整只红船，寓意中国的红船扬帆起航。

诗朗诵：（师生朗诵）理想是罗盘，给船舶导引方向；理想是船舶，载着你出海远行……理想开花，桃李要结甜果；理想抽芽，榆杨会有浓阴。请乘理想之马，挥鞭从此起程，路上春色正好，天上太阳正晴。（《理想》，作者：流沙河）

我认为方案总体还是比较传统，缺乏新意，没有让人眼前一亮的感觉。缺少“出奇制胜”之招！要想办法在别人意想不到的地方“露一手”，以收“豁然开朗”或“拍案叫绝”的功效！

期待着东莞市高中政治教研组的各位名师大咖对小汤的引领与指导！

百家争鸣

这是一个最好的时代，百家争鸣，百花齐放！

小汤把上面的方案发在了“我们与省青赛有个约会”的微信群里，并且自我批评说：“细致想一想，这样的设计情境还不够真，不是学生身边发生的事，离学生还是有点远，这样上课容易自导自演。”东莞市松山湖中学的刘秋燕老师说：“可能还是要现场上一次，才能评价。”东莞市实验中学的王建新老师建议：“上一节试试，再改进；再上一节。缥缈不接地气，自主生成难出彩。你要保留第三环节的前两个活动，思考可不可以在红船上做文章，类似红船承载，萌生理想；红船扬帆，铸就理想；红船远航，逐梦理想；等等。一家之言谨供参考。”东莞市东莞中学的陈观胜老师指出：“觉得设计亮点不突出，探究假设太多，而且学生代入感不强，环节三个人感觉探究挺好的，导入反证导入，批驳味浓，这样开局定位要多考虑。”东莞市高中政治教研室的陈月强老师提出：“我也在备课，抽空提点意见，供参考。这是一节哲学的综合探究课，不要上成班会课，也不要上成语文课，更不要变成教师个人秀。要有明确的教学目标，到底要培育什么素养；要有清晰的教学策略，到底运用了何种教学方法；要植根于真实问题和情境，从学生的立场进行设计；要有意识地运用哲学思维解决问题，上出哲学的味道来；要充分凸显学生的主体地位，无论知识、思维、价值、情感皆要由学生生成；教学过程要有收有放，一路激情反而没有激情。”

一大早就看到小汤发来的另一方案。

经济生活第十课第一框：

导入：让学生谈谈观看阅兵情景式前进时的感受。

新时代：

中心议题：概括深圳十八大以来的变化。（教师归纳变化的主题）

课堂活动：设计反映深圳进入新时代的群众游行情景式前进。

（1）小组明确情景式前进的主题，小组内部分工合作，要求有人负责设计前进的旁白，有人负责设计前进的口号，有人负责设计反映深圳进入新时代的道具。

（2）各小组在讲台前出场前进，有小组成员旁白。

新矛盾：

中心议题：人民日益增长的美好生活需要和不平衡不充分的发展之间的矛盾。

（1）学生举出反映该矛盾的身边实例。

（2）辨析：根据经济总量，中国已成为世界强国。

新征程：

深圳先行示范区的红船。

中心议题：深圳如何破浪前行。

小组活动：

第一组为先行区的红船设计图标和名称，并说出其寓意。

第二组在红船上安放几个你觉得引领深圳经济前行的时代人物。

第三组在红船的船帆上写你觉得对深圳产生重要影响的经济制度。

第四组在红船船头挂上引领深圳前行的经济理念。

第五组在船桨上写出深圳先行示范区的具体行动。

各小组派代表上来分享，如“为什么会选这个经济人物放在船上”。

教师展示全班共同制作的整只红船，寓意中国的红船扬帆起航。

我觉得：不管选择哪个课题，都必须有亮点、创新点，要体现实践性，要有生成性，否则不容易出彩……我安排小汤今晚重新“接地气”地再理一理思路，明天与大家面谈。

我倾我力，铸你芳华

早上4点多起床喂奶，发现小汤发到科组微信群中的参加2019年3月18日学校思想政治理论课教师座谈会的青岛第二中学高保卫老师的《一个普通思政老师的150天》。这才发现：每个人都有每个人的不容易呀！同样为思政课教师，感同身受，看完催人泪下。

而小汤也打算把方案修改如下：

问题1：如果你的孩子三十年没回家，你会原谅他吗？

问题2：黄旭华母亲为什么说“三哥的事，大家都要谅解”？

问题3：黄旭华为什么把一生献给了核潜艇？

导入：猜猜它是什么？（先不出名字）→红船

环节一：红船启航，承载理想。

中心议题：社会主义的理想信念。

问题1：根据课前搜集的材料，举出一个坚定理想信念的人物故事。

情境：中共一大红船上齐唱《国际歌》的视频，听歌填词“满腔的热血已经沸腾，要为真理而斗争”。

问题2：如何理解歌词中的“要为真理而斗争”？

环节二：红船扬帆，铸就辉煌。

情境：创设一个两难情境，儿子中考与家长事业的两难。

认识：你认为主人翁是一个什么样的人？如果是你，你如何选择？

真实情境还原：高保卫的故事。（视频）

再认识：你认为主人翁是一个什么样的人？

环节三：红船远航，筑梦理想。

视频播放：深圳普通人推动深圳特区的发展。

小组活动：

第一组为红船设计图标和名称，并说出其寓意。

第二组在红船上安放几个你觉得对中国近现代发展做出重要贡献的人物。

第三组在红船的船帆上写你觉得对中国近现代发展产生重要影响的事件。

第四组在船桨上写出青年学生的具体行动。

各小组派代表上来分享，如“为什么会选这个人物放在船上”。

教师展示全班共同制作的整只红船，寓意中国的红船扬帆起航。

我建议他注意以下问题，“环节二与环节三的小标题再思考一下：应该是先筑梦再铸就辉煌吧。最后落脚的地方不放深圳普通人的视频了，因为高保卫就是普通人，建议后面用黄旭华的；把高老师的故事设计成情境体验一、二、三，可以贯穿三个环节，作为一条主线。建议找个语文老师帮忙，先让他好好看看江苏初中9：10—9：57的课，然后把文章与你的要求告诉他。你这条船第一环节已经有人物了，最后一环节就不用了，节省时间。人物已经讲了历史了，最后的事件建议突出未来性，突出未来祖国建设的重大事件，也体现时政性，重点是引导学生把自己的理想信念与祖国的时代脉搏结合起来谈具体的行动。到我们党成立100周年时，各方面制度更加成熟、更加定型；到2035年，各方面制度更加完善，基本实现国家治理体系和治理能力现代化；到中华人民共和国成立100周年时，全面实现国家治理体系和治理能力现代化，使中国特色社会主义制度更加巩固、优越性充分展现。例如，这几个时间点要做成的大事；密切关注2019年10月28—31日的十九届四中全会；上面高保卫的故事情境体验，你就可以设置‘当梦想照进现实’与梦想观察团环节了……”并且叮嘱他一定要记得：“你这节课如果上得学生热血沸腾，听众听完后真的就有撸起袖子加油干，有为祖国为人民而奋斗的理想信念，就成功了！”

东莞市石龙中学的林小丹老师建议他："我其实有种想法，让这个人讲很无聊，不如让他说一段对孩子的心里话，然后这边你用浅催眠的方式先引导学生进入这个情境：风雨交加，一个人在家，明天中考，家里没有人，爸爸出差，然后他心里充满怨恨，不能理解父亲。后面讲完播放这个视频，除了讲心里话，最后再讲出他的理想和考虑，这个情境应该就很感人了。对，这里可以细化一下，等于就是他出来讲，是为了烘托出他的这种两难：对孩子、对妻子的愧疚，对心中理想的坚持。"

东莞市高中政治教研室的陈月强老师指出："有点新意了，但是环节不成闭环，思考一下：①素养目标的中心线索是啥？政治认同—科学精神—社会参与？②知识的中心线索是啥？社会存在决定社会意识—价值判断与选择—价值创造与实现？③情境的中心线索是啥？站起来—富起来—强起来？④教学的中心线索是啥？议题与分解—议题讨论与辩论—议题提升与行动？素养线、知识线是主线，不要被误导，上成复习课；不要老是在活动设计这个皮毛上下功夫，要多在课标和教材骨血琢磨上花力气。这是一节综合探究课，不要当成一个框题来上。"

其他老师认为还是要上一节来看看，这样才可以有针对性地评价。

上午我们参加了东莞市高中思想政治课建设展示交流活动，该活动在东莞中学松山湖学校举行，是继市委书记举办思政座谈会、走进政治课堂，教育局局长召开思政课建设大会、走进课堂之后，2019年东莞市思想政治课建设系列活动之一。王定国老师主讲了题为"凯歌行进的时代"的讲座，分别总结和回顾了2004—2019年他担任东莞市高中政治教研员这十几年间的活动，如我们的课堂、我们的研修、我们的项目、我们的课题、我们的活动、我们的队伍、我们的影响等。最后王老师表示：记住相约同行的每一个日子，享受共同跨出的每一步，感谢有你，继续为东莞高中政治课建设奋斗！

我们都怀念共同为东莞市高中政治教研而努力奋斗的日子！弦歌不辍，且行且歌！最美的教育在路上！这是最美的时代！

我鼓励小汤：勇敢并不是不害怕，而是心中有信念。"引人入胜""精导妙引"和"结尾无穷"，要努力做到这三点！

第三章　寻找一个闭环

核心素养线索

根据陈月强老师的提醒，小汤重新厘清思路，分别把知识线、情境线、议题线列了出来。我提醒小汤："你要记得你的素养线，开展活动时必须围绕素养而展开。"小汤认为这节课只是体现了政治认同素养，我指出："科学精神——批判错误的、庸俗的、狭隘的理想；公共参与——积极融入中国特色社会主义的共同理想，为实现中国梦而努力奋斗！"

今天早上认真研究了《思想政治课教学》2018年的三本杂志，其中2018年第2期的两个教学设计，我觉得写得真好。

《企业经营体验式活动课》的教学内容是"企业的经营"，具体包括公司的类型、企业的经营与发展；思路借鉴了央视综艺节目《创业英雄汇》的各个活动环节（设计有创业咨询师、银行代表、消费者代表、大众评委），采用SWOT分析法，研究学生组建公司参加"杨中关帝庙会"，开展体验经营的实践活动；模仿电视访谈节目《振哥热聊》，创新课堂模式，让实际创业的学生带着产品、带着诉求来到课堂，创业导师及点评团队提问、点评并给出建议，学生观察团的提问反思贯穿整个教学过程。我打算在今年学校的科技艺术节上开展这项活动，也可以是财经素养课题组的一项活动。

《品历中国文化活动任务单》涉及的教学内容有文化多样性、文化传播、文化继承、文化发展、文化创新、中华文化、民族精神等知识；关系到延安、西安两个城市的文化；安排了九个任务：黄河大合唱的故事、寻找延安精神、古城换新颜、舌尖上的"文化"、"博物馆奇妙夜"、"寻秦记"、"梦回盛唐”、制作旅游明信片、“圆梦之旅”或“故地重游”。这个设计可以是文化自信课题组的活动，我们可以设计东莞市、石龙镇的相关活动。

上午，小汤发了PPT到科组群里，我看了还是觉得有以下问题：①总体结构松散，还是没有形成闭环。②高老师的案例还是从老师的角度让学生分析，离他们远，估计许多学生会选择与他相反的做法。③如果不能做到设计三个情境体验，那么高老师的案例就不能吸引人了，不用更好。因为细想：他的理想是什么？不能认为受到领导人接见就是实现了他的理想。④小标题不吸引人，也不能让人一看就知道所讲内容。⑤还是缺少亮点、创新点、生成性，没有实现几条线索同时推进。

我会这样上

如果让我来上这节课，我会这样上：

中国信·信中国

——《生活与哲学》综合探究四：坚定理想，铸就辉煌

导入：两位学生朗诵臧克家的《有的人》。

师：为什么有的人活着，已经死了？为什么有的人死了，还活着？你想成为怎样的人？我们一起走进《生活与哲学》综合探究四：坚定理想，铸就辉煌来寻找答案。

一、观他人：信仰、信念、信心

活动一：我身边的优秀学长。

过渡：首先我们来认识一位特别的人物，大家根据老师提供的线索来猜猜他是谁。

设置“猜一猜”环节：罗湖高级中学校友易建联的简历。

学生活动：查找易建联追逐理想的经历，在课堂上与同学们分享。指出：为什么这些经历最能触动你？

教师准备：易建联拼搏打球的视频、关于理想的名言、给同学们的一封信。

活动二：我心中的“英雄人物”。

过渡：我们在易建联身上看到，他将个人理想与国家需要、民族前途结合起来，并用实际行动成就了个人理想，也实现了人生价值。我们相信平凡造就伟大，伟大出自平凡。中国历史上无数英雄人物值得我们铭记，如黄继光（黄继光的事迹介绍）。但是，有的人却有这样的声音：

情境：近年来，有的人打着“还原历史真相”的旗号颠覆英雄、歪曲历史、消解崇高，如胡诌“黄继光堵枪眼不合情理”“‘火烧邱少云’违背生理学”“董存瑞炸碉堡为虚构”等。凡此种种混淆是非的谣言借助网络等媒介随意传播，一些网民盲目跟风、随手转发。这种抹黑英雄形象的谣传引起了一些人历史认知的混乱和价值观的迷失。

还原历史、守护英雄、捍卫崇高，就是守护良知、正义和精神家园。战场上多次负伤的志愿军老战士李继德动情地说：“黄继光堵枪眼时，我在现场！”当年的老排长郭安民挺身直言，“燃烧弹点燃伪装草，大火整整烧了二十多分钟，邱少云始终一动不动”。董存瑞的战友郑顺义多次口述力证，董存瑞舍身炸碉堡，就在他的掩护之下……

请你运用价值观的知识，对否认英雄的错误言论加以批驳。

教师：一个有希望的民族不能没有英雄，一个有前途的国家不能没有先锋。民族英雄是中华民族的栋梁。黄继光为什么可以做到去“堵枪眼”？我们看看黄继光牺牲后他的母亲写给毛泽东的信。（播放视频，黄继光的母亲写给毛泽东的信）

教师：我们要满怀信仰、信念、信心，崇尚英雄，争做英雄，接续奋斗，继往开来。

图片：各个时代的英雄人物名字；2019年的中国女排——升国旗，奏国歌。

视频：一直到习近平的“我将无我，不负人民”。

二、见自己：坚持、坚定、坚守

活动三：我未来的职业理想。

教师：好一个“我将无我，不负人民”。习近平总书记还说过“劳动最光荣，劳动最美丽”，是的，劳动是光荣的，奉献的人是幸福的，而这样的劳动与奉献总是要立足于一定的职业岗位。我们始终相信平凡造就伟大，伟大出自平凡。平凡的我们，职业理想是什么？我们有没有想过将来自己会在怎样的岗位发光发热，既温暖自己又照亮他人？

学生：在“理想卡”上写下自己的职业理想，并与小组内同学分享自己选择这个职业的原因。

教师：提前调查班上学生的职业理想，并生成表格。在PPT上投影各种职业的比例并现场分组，同一职业的为一组。设计“当理想照进现实”环节，并选出6名学生做“理想观察团”成员，帮助学生们更好地认清自己的理想与现实的差距，帮助学生们更好地坚持、坚定、坚守自己的理想。

学生：讨论以下问题。

（1）你为什么想当××？

（2）你觉得要实现自己的理想，需要付出哪些方面的努力？

（3）你了解这个职业背后需要什么样的付出吗？（此问题在于引导学生理解与感悟理想坚守背后的付出与艰辛。如果学生回答不出，则提问他或者其他学生身边有没有认识的人从事这个职业，让学生回想他们是怎么做的。）

例1：一位学生的理想是当一名军人。

梦想观察团提问：你为什么想当军人？

教师：今年的国庆大阅兵，同学们看了吗？（播放视频精彩片段）

展示案例1：刚好班上有同学的职业理想是当军人。阅兵方阵里面有这样一位空降兵：他叫程强，是黄继光班的班长。（程强事迹介绍，再读程强写给黄继光的一封信）

教师：面对这样的真相和事实，如果是你，你还会继续坚守这份理想吗？

梦想观察团给出坚持、坚定、坚守的具体意见。

例2：一位学生的理想是当一名科学家。

梦想观察团提问：你为什么想当科学家？

继续追问：你了解这个职业背后需要什么样的付出吗？

展示案例2：黄旭华母子的故事、书信。

例3：一位学生想当企业家。

梦想观察团提问：你为什么想当企业家？

继续追问：你了解这个职业背后需要什么样的付出吗？

展示案例3：任正非父女的故事、书信。

教师总结：理想的树立并不是一时的激情和冲动，理想的坚守也绝非一朝一夕。任何理想的坚守和实现都需要持续而艰辛的努力，需要有排除万难的担当与勇气。

三、齐心力：寻梦、追梦、圆梦

过渡：不仅一个人理想如此，一个城市、一个国家的理想也是这样。深圳的理想是建设成中国特色社会主义先行示范区，国家的理想是实现中国梦。

时政热点：深圳先行示范区，十九大代表谈“两个一百年”奋斗目标。

教师：中国梦是民族的梦，也是我们每个人的梦。只要我们坚定地走中国道路，坚定地弘扬中国精神，坚定地凝聚中国力量，每一个人的梦想都实现了，我们的中国梦就能妥妥地实现。下面我们就来看看各行各业的人如何表达“中国有我，妥了”！（播放视频《中国有我，妥了！》）

学生：观看视频并用心体会。

教师总结：视频中各行各业的人都在用自己的实际行动郑重许诺——中国有我，妥了！那我们呢？作为朝气蓬勃的00后的我们呢？总有一天，马路上的交警是00后，保卫边疆的军人是00后，站在讲台上的教师是00后，科学家是00后，企业家是00后，国家主席也会是00后。当历史赋予我们这份责任和使命时，老师想问问大家，中国有你们，妥了吗?

展示习近平给青年朋友的一封信。

结束语：国之未来，其道大光。伟大的时代诞生伟大的理想，伟大的理想铸就时代的辉煌。衷心祝愿同学们不忘初心，坚定理想，共同铸就祖国更加辉煌的明天。

教师朗诵：臧克家的《有的人》正面版。

百花齐放

今天下午小汤约了市里的王建新、徐丰、刘秋燕三位老师过来听课，徐丰老师本来调好课了，但临时有会要开没来。我、揭贤英、黄艳銮、谷保庆等校内老师参与了观课。因为本周四李翠兰老师在我校有青年教师比武课，所以科组的其他老师都被安排去听李翠兰老师的课了。

对于小汤的课，各位老师评价如下。

揭贤英老师认为：哲学综合探究四的内容安排有四个目标，小汤这节课只达成了两个目标，所以最大的硬伤是教学目标没有达成，比较适合讲哲学最后一框题《价值创造与实现》。

刘秋燕老师认为：①没有体现综合与探究；②现场的生成性不够，不善于捕捉学生的生成点，如讲到黄旭华的事例时许多学生眼睛红了，教师没有顺势而为，引导学生现场为英雄写赞歌；③亮点不足，我们要想办法为他搞个新的东西；④知识线、能力线、素养线不明显，可以说没达成目标；⑤红船不够美；⑥易建联的导入可以稍做处理，不要为了导入而导入；⑦老师活动太多，黄继光的信可以改为放杨洋的视频；⑧可以按照知识线、能力线、素养线、情境线、议题线清晰整理出来，议题、活动这些学科前言的内容必须突出；⑨70周年、英雄等时政热点会有很多人讲，可以讲制度自信吗？⑩每天改正一点，务必做到完美；⑪注意对新媒体的运用。

黄艳銮老师：各个环节都没有深挖，学生刚刚进入状态就没有了。还没及时沟通，第八节回去上课了。

冯春柳老师：①欠缺现场生成性；②教师活动多，没体现学生主体；③辩论辩不起来，没有双方针锋相对的感觉，体现不出思辨性，可能是辩题没选好的原因，也有可能是因为黄旭华事迹的视频放在后面，学生不能有针对性地去辩论；④黄继光、黄旭华的事迹介绍不够，铺垫不够，煽情不够，学生属于浅认识，代入感不强；⑤导入不够精彩，没有让人眼前一亮的感觉；⑥没有亮点、创新点，可以设计罗湖的学生与石龙的学生现场对话这一环节吗？⑦板书就像是讲哲学最后一框题。

王建新老师：①整节课没有出彩的地方，亮点不足；②最后唱歌环节必须是自己的长处才可以用，否则会暴露自己的短处；③现在的课强调实践性，如讲红船，可能有老师真的把学生带去现场了；④按照现在的情况分析，只是二等奖的水平；⑤要在课件的精美处下手，如字体、颜色、PPT的模板要好看；⑥在信息技术、媒体的使用方面可以有创新吗？

最后大家达成共识：把课题换成哲学最后一框题——《价值创造与实现》；去掉黄继光的一封信；小标题要写得有文采点；注重生成性，深挖各个素材，让学生有话可说；导入与结尾要精彩；怎么体现议题性、活动性？新媒体的使用怎么办？实施罗湖的学生与石龙的学生现场对话这一环节，穿越时空，共上思政课，对话交流。

秋燕还给小汤带来了她上一届备赛时准备的演讲资料卡，非常有参考价值，只是主题不同，小汤需要自己重新整理一遍。

月强师兄看了我给他发的观课议课总结，说道："好的，辛苦了，快速看了一遍，大家点评很到位。同时鼓励小汤一下，推倒重来很正常，我们备课也经常推倒重来，结果都是涅槃重生。我在写明早要交的材料，转达我对小汤的问候和支持。"

小汤打电话来说想直接采访深圳福利院的费英英女士，用一例到底的形式上。我觉得这样比较单薄，不够深入，没有吸引力，不能出彩。我直接建议他："'三按红手印'实际采访有意义、有意思是因为整个事件有时空感、层次感，并且历史意义重大、全国著名。登岛那节课历经两代人的努力，对国家利益来说意义重大，那位老师自己的学宪法、讲宪法活动出彩，才显得那节课出色。你这个福利院的事件好像没得比较啊！""我的意见：你把生成性、议题性、思辨性、创新性弄好，这节课所有问题便解决了，只需要在原有的基础上深挖就可以了，再加上媒体的创新，完美啦！"

把理想上出理想的味道来

我校举办青年教师比武课，科组安排李翠兰老师出赛。下午第七节和艳銮一起听了翠兰的试讲，发现翠兰的问题基本上与小汤差不多，没有体现学科前沿知识——议题教学、情境的设计等，也缺乏现场的生成；老师讲得太多，没有体现学生的主体作用。还有一个非常重要的问题是：《新时代的劳动者》的重点内容——如何解决就业没有落实，重点不突出。用到经济图表，但是没有教会学生读图表。后来我建议她：采用真实的案例来突出重点，让学生生成知识；我和艳銮都建议她用好北大毕业生卖猪肉的案例……

分析小汤与翠兰的课，再加上2019年10月30日保庆与石俊在教学能手比赛中的课，我终于发现我们科组老师在议题教学方面的欠缺，对于2017年版的新课标、新课改理念的把握是不准确的，还有许多旧的、落后的教学观念，跟不上时代的发展。看来，我应该给他们普及一下议题教学了。我把暑假在重庆南开中学参加的《中学政治教学参考》组织的培训资料——沈雪春老师的讲座内容发到科组群以供大家学习，不知道大家能否看懂，还是找个时间我给大家开个有关议题教学的讲座吧。我自己也要好好研究议题教学，否则，小伙伴们很快就让时代抛弃了。

一开始是想把“个人·城市·国家”的理想作为线索推进，跟保庆沟通了一下，保庆也觉得可以。后来找了许多资料，发现代表深圳并且推动了深圳的历史发展的“小人物”还真不容易找出来。最能体现推动历史发展的应该是邓小平同志，但这也是大人物，落脚点太高，学生无话可说。最终觉得还不如讲黄继光与程强，放弃了把“个人·城市·国家”的理想作为线索推进，继续用好、深挖这些素材吧！

后来，王定国老师一锤定音，他指出：“起点不要太高，不要想着第一名，如果能上成一节有思想、有感情的课，没有太多的刻意创新，也可以接受；教材吃透、课标落实、学有所得，先达成这三个目标吧；主要依靠你们科组的力量，其他同事都在承担着备思政课的任务，还有一些要录省里的录像。”我回信息说：“嗯，把理想上出理想的味道，这是我们努力的方向！”

今天有个非常重要的好消息：我今年参加东莞市的青少年科技创新活动获奖啦，并且预选入围广东省赛。我做的项目是辅导员科技方案《基于STEM项目学习的财经素养教育的未来课程》，因为之前参加市里未来课程大赛开展了许多活动，现在把整个活动方案整理出来了，算是对之前活动的一个很好的总结吧。

今天还被德育处安排在11月23—29日到浙江大学参加高中法治教育的培训，真要好好学习，天天向上。因为政治新教材有一个模块是《政治与法治》，培训虽然辛苦，但是一分耕耘，一分收获。可以提高自己的法治素养。学习回来好好传达法治精神，培养学生的法治意识。

议题式教学

一大早，我就提醒小汤："你把情境、议题设计好，所有问题就都解决了。建议再认真看南京一中郝老师的课。例如，议题：为什么要树立崇高的理想？任务：①讨论。理想是什么？怎样才是崇高的理想？黄继光的理想是什么？②试从正反两方面举例说明为什么要树立崇高的理想。③黄继光的事迹与信可以印证社会主义核心价值观哪些关键词？要明白这四个人物是为哪些知识目标服务的，四个人物总结出不同的关键词。情境：程强的事迹与信。议题：如何才能树立与实现崇高的理想？任务：①讨论。从程强12岁就立志'长大要当空降兵'到23岁实现理想，你得到了什么启发？②评析。新时代需要继承和发扬黄继光精神吗？③程强的事迹与信可以印证社会主义核心价值观哪些关键词？④如何正确处理理想与现实的关系？（1、2组讨论、分享；3、4组评价）⑤如何正确处理个人与社会的关系？（3、4组讨论、分享；1、2组评价）⑥请你在理想卡上写下要学习黄旭华的哪些品质。""教师不需要讲太多，让学生去合作、去探究，教师是引导者。"小汤指出："知识线是藏在议题里的吧，是通过议题自然生成的。"我后来想着也对，要继续探讨这个问题，把沈雪春老师的著作认真研读完就差不多啦！

上午第四节小汤重新上了一节课，这次知识线清晰了，问题是议题太多，也有老师提出黄继光太远、太老了。我觉得小汤搞好导入、熟悉过渡词、精选议题、好好提炼结尾就差不多了。这节课主要亮点是感情线，煽情，触动学生心灵，上好也不错的。古鸽萍老师也是这样认为的：如果把黄继光去掉，那么程强就会大打折扣，在这一环节节省时间就可以了。

小汤问："大家思考一下，综合探究四，作为第四单元以及整本书的落脚点，在我的课的基础上，如何做到既综合又探究，探究的话探究啥？"我回答："探究自己的理想，探究如何才能实现自己的理想。注意是自己的，还一定要有现场的生成，预先准备好的分数要大打折扣，理想卡可以事先设计图案，文本生成还是现场。”小汤再问：“把学生的理想卡放进信封，让他们班主任保管，10年后还给他们？你们觉得呢？”我说：“有了易建联送给班长，这个可以不要了。要有‘信中国’的信封，‘信中国’开始的视频画面导入，信、笔等可以用，但是声音还是你的。”

第六节是翠兰的青年教师比武课，上得不错。昨天我们给她指出的所有问题都解决了，课堂教学能力有所提高。一开始有点小紧张，有点口头禅；议题教学还是要好好学习一下，因为整节课都没有体现。精彩的地方是学生表现非常好，特别是最后一个环节，女生表达能力强，男生稍微逊色一点。

点燃学生

以学生为中心，发挥学生的主体作用，需要老师点燃学生，激发学生的活力与动力。

今天第三节课刚刚上完，小汤就直呼：“现在由二等奖的课变成三等奖的课啦！高一的学生怎么一点反应都没有？”我说：“还好今天用高一的班来上，让你体会一下冷场时该怎么办。罗湖高级中学的学生属于C类，可能跟我们学校的生源差不多水平吧……”以下是观课议课教师的意见：

（1）导入环节还要认真想一想，不吸引人。

（2）学生讨论、辨析都不热烈，要想办法调动学生的积极性，点燃、唤醒学生。

（3）“当梦想照进现实”环节可以好好利用一下，这节课开展得不好，梦想观察团座位要另外安排，想清楚梦想观察团观察什么，提前安排学生做好准备。

（4）板书没体现创新，要避免字体不够漂亮的短板。

（5）最大的问题是老师讲太多，没能充分发挥学生的主体作用。

（6）设计的议题、话题跟昨天相比刚好走了两个极端，昨天太多、太直白，学生虽然有话说，但是时间不够用；今天的议题、话题反而离学生太远、太高，学生无话可说，造成冷场。

（7）综合与探究的意味不浓，学生自主、合作、探究等体现不足，活动的开展还要深入地思考与安排一下。

（8）黄旭华的信在制造悬念方面处理得不够好……

大家都觉得效果还不是很理想，需要重新构思打磨，于是我们把秋燕2016年备课时王定国老师写的《十年磨一剑，今秋把试君——优质课是怎样炼成的》重新找出来研究，发现与我们备课磨课的过程惊人的相似，“整个课的设计像班会课、活动课，少了经济学的味道”“讨论期间主要解决四个问题：一是教学环节的结构由平行向递进转变；二是把展示环节中主角与观众的关系转变为学习共同体的关系；三是聚焦教学内容，解决活动空心化的问题；四是寻求信息技术与学科的融合，增加微课及其他技术手段”。

我们做出如下反思：

（1）解决活动空心化、形式化、低幼化问题，要体现深度学习，让学生真学、真信、真懂、真用，真正地让学生构成学习共同体去合作、探究。

（2）教学环节是否应该改为平行的，设计四封信，分两个主题“我身边的小人物”和“我心中的大英雄”让学生抽取，同时开展活动，是否可以节省时间？

（3）“当梦想照进现实”、梦想观察团环节怎样开展才更加出彩。

（4）信息技术与学科融合问题，可以采用哪些新的技术手段？除了PPT还有哪些呈现方式？希沃授课助手可以再次运用吗？效果如何？

（5）板书让学生把成果拼成船的形状可行吗？最后总结时说明希望学生们努力奋斗，梦想成真，驶出理想的风帆，乘风破浪会有时。

（6）除了SWOT分析法，还可以运用哪一种态势分析法来分析中学生的理想呢？

（7）情境、议题问题基本可以解决，但是导入还是欠缺让人眼前一亮、欲罢不能的效果。活动怎样用好还欠考虑……

（8）总是对这节课的思路、活动不够满意，如何才能有新的突破呢？

这几天的备课、观课、议课强度、密度太大，不断地尝试、否定、重构、再尝试……小汤顶不住都咳嗽了，“身体是革命的本钱”，大家都要多注意保重身体才行！

最美的教育在路上，而我们一直在路上！

理想线索

一起床立刻发现昨晚小汤给我发了如下改动意见：

环节一：树立理想。

第一封信：程强给黄继光的信。

议题：（1）程强的理想是什么？为何有这一理想？

（2）从正反两方面举例说明理想的重要性。

活动：弹幕。

环节二：坚定理想。

第二封信：黄旭华寄回家的电报。

议题：（1）一穷二白的背景下黄旭华是如何克服困难的？

（2）黄旭华是如何处理个人理想与国家需要的关系的？

我觉得议题有待完善。

同样是5点多起床，我其实早醒了，在床上反思了许多，果断做出改变。

第一篇：信仰·信念·信心。

第一封信：程强给黄继光的信。

情境：对照文章写出程强实现理想的过程。

议题：为什么要树立理想？怎样才能从砥砺自我中实现理想？

活动：

（1）举证：是怎样的理想信念在激励着程强勇往直前、奋斗不息？请从正反两方面举例说明理想的重要性。

（设计意图：引出理想的含义、作用，引导学生树立自己的理想。通过正反两个方面的例证，培养学生的科学精神。）

（2）请为程强的独白信写一条弹幕。

要求：选择你最感动的一幕，说说这对你实现理想有什么启发，不少于20字。

（设计意图：让学生从程强的事例中得到启发，要在砥砺自我中实现理想，总结归纳实现理想的主观条件。）

第二篇：坚持·坚定·坚守。

第二封信：黄旭华寄回家的电报。

情境：对照文章写出黄旭华为实现国家的理想而一辈子进行奋斗的过程。

议题：如何正确处理个人与社会、理想与现实的关系？

活动：

1. 讨论：黄旭华是如何处理个人与国家、社会的关系的？这对你有什么启发？

（设计意图：通过黄旭华的选择，引导学生立鸿鹄志，做奋斗者，把自己的理想与国家的前途命运结合起来，把握时代的脉搏，与时代的需要结合起来，培养学生的政治认同与家国情怀。）

2. 辩论：理想必须高于现实，理想不能高于现实。

（设计意图：通过思维的碰撞、思想的交锋，让学生懂得理想高于现实、源于现实。）

创作诗词

接着昨天的思路，补充完整第三个环节：

第三篇：筑梦·追梦·圆梦。

（1）设计“当梦想照进现实”活动，模仿综艺节目《中国达人秀》，组建“梦想观察团”，让学生亲手设计自己的理想卡，畅谈自己的理想，如我的理想是什么，树立这样的理想的原因，我会为实现理想做出怎样的努力，学会用“鱼骨图”分析原因、对策。

（设计意图：充分发挥学生的主体作用，实现理论与实际相结合。运用鱼骨图的分析方法，让学生全面、深度地剖析自己的理想，体现深度学习，提高学生分析问题与解决问题的能力。理想卡名片的设计提高了学生的创新能力。）

（2）情感的升华点：第三封信——校友易建联的信。由小汤作为球迷亲自拜访易建联，让易建联为印有“奋斗是青春最亮丽的底色”的T恤签名，在最后升华和板书时送给上课的班级作为激励，发挥榜样的力量，鼓励学生为实现自己的理想而努力。最后板书总结，教师画出理想的风帆。

（设计意图：利用身边的校友努力奋斗而实现理想的励志故事，落脚身边平凡的岗位上的千千万万的劳动者，让学生明白脚踏实地、一点一滴为祖国做贡献才能推动中国梦的实现，让学生明白伟大来自平凡，平凡造就伟大，知道要实现理想，必须从点滴小事做起、从现在做起。）

（3）为了调动学生的积极性，使学生踊跃回答问题，由小汤亲自设计精美的书签，亲自创作有关“理想”的座右铭，作为神秘礼物现场送给回答问题的学生，并让拿到书签的学生大声读出座右铭的内容。

（设计意图：活跃课堂气氛，激励与调动学生积极参与，让课堂更显生动活泼，让课堂体现师生同场、教学同步。）

我们还要研究“卜算子·咏信”怎样写才出彩，“卜算子”这一词牌的词怎样填才是符合要求的。我查看了一下“简书”，还真不容易呀！

第一届省青赛我校的生物科组组长杜海坚老师（现在去了东莞市外国语学校）参加了比赛，并获得了一等奖第三名，是非常不错的成绩。我亲自去向他请教，杜老师认为自己的教学设计非常不错，问题出在普通话、演讲这些环节上。他还指出：“所以像我们专业上的，一定要创新。我当时的实验从专业角度上是没得讲的，年会讲完后有几个深圳的学校请我去讲课。请我去的原因是课堂表现力很有意思。所以，我认为上去比赛的时候一方面要专业，另一方面一定要有意思。自信，有非常强的逻辑；问题的过渡、问出来的东西连评委想都没想过，把他们弄得一炸一炸的；层层递进，层层深入探究，很专业的东西变成很低调的东西、很谦虚的东西说了出来，让人感到你太牛了，换成他们都想不到、做不到，你就是来‘调戏’他们的，哈哈哈……”我也亲自请教了东莞市生物教研员黄少旭老师，他说：“这个经历可以写两篇文章呀！”没具体详说，我有空时再打电话继续请教。

今天上午约了陈月强老师、徐丰老师、王建新老师过来磨课。观课议课情况总结如下。

小汤自己的意见：①“当理想照进现实”是个亮点，应该保留；②前面节奏平缓，黄旭华故事比较低沉；③程强的讨论会不会太长？④时间问题，校友易建联的信没有出来；⑤是否够综合与探究呢？⑥板书感觉自己hold不住，太多了。

徐丰老师的意见：①层次性不明显，三个小标题有没有必要这样设计？每一小项的层次也不够分明。②缺乏思辨性，问题有点空、大，不接地气，课堂氛围不活跃。③生成性不够，板书是预先写好贴上去的，更显生硬，可以书写板书吗？板书设计挺好，不多，但是现场操作起来没有布局好，不够美观。④弹幕的用意是什么？没有电脑，达不到想要的效果，还不如不要。⑤语言表达缺乏精准性、感染性。⑥课件的制作要让人一看就觉得上档次才行。⑦关联性不够突出、清晰，信的内容要用信的形式展现出来，设问、标题都要与信相关。⑧以“中国信·信中国”为主题是非常好的，最后可以有第四封信——“一封没有完成的信”，学生写给5年或者10年后的自己的一封信。⑨导入的诗要推敲过才行。

王建新老师的意见：①比上一节课有味道了，生成、活动都有进步；②画面的制作要加强；③三封信要呼应主题；④程强的正反两个方面举证的设问不太好，可以不要；⑤还是要注意不要太空，要接地气；⑥理想观察团的每一个问题必须推敲过，要限时间，重点在你为实现这个理想会做出哪些努力；⑦注意问问罗湖的PPT是4∶3还是16∶9，这对课件的美观会有影响。

陈月强老师的意见：①注意所有的活动是围绕“人”展开的，要心中有学生，把人的情感融入这节课。②三个小标题是否直接改为第一封信、第二封信、第三封信？奖励给学生的明信片可以是石龙的学生写给罗湖的学生的信吗？内容可以是有关理想的自创名言。③弹幕可以让学生看视频时直接写好，立刻举起来，这可能更像弹幕一点。④注意逻辑性，知识线要更加清晰一点。⑤黄旭华的信与事迹要充分运用好。⑥不要再给新的东西了，把细节打磨好，过渡词要精练、紧凑，注意要有情感地表达出来。

揭贤英老师的意见：对于学生来说，教师要注意总结，如“那么我就认命吧！”教师要及时引导好。

黄艳銮老师的意见：这是这么多天以来上得最好的一次了！

冯春柳老师的意见：①一开始“咏信”这一环节够吸引人吗？要这首诗

很精彩才行，是否需要重新设计？②看完视频之后的过渡词要想清楚才行。③分组要做个名牌，让学生知道自己是第几组。④可以有组评吗？各小组互评？⑤弹幕让学生生成后去贴，贴好后解释完再回到座位上。⑥黄旭华的活动环节，学生讨论不起来。⑦说好的格言呢？⑧磁铁建议准备一些小的、圆的。⑨“当理想照进现实”环节，提问男、女生各一个就好。⑩建议印教材最后一框与综合探究四给罗湖学生；上课班级的学生把名字写好放在桌子上，方便老师提问。⑪虽然不像班会课，但是怎样才更有哲学味，这是一个极需要解决的问题，思辨性、高阶思维、深度学习、两难选择等，将如何体现呢？⑫“写给未来的信”是我们最初的思路，不知效果如何。

陈观胜老师的意见：这个设计是不是应该分为两大部分，一个是树立远大的理想，另一个是实现理想的途径和方法。那倒推过来的话就应该是我们现在的理想是什么，然后怎么样去确立远大的理想。你的课件后一个问题解决得比较充分了，但是前一个问题好像不是很明确。不知道你有没有这样的困惑，这是我看完课件之后的感觉。如何树立理想主要是解决理想不够崇高的问题，那如何实现理想就是方法途径。我看你那个鱼骨图挺好的，看能不能把它具象化，就是做到最后学生能够拿出来，有一些可以先提供，然后再让学生去完成，再问问学生为什么这样完成，让学生拿着这个理想图就能够站在自己日常生活的位置上把它跟集体的理想结合起来。

最后大家认为还是很有信心的，把细节问题处理好，基本上可以成型了！

这几天这样安排：因为8号要交课件、教学设计，所以今天下午和晚上小汤要抓紧时间按照今天大家所提的意见和建议修改好PPT，明天（6号）上午发给科组、市里再修改，然后再改用其他软件做出来，后天上午（7号）再上一节课给大家听，8号再写教学设计。课件一定要精美，第一印象非常重要！小汤要注意时间的安排。

又红又专

下午小汤发来导入的诗句：“清风微拂素罗起，一纸红笺平生意。纸短情长寄相思，启封尽展中华志。我觉得一、三句要斟酌一下，不能说明跟‘中国信·信中国’的主题有关，是否可以加上跟中国有关的思路呢？”我也觉得把信与中国相结合有点难。如何突破呢？百思不得其解！

三个小标题的撰写也是令我们想破头的，大咖们说用第一封信、第二封信、第三封信，效果也不是很理想，还需好好地研究、推敲一下。小汤自己想了如下标题：点燃理想定航向、守住初心致远方、勇往直前破风浪。后来，保庆想了如下标题：砥砺自我心不改、静水流深显情怀、直挂云帆济沧海。我建议可以这样设三个标题：壮志凌云、披荆斩棘、乘风破浪。小汤最后综合各人的标题，整合梳理清晰。

明天还要交授课老师的简介视频，还好，小汤之前有总结自己的简介。认真学习了一下，的确是一位优秀的青年教师，又红又专，值得广大年轻教师学习。

视频要录一分钟自我介绍，然后从自己各种公开课、活动的视频中剪辑，这也是一种好的思路，不会那么死板，略显灵活。

三封信

下午第七节，我们科组活动时间。大家一起再听了小汤的课。课件稍显精美了，但是王建新老师觉得背景显得灰暗，要更加亮丽华美一点。陈月强老师认为：既然以诗为导入，各小标题可否也是诗？王定国老师认为有些排版是横的，可以改进一下吗？杨永社老师对于小标题提了如下意见：建议直截了当，简洁一点，不要刻意用诗标示环节，不顺畅也不自然。能不能这样，第一封信：英雄没有收到；第二封信：我不能回家；第三封信：写给学弟学妹。供参考！

科组老师的意见是：高潮不突出；教师的情绪容易受学生的影响；教师要学会去调动学生的情绪，去点燃、唤醒、激励学生；请学生朗读信件有点冒险，还不如教师自己声情并茂地朗读；每项活动的开展时间必须严格控制；板书必须科学、合理，不能那么随意，如何避免自己的短板呢？还是需要推敲过才行；最后一封信又没有时间出来，怎么办……

下午第八、九节学校组织2018年立项的省市课题进行中期汇报，其中有我和石俊的课题。我做了题为“做卓越而幸福的新时代思政课教师”的中期汇报，提出我认为的“卓越”的意思是借鉴叶澜教授在阐释“卓越教育”内涵时，将“卓越”解释为“卓然独立、越而胜己”，也提出课题组内教师的发展目标和我们努力的方向，我们的工作方案如下：

1. 编写校本教材

（1）与财经素养有关的：《影视作品中的财经素养》《未来·财经》。

（2）与中国自信有关的：《中国的文化自信》《中国的法治》等中国系列课程。

2. 参加专业培训

《中学政治教学参考》组织的高中卓越课堂、写作培训等活动。

各种政治教研活动。

3. 制定课题组教师专业发展目标，促进课题组教师的专业发展

（1）冯春柳老师目标：市名师工作室主持人、南粤优秀教师、特级教师、正高级教师。

（2）黄艳銮老师目标：市学科带头人、高级教师。

（3）谷保庆老师目标：市教学能手、市学科带头人、高级教师。

（4）石俊老师目标：市教学能手。

（5）李翠兰老师目标：一级教师、市学科带头人。

（6）汤逸山老师目标：在省青赛中崭露头角、市教学能手、一级教师。

4. 撰写专著

《思政课还可以这样上》或者《做卓越而幸福的新时代思政课教师》。

5. 编写新教材《中国特色社会主义》的教学设计

要求体现议题教学、核心素养等学科前沿知识。

课的雏形

2019年11月8日晚上，小汤设计了一个教学流程（图1）：

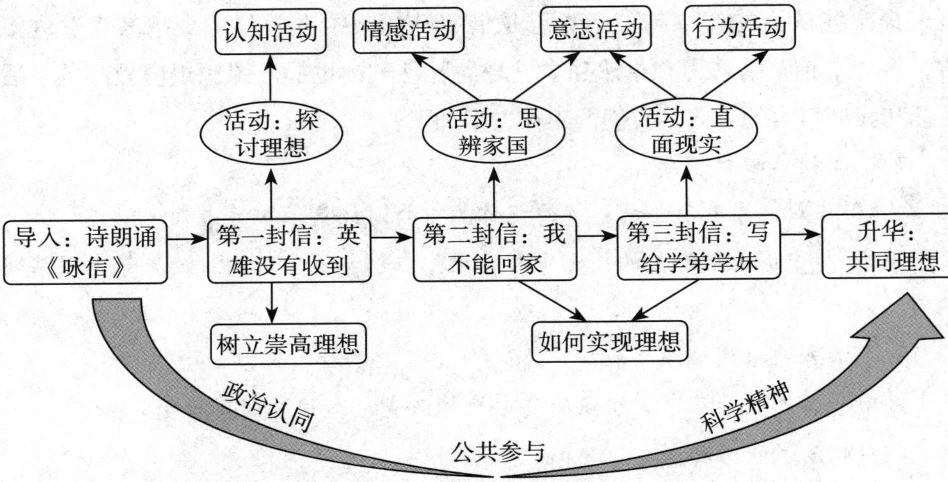

图1　小汤的教学流程

我觉得有如下问题没有体现："主题'中国信·信中国'没有体现出来；图1最好也加上爱国情、强国志、报国行；图1中，在第二封信这一环节还要加上崇尚英雄、争做英雄，这样多了两条线索，堪比岳川老师第一届省青赛的图了，完全可以拿得出手了！"针对昨天的课，我提了以下建议："我终于知道你今天这节课为什么没有上一次上得好了——没有拔高！你的线索少了一条：爱国情、强国志、报国行。所以没那么有味道了！我觉得英雄这条线索也不能丢掉，这是时政线，是一个亮点。"

智囊团

2019年11月9日早上，我安排科组的同事们为小汤写好了教师素养的稿件，具体安排见表1。

表1　稿件完成安排表

主题	负责人	要求
铸魂育人，立德树人	揭贤英	1.800字左右； 2.结合自己的教学故事，必须有理有据，有说服力，有典型性、代表性； 3.结合教育名家的名言，有理论依据； 4.富有感染力，能打动评委； 5.像昨天王新雄讲的那种就挺好； 6.最迟明天晚上交到科组群里，最好今晚交
我给学生心灵埋下真善美的种子，引导学生扣好人生第一粒扣子	黄艳銮	
坚持“八个相统一”，增强思政课的思想性、理论性和亲和力、针对性	冯春柳	
我自豪，我是一个思政教师	石俊	
难忘的一节思政课	汤逸山 （请雪芬帮忙）	
我是这样感染学生、赢得学生、感召学生的	李翠兰	
做一个“六要”思政教师	谷保庆	

今明两天麻烦大家帮忙写好一篇短文（小汤自己要好好备课，根本完成不了）。

我也发到市的大咖群里，麻烦大家帮忙看看：教师素养的写作要求有没有要补充的？有没有更好的准备方法？

陈月强老师的意见是：“叙述性和说理性兼顾，建议以叙述性为主；要有层次感、结构感，每一段讲一个意思，建议每段开头有概括句；全文争取有一两处独到的让人耳目一新的见解。”

王建新老师的意见是："我个人的看法，有些内容是可以合二为一的，如4—7主题就可以是一个内容，然后在前面加个帽子，后面加个尾巴。内容准备那么多，小汤一时也背不下来呀。即使背下来了也可能会造成思维混乱。"

王定国老师的意见是："七个主题提炼关键词可以是三个：思政课、立德树人、学生；以第5个话题为基础，整合所有话题。开头结尾如建新老师所说，用"扭转扣"办法。第1段破题，第2段扭上这一节课，第3段转入叙述这节课，最后再扣题发表议论。所以总共准备三个素材，第一是习近平"3·18"座谈会上的讲话，第二是你要说这一节课，第三是理论依据或名人名言。采用结构化演讲。这节课的来龙去脉就是一个故事，不是简单讲这节课的教学设计。一节课为什么难忘？是因为有故事，可以是课前的、课中的故事，也可以是课后的故事。关键是自己有体验，不是从网上搜来的。把自己一节亲身体验的课故事化，再加上适当的画龙点睛式的理论提升。你先着手准备吧，别人写的你也记不住。"

杨永社老师的意见是："素养是一种内在的品质和能力，只能通过具体任务的执行（行为表现）来体现，建议撰写老师面对复杂社会情境的问题和挑战，最好是接地气、有泪点、合情理、新奇、以小见大等的，少而精，同意讲新观点，有时候名人名言就是理论依据。"

刘秋燕老师认为："我的建议是自己写，讲是要关注听的效果的，如果不是自己的东西，很难打动别人的，自己融不进去感情。"

小汤自己认为："大家的意见都很有启发性，定国老师说的这节课，我想应该是一节别开生面的立德树人活动课，是一节有泪点、有实践、接地气的创新课。我打算用社会服务讲这节实践课。我曾经带学生去探望过特殊儿童。"

信与真

3·18座谈会的讲话精神指出，要办好、讲好和学好思政课，而讲好思政课的关键在教师。这就要求思政课教师具备“六要素质”，坚持“八个相统一”，做到可信、可敬、可靠、敢为、乐为、有为，方能担当大任，不断推动思政课改革创新，不断增强思政课的思想性、理论性、亲和力和针对性，才能讲好思政课。今年国庆期间观看了2019年江苏省的思想政治优质课展评的两节一等奖的课，我不由得惊呼：“思政课还可以这样上？！思政课还可以这样潮？！”

我认为应该从“信与真”上下功夫，坚持政治性和学理性相统一。

坚持政治性和学理性相统一，以透彻的学理分析回应学生，以彻底的思想理论说服学生，用真理的强大力量引导学生。正如马克思所说，理论一经掌握群众，也会变成物质力量。理论只要说服人，就能掌握群众；而理论只要彻底，就能说服人。

培养学生运用马克思主义观点和方法分析解决重大理论问题与现实问题的能力，提升学生的思想政治素质和道德素质。例如，在讲到对马克思主义的信仰与信任时，我给学生讲了陈望道的故事。《共产党宣言》的第一个中文版本是陈望道翻译的。在翻译时，他的母亲端了一盘粽子放在他的旁边，他就一边吃粽子一边翻译。母亲过来收碗筷的时候问他，那个糖甜不甜啊？他说：甜，甜，很甜很甜。结果他母亲一看，怎么嘴上的全部都是墨汁啊？原来他不是蘸着糖吃的那个粽子，他是蘸着墨汁吃的。所以他吃的实际上不是糖，他吃的是信仰。

同时，思想政治是一门学科，不是单纯的政治说教或政治宣传，它有自己的学科归属和学理支撑，要用学术讲政治，用真理、逻辑、规律讲坚定共产主义理想、中国特色社会主义信念、实现中华民族伟大复兴中国梦的信心。在教学内容上，坚持“内容为王”的原则，深耕教材，把准教材，讲清理论，增强思政课的思想性和理论性，让学生真懂、真信。我们要用信念的力量、真理的力量、主义的力量去讲好中国故事，讲好社会主义故事，讲好中国特色社会主义故事，进一步推进马克思主义中国化、时代化、大众化，进一步坚定中国特色社会主义道路自信、理论自信、制度自信、文化自信。

讲好思政课的关键在教师。这就要求思政课教师坚持“八个相统一”，不断增强思政课的思想性、理论性、亲和力和针对性，这样才能讲好思政课。

思政课是意识形态鲜明的课程，因此思政课教师要注重对学生进行政治立场和政治方向的引领，要引导学生彻底坚定对马克思主义的信仰，彻底坚守对中国特色社会主义的信念，彻底树立对改革开放和社会主义现代化建设的信心，彻底坚持对党中央的信赖；还要培养学生运用马克思主义立场、观点、方法分析解决重大理论问题和现实问题的能力；同时提升学生的思想政治素质和道德素质。

歌德说：“真理就是一支火炬，而且是一极大的火炬。”思政课教师就是高举真理火炬的火炬手！

在“信与真”上下功夫，让学生真信、真学、真懂、真用，努力把思政课打造成学生想听爱学的“热门课”，我们思政课教师责无旁贷！

第四章　一节好课的标准

立德树人

我们科组的揭贤英老师凌晨发了题为“立德树人明方向，不忘初心育新人”的小故事。

百年大计，教育为本。思想政治理论课是落实立德树人根本任务的关键课程。作为中学思想政治教师的我感慨良多，立德树人不仅仅是思想政治课的任务，更是思想政治教师肩上的光荣使命。立德树人有如萦绕耳畔的叮咛和教诲，这不禁让我想起我的学生刘小勇同学。

刘小勇，我的第一届学生，单亲家庭，初中时就染上许多不良习惯，无心上学，上课迟到、睡觉是家常便饭，成绩更是一塌糊涂。高一入学的第一个月就因抽烟被记过处分，后因贩卖香烟给同学、在宿舍聚众喝酒被记大过，因涉及网上赌球被留校察看。对于刘小勇同学的种种表现，作为一名科任老师（不要强调是班主任），我看在眼里痛在心里。我深知他聪明有余，却误入歧途，他最需要的是指路人，是树立正确的人生观和价值观。所以初出茅庐的我一直坚持对他动之以情，晓之以理，明之以利，无数次找他谈心，多次约谈他妈妈，也曾数次登门家访，无奈收效甚微！甚至他还对同学放话“汤逸山再管我的事，我跟他没完”，最后刘小勇因在社会上聚众打架被派出所行政拘留而被学校劝退。离校那天，看着他收拾行李，我心痛万分，也倍感无奈，含泪送他出校门，离别之际难过地拥抱了他，告诫他今后一定要做一个顶天立地的男子汉，并要求他今后和我保持联系……离校的一年里，刘小勇四处碰壁，工作换了七份，由于没有固定的收入和开支，昔日的“难兄难弟”纷纷离他而去，我给他微信转去2000元，他没有接收。第二天他妈妈打电话给我说昨晚刘小勇号啕大哭，并号叫“我要读书，我要读书”。然而刘小勇的复学之路不顺利，我们学校他回不去了，其他学校也不要他，好不容易一所民办学校表示可以接收他，但是高昂的学费让他哭着对妈妈说“我还是不读了”。我知道后，辗转反侧，彻夜难眠，最后还是揣着“浪子回头金不换”“知错能改，善莫大焉”的想法，围绕立德树人的教育理念，情真意切地给校长写了一封2000多字的信，信中如实描述了刘小勇这一年的经历、成长和渴望读书的想法，恳请学校领导能结合刘小勇的实际情况，破格让他复学，并提出自己担任刘小勇的班主任，承诺负责他在校的监护工作，保证引导好刘小勇。最后我的真诚打动了校长，学校领导班子经过讨论一致同意刘小勇复学，这是我校建校90多年以来第一次破格让被劝退的学生重返求学之路。刘小勇复学后，真的做到了洗心革面、脱胎换骨。让所有人倍感欣慰的是，2016年他被广东第二师范学院录取，也将成为一名教师，然而只有我知道他为什么选择了思想政治专业，因为他数次跟他妈妈说：“我就是要成为汤老师那样的人！”

我是幸福的，因为我遇到了刘小勇这样的学生！刘小勇也是幸福的，因为他遇到了我这样的思想政治老师。

落实立德树人根本任务，思想政治教师任重道远！我庆幸能成为肩负这一使命的一员，我将以一片赤诚之心坚守岗位，努力践行立德树人的信念！

故事力

一大早，也是凌晨时候，小汤发了他的一节课的故事：

《培育和践行社会主义核心价值观》这节课上，要让学生把社会主义核心价值观真正落地生根，真的不容易。我想过用感人的视频打动他们，我也想过用议题的方式深度学习，我甚至想过用身边的人物现身说法。但不管哪种形式我都觉得难以让学生内化于心、外化于行。

这时我在想我自己是如何践行社会主义核心价值观的？我为何不用我自

己的行动去感染学生？这时我想起我入职以来每个学期必做的一件事，那就是抽出周末上午的时间去学校隔壁的市级儿童医院脑瘫康复治疗中心看望特殊儿童。这群孩子因脑部损伤导致身体功能障碍、智力功能障碍以及脑性瘫痪症状，他们每天都要到医院进行康复治疗，我把他们称为“慢小孩”。我与康复中心的工作人员取得联系以后，带着全班学生到康复中心进行爱心志愿活动，与“慢小孩”一起画画。我的学生刚看到肢体发育不太正常、脑部发育缓慢的“慢小孩”时内心有点害怕，不太敢直接接触，有种手足无措、缩手缩脚的感觉。更不妙的是活动一开始，情况比我们想象的复杂，有几个“慢小孩”看到如此多的陌生人大哭了起来，即使家长一直在旁边安抚，也不能抑制他们心中的恐惧。这时，我主动走向某位“慢小孩”，掏出早已准备好的糖果，并笑容灿烂地说道：“乖乖，不哭，我们一起玩游戏，妈妈也跟我们一起玩。”在我的多番引导下，孩子慢慢对我有了信任感，这时我号召某位学生过来，一起陪她，我边哄她，边牵着她的手，她也慢慢地笑起来。学生们看到我这般举动，也尝试与个别哭闹的“慢小孩”沟通起来。动人的一幕是平时在班里成绩一般的某位男生，不嫌弃孩子脸型的异常，抱着他玩得不亦乐乎。孩子之前很少与陌生人一起笑，这情景就像大哥哥带着弟弟一起玩，让人动容，在一旁的母亲偷偷地流下了感动的泪水。更值得一提的是某位学生与“慢小孩”完成一幅画后，让该小孩亲吻了他的额头，其他学生看在眼里，都为这一幕而感动。活动期间，有位“慢小孩”拿着她心爱的巧克力送给我的学生，我的学生当场就吃了起来，我看到巧克力是热融了的，但我猜该学生的心是甜的，“慢小孩”看到姐姐吃她送的巧克力内心是幸福的。临别时，我让全班把事先准备好的明信片送给“慢小孩”们，上面写好鼓励他们的话，有好几位家长看到明信片上的话语不禁流下了眼泪。

回到学校后，这节实践课并没有结束，我连发几个问题让他们讨论思考，“为什么需要关爱‘慢小孩’？”“如何让社会更关爱‘慢小孩’？”“作为一个社会公民，我们能为他们做点什么？”通过这次实践与思考，学生更懂得如何通过自己的力量让社会更文明、更有爱心。更值得一提的是，有一次周末我路过康复中心，看到我的学生在里面进行志愿服务，作为思政课教师，那一刻我的收获感、幸福感油然而生。

市里大咖们的意见是：平铺直叙，吸引力、感染力还不够，价值的挖掘和升华还不够。小汤有空时应看看优秀演讲的视频，《我是演说家》有些内容值得借鉴。一节课的故事、走进脑瘫儿童康复中心的故事与社会主义核心价值观的契合还需要整合。重点是徐丰老师说的："作为故事，要有吸引力、感染力，要跌宕起伏，最好有笑点、有泪点。人性仁爱是你的着重点和泪点，不要硬扯到社会主义核心价值观。"我建议：根据你去康复中心这节课的故事情节，这节难忘的课应该是价值的创造与实现。刘小勇的故事可以用在立德树人方面。把这两个故事再润色一番，想个醒目的标题，开头再吸引人一点，结尾使人深思、简单明了，能做到这些就很好了！

教师素养演讲的故事我让他找语文老师修改一下，他说找了朱少山等人，都说已经非常感人了。后来小汤想起了黄明彦老师曾经辅导过钟琳老师的儿子钟东明演讲，并且人生阅历丰富，又是个做了妈妈的人，肯定会很有感触，让她修改绝对没错。我给他总结了以下要求：情节有起伏、有笑点、有泪点。果不其然，仅加了几句话，感觉就大大不同，修改如下。

主题：立德树人

"国无德不兴，人无德不立。"育人之本，在于立德铸魂。立德树人在于教育引导学生在日常学习生活中培育和践行社会主义核心价值观，踏踏实实修好品德，成为有大爱、大德、大情怀的人。我在讲《文化生活》第十课第一框《培育和践行社会主义核心价值观》……

学习《培育和践行社会主义核心价值观》这节课时，为了让社会主义核心价值观内化于心、外化于行，我带着全班一起到我市脑瘫儿童康复中心进行了爱心志愿活动，用友善为社会增添正能量。

刚到康复中心，学生们看到脑瘫小朋友和我们常见的小朋友不太一样，有点害怕，不敢接触。正在我不知道怎样打破僵局的时候，一阵响亮的哭声响起来了，这些小孩从未见过如此多的陌生人，心中的恐惧难以抑制，因而接连不断地哭起来了。我一阵心酸，眼泪都快流出来了。我在想，难道我这节课就在哭声中结束吗?

我主动抱起一位大哭的"慢小孩"，面带灿烂的笑容，对他说："乖乖，叔叔给你好吃的。"他二话不说猛地抓住了我的眼镜，那是我花1000多元配的眼镜啊。但是，这次我没有惊动他，反而一边耐心地陪着他玩眼镜，一边温柔地和他说话。孩子慢慢地跟我玩了起来，脸上的笑容是那么灿烂、那么纯真。这暖人的一幕也感染了身旁的学生。他们开始拿起画笔、明信片去陪伴“慢小孩”们。看着学生和孩子们快乐地玩在一起，我深深地感受到，社会主义核心价值观的培育需要榜样的力量，思政课是育人的课程，学生不仅会听教师讲得对不对，而且会密切关注教师做得好不好。

当孩子们都融入这个环境后，在门口边上我看到班里的俊杰同学有点格格不入，我走过去跟他说：“来，我们一起去陪他们。”结果俊杰同学摇起了手，我这次并没有硬拉他参与进来。不久后我偷偷地跟一位“慢小孩”说：“那位哥哥很会画画哦，我们去找那位哥哥一起过来好吗？”这位脚步有点不灵活的小孩主动走过去，并试探性地碰了一下俊杰的身体。让我没想到的是，平时冷冷的俊杰竟立刻蹲下，对着孩子展开一个大大的笑容，不善言辞的俊杰还边抚着小孩的头边说：“哥哥陪你画画好不好啊？”他牵着孩子的手一起走向桌子。或许是孩子的天真打动他了，孩子的可爱感染他了。待俊杰与小孩共同完成一幅画后，让人感动得流泪的一幕出现了——俊杰竟然让小孩亲吻了他的额头！这是世界上最美的内心！这是世界上最温馨的画！在一旁的母亲偷偷地流下了眼泪。

回到学校后，这节课并没有结束，我继续与他们一起探讨如何通过践行社会主义核心价观让社会更加文明、更加温暖。在一篇活动体验中，志成同学这样写道：“用我们的友善让所有的小孩都在同一片蓝天下快乐成长。”

这节课后，恰逢周末，我路过康复中心，看到燕婷同学在里面进行志愿服务。后来我才得知，她成了康复中心的长期志愿者。那一刻我觉得作为思政课教师，能引导学生走出课堂，关爱社会与他人，真是一件幸福的事。我的收获感、幸福感油然而生。

人民教育家于漪说过：“精彩的课堂设计，就是精彩的人生设计。”“我一站上讲台，就是用生命在歌唱！”

我们已经想好了用这个实践活动的课堂故事把所有的主题贯穿起来，把开头、结尾、中间的契合都设计好了，最终定稿后，中午11点准备出发去深圳。

赛 课

今天的安排是这样的：我去听课，小汤在房间改进课件与内容。

一大早，艳銮、翠兰、石俊三人也从石龙赶过来了，我给他们三个在第二排留了座位，他们三个打算听一天的课。

1号选手讲的内容是《用发展的观点看问题——改革先锋，奇迹深圳》，议题式教学，通过议题一：崛起之秘，未来之谜的五个问题探讨深圳的发展，讲发展的趋势；通过议题二：科学规划，行动圆梦来让学生结合自己的实际，为实现“深圳梦”，分享自己十六年（2019—2035年）的行动计划。最后，以“无奋斗，不青春”为主题进行升华。存在问题：①时间没有好好把握，第二个议题草草结束；②升华普通，是一种喊口号式的号召；③整节课没有亮点、创新点；④板书也没有创意。

2号选手讲的主题是“一带一路”热点问题，这对高二的学生来说有点难度。该课主要通过四个环节——中国倡议、中国智慧、中国方案、中国担当来讲“一带一路”的背景、实质、意义、措施等内容。因为上课的班级是艺术班，有四位音乐生，所以上课前教师让学生唱了《我和我的祖国》活跃气氛。该课的亮点是有学生的生成，教师的指引过渡语都非常严谨。课的开头先让学生分析“一带一路”威胁论，学生分析得并不充分，教师一节课就教学生一个方法：“摆事实、讲道理”，最后再回到这个讨论中，让学生谈自己的观点、论据。但是整节课下来，最大的问题就是没有创新点与亮点，看起来很完美，其实这样的课在市里甚至学校里都一抓一大把！我们并不缺中规中矩的思政课，我们需要的是一些有新意的课。结尾的升华、板书也很普通。这既不是我想要的思政课，也不是我心目中最优的思政课。

3号选手讲的内容是《经济全球化》，上课前先在黑板上贴上图片：地球与三张写着全球化的卡纸。开头的导入是一个WELOOK自制视频——《我的一天》，让学生在视频中找找“我”提到了几个国家，分别是哪些国家。这种实践性强的视频值得点赞，并且就是老师自己的生活，非常鲜活，值得学习！第二个活动，选取一些有代表性的在第二届中国国际进口博览会（简称进博会）参展的公司的图片，小组讨论3分钟，在“上榜牌”上写出你方代表的上榜关键词，并派1名代表阐述上榜的理由（学生上去贴，教师采访原因）。知识的链接主要有经济全球化的含义、表现、载体。第二篇“大有作为”先观看一张图片：非洲加纳堆满电子垃圾，对居民影响重大。先让学生谈感受，然后开展“American政府留言区经济全球化利弊谈——让世界听到你的声音”活动。设计有美国、日本、中国、德国、菲律宾、加纳几个国家的代表。学生各抒己见，其中日本与美国的代表几乎吵了起来，最后颁发最佳“政府代言人”BBKING奖给“美国代表”。（我觉得这个环节有点价值导向问题：这岂不是认同美国的价值观念吗？支持美国的霸权主义的做法？）第三篇“中华有为”准备了三个视频：一是让学生对着信封宣誓，二是世界正如你我所愿，三是第二届进博会习近平的讲话。这个升华有点堆砌素材的感觉，并且时间没有把握好，提前4分钟左右下课，这是这节课的又一败笔。但是，课堂总是充满遗憾的，没有十全十美的课堂。总体上这节课各个环节紧凑，活动形式活泼新颖，深受学生的喜欢，有可借鉴之处。

4号选手讲的内容是《经济生活》第一单元的综合探究《金钱不是万能的》，设计了四个环节：一是00后金钱观调查报告及分享，对金钱的获得和支配有自己的想法。二是探究活动，“进取的深圳人”——陈一丹。三是金钱面面观，通过7个情景——歌曲《我在马路边捡到一分钱》、校园贷乱象、贪官的丑恶形象、丛飞的故事、亿万富豪的故事、古天乐的故事、一个普通人的故事讲述对金钱要达到“看山是山，看水是水”“看山不是山，看水不是水”“看山还是山，看水还是水”的境界。四是人生感悟、升华环节，同样是读、喊口号类的，显得陈旧，思维不新，素材也没跟上时代发展变化，离学生太远，有点像上班会课的感觉，没有经济学的味道。

5号选手讲的内容是《寻找创新创业的沃土——社会主义市场经济》，第一篇章主要通过三个步骤进行：第一步，寻梦之旅——找准方向；第二步，筑梦之思——分析困难；第三步，筑梦之行——选对地方。第二篇章：协力奋进，深圳再出发。我觉得这节课的素材与教材的知识有点对不上号，比较牵强。学生的生成、各环节的过渡还是非常精彩的，但是思维的密度太大了，可能我自己比较疲劳，听着听着想睡觉啦!

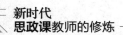

6号选手以“中美贸易争端”为议题，坚持国家利益至上。其中有个“模拟WTO（世界贸易组织）会议”值得借鉴，但是我觉得这个活动有两点值得商榷的事项：①图片上现实WTO的会议是以圆桌的形式组织开展的，那么我们课堂上的模拟活动也应该以圆桌的形式开展；②该活动进行得太长了，没有具体情境、具体活动任务，学生比较容易走神，知识的现场生成也比较欠缺。

7号选手讲的是系统优化的方法，整节课围绕“中国女排的赛事”开展活动，但是学生对中国女排的了解甚少，只是停留在对夺冠的表面现象的了解上，对其背后的故事并不清楚，甚至可以说是非常陌生的。其中，通过“团结协作的团队”具体分析女排的背后团队时，因为学生对女排背后的团体不是很了解，所以都以教师的分析为主，教师讲得比较多。最后学以致用环节，让体育委员分析校运会“该如何备战以实现系统功能最优化”，怎样才能选拔、训练好运动员？策略是什么？情感升华的环节，板书等也一般。

8号选手讲的内容是《政府：国家的行政机关》，导入视频《猪肉价格上涨》，然后来个百姓访谈：角色模拟，找三个学生分别扮演养猪专业户、卖猪肉的屠户、市民，让学生谈谈猪肉价格上涨对自己的影响；中间环节围绕广东省的“猪十条”进行分析，让“飞猪”落地，政府在行动，设计广东省人民政府新闻办公室发布会，有点新意。

9号选手、10号选手没有及时记录。

中午听完课回来，小汤说找了王定国老师，谈了这节课的思路，确定程强的信少讲，结合传媒生的特点和黄旭华的信加入诗歌朗诵、写微电影脚本两个活动，原来的讨论或者弹幕去掉；还要加上知识线索；格言不在PPT显示；“当理想照进现实”环节让学生做主持，老师当梦想导师（主持人发言稿要预先写好）。小汤忙了一个上午，收获并不大。

下午继续努力，按照王定国老师的思路进行修改。雪芬来了，没去听课，在帮小汤找资料与修改课件。光是反映黄旭华一生的散文诗就花了一两个小时去准备，小汤后来只能向谷保庆老师求助。

反　思

我们与广东省第二届省青赛的约会昨天已经落幕，小汤获得一等奖第2名，我认为以下几方面值得我们进行深入的思考与反思。

一、8分钟的时政演讲

时政演讲一般从是什么、为什么、影响、怎么办四个方面组织思路，但是不必面面俱到，要抓住重点；切入点必须小而精，有典型性、代表性与故事性；导入必须介绍该时政热点的来龙去脉，让观众对整个事件有个整体的认知；中间的阐述必须有亮点，有自己的观点与看法，并不拘泥于媒体的简单介绍，要与学科知识挂钩，思考整个事件背后的深层次背景以及国家的主流意志，做好党与国家意志、政策的代言人与拥护者；结束必须要有升华，引导学生做实践者，争做奋斗者，继往开来，接续奋斗。

以下为时事开讲评价标准。

（一）时事材料处理（50分）

（1）引领学生关注生活，关心时政，心怀祖国，践行社会主义核心价值观，培养学生的社会责任感、实践能力、创新精神，立德树人。准确、生动，有温度、有深度、有广度、有高度、有远度地对时政材料进行分析讲解。（30分）

（2）突出重点，讲解具有创新性、生动性。（20分）

（二）开讲过程（40分）

（1）情境导入：创设有吸引力的情境，调动听众参与的热情。（10分）

（2）理论分析：能准确结合党和国家重大理论方针政策、学生实际生活、相关理论等分析时政。（10分）

（3）问题探究：依据时政材料，创造性地设置问题，调动听众参与积极性。（10分）

（4）情境回归：及时将经历探究形成的素养回归具体情境、回归生活，学

以致用。（10分）

（三）口头表达（10分）

普通话标准，语言表达清晰、富有感染力，讲述亲切自然。（10分）

二、6分钟的教师素养演讲

最好能结合自身教育教学的故事，有理有据地进行阐述，既真实又感人；情节跌宕起伏、有笑点、有泪点；主题鲜明、观点准确；能围绕主题结合教育教学的理论展开阐述；可以有教育大家的名人名言或者主要观点做理论支撑；也可以有与学生日常交往的智慧小较量，最好有照片证明真实性；要有教育的情怀，体现教师对学生的大爱、大德、大智慧、大情怀；要符合铸魂育人、立德树人的根本目标，教师眼中必须有个大写的"人"字。

以下为教师素养演讲展示评价标准。

（一）演讲内容（30分）

（1）主题鲜明、内容鲜活，突出立德树人、全面发展。（10分）

（2）观点正确、鲜明，主题深刻、集中，角度新颖、得当，材料典型、充分。（10分）

（3）事、情、理交融，逻辑严谨，说服力强。（10分）

（二）演讲能力（30分）

（1）普通话标准，口齿清晰，语音纯正。（5分）

（2）语言生动、富有激情，逻辑性强，语气、语调、声音、节奏恰当变化，轻重缓急，抑扬顿挫，切合演讲内容；能准确、恰当地表情达意，富有感情。（10分）

（3）肢体语言自然、得体，能准确、直观、灵活地表达演讲内容和思想感情。（10分）

（4）服饰大方、自然、得体，举止从容、端正，精神饱满，态度亲切。（5分）

（三）演讲效果（30分）

演讲精彩，具有强大的鼓舞性、激励性、说服力、感召力和召唤力，能触及灵魂，感动心灵，深入内心，使人深受教育和启迪。（30分）

（四）演讲时间（5分）

若超时，每分钟扣1分。

（五）脱稿表现熟练程度（5分）

这两个环节小汤都进行得非常不错，让观众与评委深深地记住了他，演绎得非常出彩！从表现力到演讲稿的内容都是最优的。这得益于语文老师黄明彦的改稿，真是神来之笔！添加了几句话就把这篇稿子拔高了不少，完全符合我们的要求：情节跌宕起伏，有笑点、有泪点。演讲的演绎力完全靠出发前音乐老师陈尚东的指导，我们称之为点睛之笔！我跟在旁边观看也收获不少：有对比，投入，真情实感，语气的轻重、抑扬顿挫……

三、现场教学课

注意对时间的把握，上课的节奏要有松紧、快慢，师生要同场，但是不要前紧后松，或者前松后紧；把舞台交给学生，充分发挥学生的主体作用，相信学生的潜力与创造力；课前、课中、结束升华都要有亮点与创新点，以显整节课的辉煌与大气，三个环节是一个整体，必须一气呵成；最好也要有笑点与泪点；总体的氛围是让整节课充满欢乐，让学生在愉快的笑声中结束课堂是最好的境界；良好的开端是成功的一半，特别要注意一开头就抓住学生的眼球，吸引学生的兴趣与注意力；多媒体技术的运用能有创新更好；板书注意创新与知识性；一般适合设计三个活动左右；努力做到3·18座谈会中的“八个相统一”……

以下为高中思想政治学科教学能力大赛课堂教学观测评价标准。

（一）教学目标（10分）

（1）围绕立德树人，以学生发展为本。凡是立足应试教育，本项最高得分不得高于1分。（4分）

（2）彰显铸魂育人，立足学科核心素养。凡是立足知识目标，本项得分不得高于1分。（3分）

（3）学科核心素养目标科学、准确、清晰、具体。（3分）

（二）教学过程（35分）

（1）建立了以学生发展为本的新型教学关系。（5分）

（2）基于真实生活情境。（3分）

（3）采取自主、合作、探究的学习方式。（5分）

（4）设问有艺术，能激发学生高阶思维，促进深度学习。（5分）

（5）强化对学生关键能力的培养，培养学生的认知能力、合作能力、实践能力、创新能力。（5分）

（6）运用先进适切的教学方式、学习方式、教学组织形式和教学手段、学生评价方式。（5分）

（7）应有信息化教学、人工智能等现代信息技术应用。（2分）

（8）课堂生动有趣，寓教于乐，学生积极参与，师生同场，教学同步。（5分）

（三）教学素养（30分）

（1）教学设计创新、优质、清晰、精准、原创。（5分）

（2）教学课件精致、精准、优质、创新、原创。教学设计和课件30%以上内容抄袭，则（1）（2）项为0分。（5分）

（3）教学板书有特色、有价值、有亮点、有创新。（5分）

（4）教学语言精练、生动、清晰、标准。（5分）

（5）教学仪态优美、得体，彰显平等的师生关系。（5分）

（6）教学智慧机智、灵动、生成。（5分）

（四）教学效果（25）

（1）立德树人任务得以高效、优质、真实落实。（10分）

（2）实现知、情、意、行相统一。（5分）

（3）学科核心素养目标得以高效、优质完成。（5分）

（4）学生在学习中获得感、幸福感、主体性强。（5分）

小汤现场教学的设计非常巧妙，教学内容是哲学综合探究四《坚定理想，铸就辉煌》，以“中国信·信中国”为主题，精心挑选了三封信：一是程强写给黄继光的信，二是黄旭华的家书，三是校友易建联写给学弟学妹们的信。以“爱国情、强国志、报国行”为主线，时政线索是70周年阅兵、国家勋章英雄授勋仪式。有小人物与大英雄，引导学生树立远大崇高的理想，既指引学生崇尚英雄，争做英雄，继往开来，接续奋斗；又落脚在普通人物和学生自己的理想上。中间环节设计非常贴合学生的实际，通过写“微电影脚本”体现传媒班学生的特色，最后通过活动“当理想照进现实”让学生叩问自己的灵魂，当自己的理想在现实生活中遇到挫折与困难时会做出怎样的选择，是选择放弃还是继续坚持？让学生既接地气又有底气坚定理想。板书有新意、有创新，以一只帆船比喻理想的风帆，寄语学生乘风破浪会有时，直挂云帆济沧海。终稿的教学设计如下：

综合探究《坚定理想，铸就辉煌》教学设计

一、指导思想与理论依据

党的十九大报告指出：青年兴则国家兴，青年强则国家强。青年一代有理想、有本领、有担当，国家就有前途，民族就有希望。广大青年要坚定理想，志存高远，脚踏实地，勇做时代弄潮儿，在实现中国梦的生动实践中放飞青春梦想。习近平在3·18思想政治理论课教师座谈会上强调：青少年阶段是人生的“拔节孕穗期”，最需要精心引导和栽培。要创新课堂教学，给学生深刻的学习体验，引导学生树立正确的理想信念。

二、教学内容分析

本课为人教版高中思想政治必修四《生活与哲学》第四单元综合探究的内容，是第四单元的落脚点，更是学习哲学的落脚点，是培养学生正确的世界观、人生观、价值观的关键点。该综合探究的目的是引导学生树立和追求崇高理想，实现人生价值，在实现理想的过程中坚持社会主义核心价值观，正确处理个人与社会、理想与现实的关系，在中国梦的生动实践中放飞青春梦想。

三、学情分析

根据SWOT分析法，高二学生的学情分析如下。

（1）优势：深圳学生接触面广，思维活跃，对社会职业有所了解。

（2）劣势：青年一代价值多元，有着强烈的自我探索欲望。

（3）机遇：高中生面临高考志愿填报，涉及职业生涯规划的问题。

（4）挑战：理想信念对学生来说过于空洞，太过遥远。

四、教学目标

通过第一封程强写给黄继光的信，让学生在程强实现理想的励志故事中，感悟到理想的强大力量，通过问题讨论引导学生反思自己的理想，树立崇高理想，达成政治认同。

通过第二封黄旭华寄回家的信，让学生在黄旭华坚守理想的感人故事中，感受坚守理想的伟大，通过“微电影脚本设计”活动思辨个人与社会的关系、平凡与伟大的关系，引导学生把坚守理想信念融入中国梦的实践中，树立科学精神，形成政治认同。

第三封校友易建联写给学弟学妹的勉励信，让学生在校友的鼓励下付诸具体行动，在“当理想照进现实”的活动中，正确处理理想与现实的关系，引导学生在具体实践中坚守理想，放飞青春梦想，形成政治认同，践行公共参与。

五、教学重难点分析

（1）教学重点：明确实现理想的途径，坚定理想信念，树立为人民服务的正确价值观。

（2）教学难点：树立崇高理想，增强学生的时代使命感和责任感。

六、教学过程（表1）

表1　教学过程

教学内容	教学活动		设计意图
	教师活动	学生活动	
（一）导入：朗诵自创诗《咏信》	1. 教师朗诵：清风微拂素罗起，一纸红笺平生意。纸短情长铭初心，启封尽展中华志。 2. 教师过渡：自古以来，书信承载很多悲欢离合，承载很多家国情怀，承载很多理想信念。今天老师带来了三封信，让我们一起走进今天的主题“中国信·信中国”	感悟书信文化	模仿央视主持人大赛，吸引学生眼球，引入本节课主题——“信”
（二）第一封信：英雄可否收到（程强写给黄继光的信）	1. 教师活动：阅读第一封信，并播放关于程强实现12岁理想的视频，引导学生思考是什么力量让程强奋斗不息。 2. 教师过渡：程强想当空降兵，当空降兵的目的是什么？保家卫国是他的目标。因此，理想就是奋斗的目标，是对美好生活的向往，是一个人世界观、人生观、价值观的集中体现。 3. 教师总结提升：我们每个人的理想都能为人民、为社会做出奉献，因此都可以是崇高的理想，崇高的理想并不遥远，人人都能实现	1. 学生活动：认真阅读信件、观看视频，感受理想的强大力量，探讨到底是什么力量让程强奋斗不息？ 2. 学生思考后发言：①程强的理想信念支撑着他不断奋斗。②黄继光精神支撑着他坚持不懈。 3. 学生反思：自己的理想是什么？自己的理想对社会有什么作用？	通过程强实现理想的励志故事引出理想的含义，引导学生崇尚英雄，树立崇高的理想，从而达成政治认同

续 表

教学内容	教学活动		设计意图
	教师活动	学生活动	
（三）第二封信：我不能回家（黄旭华寄回家的信）	1. 教师活动：阅读信件，介绍黄旭华的坚守故事，组织关于黄旭华的诗朗诵。 教师活动：组织学生开展设计“微电影脚本”活动。 2. 教师总结：黄旭华将个人的理想信念与国家民族的前途命运和人类的幸福紧密相连。追求理想的过程其实也是实现人生价值、进行价值判断和价值选择的过程。我们要立鸿鹄志，做奋斗者，做出符合历史发展规律的抉择，紧跟时代脉搏，自觉地站在最广大人民的立场上，自觉遵循社会发展的客观规律。 3. 教师升华：追梦路上，像黄旭华这样的英雄比比皆是，他们为了理想信念坚守了一辈子，甚至付出了生命代价，今天的美好生活离不开英雄的付出。像黄旭华这样“我不能回家”的例子在我们的生活中也有很多，请学生列举几例	1. 学生活动：了解黄旭华坚守理想的故事，通过诗朗诵了解黄旭华的感人故事，并根据故事设计关于黄旭华事迹的微电影脚本。 预设学生根据微电影脚本的发言：黄旭华坚持个人与社会的统一，在亲情面前毫不犹豫地选择了国家利益。 2. 学生进一步思考：生活中还有哪些因坚守理想而不能回家的事例？ 3. 学生在教师的引导下，理解平凡人物也会有不能回家的时候，感受到平凡造就伟大。充分调动传媒学生的积极性，通过朗读黄旭华的选择，引导学生立大志、立鸿鹄志	做奋斗者，要把自己的理想与国家的前途命运结合起来，要把握时代的脉搏，与时代的需要结合起来，崇尚英雄，争做英雄，培养学生树立科学精神，形成政治认同
（四）第三封信：写给学弟学妹（校友易建联给学弟学妹的信）	1. 教师活动：阅读信件，寄语学生坚守理想，组织课堂活动“当理想照进现实”。 教师总结：当理想面对现实中的困难，同学们都提到了要发挥人的主观能动性去克服困难。 2. 教师升华：经过刚才你们的对话，我发现即使遇到困难，你们依然是愿意去克服这些困难的，这份信念是非常棒的，按照刚刚对话的对策付出行动去追寻你们的理想吧，祝你们成功！	学生活动：“当理想照进现实”，选出3位同学担任理想观察团成员，由他们向追梦人提问。追梦人根据观察团的提问提出解决困难的措施	充分发挥传媒学生的主体作用，通过理想照进现实，正确处理理想与现实的关系，并付诸行动

续 表

教学内容	教学活动		设计意图
	教师活动	学生活动	
（五）总结与升华	教师升华：听完大家的分享，我感受到了一种激昂的青春，每一个人都在努力成为更好的自己，其实老师我也一样，我想成为一名新时代的思政教师，成为更好的我。一个个更好的你和我汇聚在一起，共同托起伟大的中国梦，见证民族复兴	学生活动：理解中国特色社会主义的共同理想，并在中国梦的具体实践中放飞青春梦想	让学生树立共同理想，坚定道路自信，达成政治认同

2019年，广东省第二届青年教师能力大赛（高中政治组）虽然已经结束，但是，我相信：这次比赛的结束正意味着我们专业成长之路上的另一个开始。

一节好课的标准

两年一度的东莞市高中政治教学能手（第二届）现场教学比赛在紧张的氛围之中早已落下了帷幕，有幸成为评委的我见证了三组现场教学比赛。比赛中每位教师教育教学的理念、技能、方法、风格如百花齐放、争奇斗艳，各有风情。感觉真是春色满园关不住，姹紫嫣红，各美其美，无不体现了东莞市高中政治教师的风采。细细想来，两届教学能手现场教学比赛进行下来，课堂的华丽外表已被一层层地剥落，露出了它最本质的东西，也是最富生命力的内容——课堂教学核心素养的准确定位以及顺利完成。本次比赛几乎每节课都追求精雕细琢，彻底解放学生，充分展示教师素养，为学生的学习乃至今后的发展提供持续的动力。同样，核心素养视域也引发了我的思考：这“好课”该是怎样的“好”呢?

结合东莞市高中政治两届教学能手现场教学比赛的满园春色以及自身的教育教学实践，我认为，评价一节课必须考虑以下四个维度：一是教有底气，二是学有灵气，三是课有朝气，四是考有生气。

一、春风得意马蹄疾：教师的教有底气

有好的教师，才有好的教育。教师拥有什么，才能够给予学生什么。教师要使教有底气，必须使自身的教育教学核心素养丰厚，自身要有扎实的专业知识、专业能力、专业精神、专业格局，只有教师自身具有过硬的教育教学核心素养，才能更好地培养学生的核心素养。唯有智慧才能启迪智慧，唯有素养才能启迪素养。

首先，必须有深厚的教学功底。教师对课标、考纲、考试说明、教材、高考真题、学情等要了如指掌，对教学实施、教学策略选择、教学技能、教学评价等基本功都要胸有成竹。其次，课堂驾驭能力要过硬。教师必须要同时具备“五大执教能力”，即文本细读能力、教学设计能力、情境对话能力、细节调控能力、评价反思能力，并能熟练运用，游刃有余。教师还要具有课程开发力、教育技术与教学的整合力、课堂决策力、跨学科融通力、学生身心理解力、多种评价灵活运用力、学科知识体系把握力等。最后，教育教学素养要卓越。教师要具备丰富的科学研究素养、深厚的文学艺术素养，要有强劲的专业反思与发展意识、同伴互助与终身学习意识，要有过硬的教育教学研究素养、教育教学经验提升素养等。

例如，东莞市高中政治第二届教学能手现场教学比赛六组的东莞市第一中学陈树新老师，授课内容是《社会发展的规律》。陈老师以三个“红包”为主线，让学生主动去抢红包，在游戏中掌握知识、提高能力、形成素养。形式新颖生动，重视改革创新，演绎与归纳法相结合，充分发挥学生的主体作用，启发学生的思维，课堂驾驭能力超强。本节课内容环环紧扣，所选材料从“东莞因你而文明”到“东莞今昔对比”再到“东莞综改50项任务”，有着浓浓的乡土气息，既让学生掌握了知识，更凝聚了学生的“东莞情”！整节课如行云流水，一气呵成。知识在探究中得以生成，能力在学习中得以提升，情感在交流中得以丰富，生命在互动中得以润泽。教师的功底与教学能力、教研能力、教育教学的核心素养可见一斑，显得那么有底气。

二、红杏枝头春意闹：学生的学有灵气

作为一线教师，我们经常听到有些教师谈到“有些知识点我在课堂上都讲过无数遍了，结果学生还是没有掌握，在运用时还是会出现错误……”最后把它归因为学生“能力差”“素质不高”“不努力”等。其实，教师要清楚，教了不等于学了，学了不等于学会了。一堂好课，学得好，学生的能力得到提高，核心素养得以形成，才是真好，单单教得好不是真好。所以，教师应该高度关注学生的学习状态，想办法让学生学有灵气。怎样才算学有灵气呢？即学生的学习是灵动的，而不是静态的，也不是死水一坛。学生的学习不仅是积极的、主动的、快乐的、个性的、多样的、丰富的，而且是完整的、有结构的、系统的。观察学生的状态是否学有灵气，主要有以下五个维度：第一，看学生的情绪状态。例如，学生是否具有浓厚的学习兴趣，在学习过程中是否充满好奇心与求知欲，是否能长时间保持学习兴趣，是否能自我控制和调节学习情绪，学习的过程是否愉悦，学习的意愿是否持续增强……第二，看学生的参与状态，主要表现在学生参与的主动程度、深度和广度上，如是否积极主动地投入思考或踊跃发言，是否兴致勃勃地投入学习和讨论，等等。第三，看学生的交往状态，包括师生交往与生生互动。例如，师生、生生交往是否互相尊重、互相信任；交往的氛围是否民主、宽松、和谐……第四，看学生的思维状态，主要表现在学生是否围绕重点问题积极思考，敢于质疑，敢于提出具有挑战性和独创性的问题；是否有批判性思维；是否有自己的判断力；回答问题的语言是否流畅、有条理，善于用自己的语言阐述观点……第五，看学生的生成状态。教学活动是个动态的生成过程，即不是简单的知识搬运、转移的过程，而是依据学生自身的经验来建构、发现和领悟的过程，如学生能否生成预设内容；学生能否自主地生成非预设的内容，得到意外的收获；等等。首先，教师要在教学中诱发学生的学习动机，帮助学生通过深度学习强化理性，获得智慧，形成内驱力量，并借助这种力量主动向目标迈进。其次，教师要关注学生核心素养的生成。要在学习过程中把学生培育成具有“政治认同、科学精神、法治意识、公共参与”核心素养的合格公民。学生只有具有了这样的核心素养，才是做到了学有灵气。

例如，东莞市高中政治第二届教学能手现场教学比赛中的塘厦中学欧双艳

老师，在教学中以“小王子奇遇记”充分激发学生的兴趣与好奇心，让学生更想学。第一站“星际救援”，三个情境设计让学生设计方案，从中体会生产力和生产关系的辩证关系，让学生在预设中生成，在同样的时间里学得更多、更好。第二站“小王子的中国之惑”，紧贴时政，形式创新，锻炼了学生的批判性思维；让学生写微博“致我们所站立的这片土地”，学生参与度广，情感升华恰到好处，也培养了学生的科学精神，让学习更有意义。

三、人面桃花相映红：师生的课有朝气

课有朝气，主要是强调师生上课的状态，更加强调师生、生生互动、对话的状态。苏霍姆林斯基曾指出：课堂上一切困惑和失败的根子，在绝大多数场合下，都在于教师忘记了上课是儿童和教师的共同努力和劳动。强调师生、生生之间要有“共同努力与劳动”，如师生、生生之间有互动、质疑环节，师生、生生之间可以互说、互辩、互议；学生有充分的时间参与学习，且参与面广；学生采用自主、合作、探究的学习方法；学生的注意力集中，学习情绪高涨。并且这样的课堂一定是“生本”课堂，一定是关注学生的生命、生长、生态、生成、生活的课堂；一定是让学生的个性得到充分展示和发展的课堂；一定是让学生的生活充满情趣和快乐的课堂。衡量教师的状态主要看教师是否有底气（前面第一点已经阐述）。师生、生生的状态出来了，课就显得有朝气。

例如，东莞市高中政治第二届教学能手现场教学比赛中塘厦中学的陈方明老师，课堂大气，“感动篇·老师”“荣耀篇·时刻”“励志篇·同学”环环紧扣，达成教学目标。他激情澎湃，结合时政准确合理，师生互动设计科学，知识衔接行云流水。东莞高级中学常宝娟老师用歌曲《时间煮雨》把学生带进她的课堂故事，以东莞的特产“麻涌香蕉”串联，围绕着香蕉产销的种种问题推进，与学生一起带着浓浓的乡情感悟市场配置资源的优与劣，最后更是强化社会诚信建设的重要性，让学生树立诚信意识。两个课堂师生都体现出生动活泼、丰富多彩、全面完整的状态。

四、待到山花烂漫时：学生的考有生气

在平常的教育教学实践中经常听到有些学生抱怨说：“某某老师的课是课上开心，考试伤心……”也许，有的教师认为：“凡是谈到考试，肯定是应试

教育。”其实，非也。高考是我国现今最为公平的评价与选拔人才的平台，这是我们的教育教学不能回避的现实。作为高中教师，要想办法更好地为高考服务，更好地为国家选拔人才服务，更好地为学生的终身发展服务。首先，在教学中，教师要注意培养学生的四种能力。高中政治考试说明明确规定考生要具备获取和解读信息的能力、调动和运用知识的能力、描述和阐释事物的能力、论证和探讨问题的能力。政治的高考题非常注重综合与生成，重视试题灵活性与开放性，要引导学生关注思维能力训练，从标准答案中解放出来，开拓创造性思维，培养创新人才。其次，平常考试所用试题要由过去的知识、技能立意向能力、素养立意转变，向审美、思维立意转变。通过考试培养学生的“政治认同、科学精神、法治意识、公共参与”核心素养。精制、精选、精讲试题，在这个过程中要注意启发学生的理性思维，而不是为了考试而考试。考试只是一种手段，而最终目的是培养人，使人视野开阔、兴趣广泛，使人产生对知识和真理的渴望，并且能够形成一种崭新的思维方法，最终成为一个生机勃勃、充满正能量的人，成为一个文明的人、有教养的人、有健全人格的人。

例如，东莞市高中政治第二届教学能手现场教学比赛中的松山湖学校王尊老师以“启发式”教育理念为指导，以我国区域发展的状况为背景，注重横向和纵向对比，通过探究小组成员的总结和归纳掌握知识，引导学生以主人翁的精神规划东莞的发展。体系完善，思维层层推进，是一堂思维的盛宴，学生生成的不仅仅是知识，更有思维的碰撞、情感与价值的提升、核心素养的养成！

在核心素养视域下，一个好的课堂，应当是教有底气、学有灵气、课有朝气、考有生气的课堂，期待全国有更多这样的政治课堂。最美的教育在路上，而我一直在路上！弦歌不辍，砥砺前行！

2

第二辑

啃读经典，修炼专业：发现自己

日本的佐藤学教授在《静悄悄的革命》中提出三重对话理论，教师的学习也可以视为一个同时展开的三重对话：

（1）人与文本的对话；

（2）人与他人的对话；

（3）人与自己的对话。

第一重对话主要是与静态的书本和动态的世界对话；第二重对话是与自己身边一切可以沟通交流的人对话，可以是自己的老师、学生、父母、朋友和同学等；第三重对话是强调自己的反思、顿悟，涉及自己心灵与生命的成长和对自己灵魂的拷问。教师的成长应该是一辈子的事情，教师可以在读书、读人和读事中发现自己，修炼专业，使自己得到成长。

第五章　教师的阅读力

阅读，让我与美好相遇

宋真宗赵恒曾作《劝学诗》，诗中写道：

富家不用买良田，书中自有千钟粟。
安居不用架高堂，书中自有黄金屋。
出门莫恨无人随，书中车马多如簇。
娶妻莫恨无良媒，书中自有颜如玉。
男儿若遂平生志，六经勤向窗前读。

是的，书中自有千钟粟，书中自有黄金屋，书中车马多如簇，书中自有颜如玉。但是，我认为，书中更有最美的自己！读书，总能让我在忙碌的生活中找到内心的清宁，让眼神变得纯净，活成自己喜欢的样子。

我出身于教师之家（我爸爸、姨妈、姐姐们都是教师），从小就立志当一名光荣的人民教师，1993年至1996年这3年的中师教育让我有了扎实的教育教学功底；1996年至2000年这4年的大学本科法学教育让我的思维更加缜密，逻辑性更强；2007年至2010年这3年的研究生教育让我对教育教学了解得更加透彻；2000年至2019年这20年的高中思想政治课教学与研究使我深深迷恋上了教育，深深喜欢上了研究学生的成长，并且使我具有更扎实的思想政治课教育教学基础理论知识和广泛的专业知识，通过长期不懈践行，我掌握了思想政治教学研究相关方面的理论与实践技能。对教育教学进行研究，27年来我乐此不疲。说真心话，我早已不拘泥于之前的所谓职业“责任”和“担当”，也不沉迷于对事业的“执着追求”。我只是在享受一种生命的自在状态，在一间被称作“幸福教室”的庙宇里修行，那里有最纯真、最鲜活的生命，他们在用成长滋养我，值得我无限地敬畏和陪伴。这样的信仰已经在我的心田扎根，任尔东西南北风，无所畏惧是我追求的最高教育境界。“捧着一颗心来，不带半根草去”“我已无我，不负学生”。

我深深知道，一个人的成长、成人、成才是需要投入足够的时间去学习、去思考、去实践的，其中，阅读是最好的学习方式，也是一个人精神成长最快捷的方式。正如朱永新老师所指出的，“一个人的精神发育史就是他的阅读史”。阅读，让我不断地与美相遇，不断地成长为更好的自己。曾看到这样一句话：“毁灭一个人最好的办法，就是让他忙到没有时间成长。”忙碌是成长的最大敌人，它会让人丧失创造力，陷入低效、重复的工作状态。而读书，从某种意义上说，可以使我们从周遭的繁杂事务中抽身而出，以超脱、高远的姿态重新审视自我，从而把书中的理论融入自己的生活与生命，最终，成长为更好的自己。其实，读书的主动权一直掌握在我们手里。改变自己，从读书开始；成长为更美的自己，也从读书开始。“腹有诗书气自华”，读书，就是对自己的精神负责。

一、阅读，让我遇见美好的爱情观与婚姻观

我是20世纪90年代的中师生，读中师的日子很简单，也很快乐。我们不需要像高中生那样拼了命地读教科书，没有做不完的作业、考不完的试，有的是大把自由的时间。周末，你可以待在图书馆，也可以疯在运动场，还可以在城里闲逛，尽情享受青春岁月的无限浪漫。

从小养成的爱好阅读的习惯，让我尽情地遨游在图书馆的书海中。但是，中师三年里，我的阅读只局限于一些人眼里的“闲书”：金庸、古龙、梁羽生等的武侠言情小说尽收眼底；徜徉于琼瑶、席娟、池莉等的爱情故事中而流连忘返；惊叹于张爱玲的《倾城之恋》《红玫瑰与白玫瑰》等才子佳人的经历而荡气回肠；沉醉于《呼啸山庄》《简·爱》《飘》《傲慢与偏见》等的动人情节而难以自拔……甚至于把《红楼梦》读了4遍，最后得出结论：《红楼梦》也只不过是一本爱情悲剧故事书而已。我阅读以上书籍都是为了消遣，纯粹只是粗略地走马观花般由一个爱情故事追寻到另外一个爱情故事，没有把它们作为伟大的文学作品进行专业的研究与精读。但是，一个一个美好的爱情故事追

寻下来的好处是：潜移默化、耳濡目染地形成了正确而美好的爱情观与婚姻观——在爱情与婚姻中，男女双方应该认同经济独立、互相尊重、人格平等独立、互相欣赏、相互成就、共同成长等观点。

二、阅读，让我遇见美好的教师观与学生观

中师毕业，成绩优异的我被保送到华南师范大学政法学院法学教育专业继续深造。象牙塔里的阅读氛围让我从此与教育教学做了好朋友，从喜欢教育到深深地热爱教育，再到享受课堂教学、享受教育教学，一路走来，阅读照亮了我笃定前行的道路。

从教20年以来，苏霍姆林斯基的《给教师的建议》，杜威的《我们如何思维》《民主主义与教育》，柏拉图的《理想国》，卢梭的《爱弥儿》，怀特海的《教育的目的》，于永正的《我的教育故事》《我的为师之道》，朱永新的《我的教育理想》《致教师》，李镇西的《爱心与教育》《自己培养自己》，魏书生的《班主任工作漫谈》，闫学的《跟苏霍姆林斯基学当老师》，万玮的《班主任兵法》《教师的五重境界》，常生龙的《读书是教师最好的修行》，徐飞的《读书——教师的第一修炼》，余文森的《核心素养导向的课堂教学》《从有效教学走向卓越教学》……都成为我书柜里的一员。

渐渐地，“用一辈子备一节课”“引导教师走上教育研究的幸福道路”“做中学”“儿童中心论”“自然教育”“教育就是激发和引导学生的自我发展”等成为我为师的准则。于永正老师认为，只有差别，没有差生，要尊重差异。他在书中给出了九条策略：不倒背手；主动和学生打招呼；课间尽可能和学生一起玩；和学生一起演课本剧；尽量到学生家里走走；经常讲故事和笑话；和学生一起做值日；做错了，公开认错；定期征求学生的意见和建议。于永正老师说：教了50多年书，最终把自己教成了孩子。于是，“平等、和谐、尊重、安全、如沐春风”便成为我追求的理想师生关系。

以上书目，我大多数只是囫囵吞枣，谈不上读深、读透和读懂，许多都是浅层、粗略地阅读，没能做到细读、精读，尚未变成我的结构化的知识网络，没能达到信手拈来、为我所用的目的，更没能达到潇洒自如地融入自己的教育教学的效果。我觉得自己毕竟缺少方法与耐力，再加上读万卷书，行万里路，更要仙人指路。“独行疾，众行远”，学无止境，常学常新；教无止境，常教

常新。要有深厚的修养与丰富的灵魂，必须学会精读书、读彻底，这样才能真正地建立起自己的知识体系，这是我要努力实现的目标。

三、阅读，让我遇见美好的父母观与儿童观

我曾经认为世界上最难的职业就是“父母”！

为了胜任“世界上最难的职业”，汪培珽《父母的保存期限，只有10年》，尹建莉的《好妈妈胜过好老师》，龙应台的《亲爱的安德烈》，萨巴瑞的《父母的觉醒》，蒙台梭利的《童年的秘密》《蒙台梭利教育原著全译本：家庭中的儿童》《发现孩子》，苏霍姆林斯基的《给父母的建议》等又成了我的案头书。

这些书在我养育孩子的困顿时期照进了一束束光芒，慢慢地、悄悄地让我了解了在孩子4岁、8岁、12岁时，父母要分别扮演好孩子的启蒙者、领路者、陪伴者，让我在教育孩子的焦虑期明白父母的觉醒与改变才是教育的真正开始。父母只有安顿好自己的身心，才能帮助孩子成为一个健全的人。做父母的只有放弃自己的虚荣心、自负感、控制欲，尊重孩子的天性，接纳孩子的本真，才能与孩子建立起亲密和谐的亲子关系。现在我深刻了解到教育的任务是创造合适的环境来激发和促进孩子内在潜力的发挥，使其按自身规律获得自然的、自由的发展。父母、教师的真正智慧在于善于引导孩子追求真正的幸福。例如，苏霍姆林斯基把发现美和劳动作为培养学生丰富的精神世界的最重要的桥梁，用大量感人的真实故事来说明家长的榜样作用，尤其是父亲的陪伴，对孩子的一生起着至关重要的作用。要让孩子在生活中体会人世间的各种情感与感受，而并不是一味地给孩子快乐和让其尽情地享受。这样孩子才能体会身边人的喜怒哀乐和生活的不易，才能有笑对坎坷人生的勇气和信念。我们要引导孩子学会爱，学会感知周围事物的变化，要让孩子在劳动中经历困难和紧张，从而获得幸福的喜悦，要震撼他们的心灵，“只有能使人劳累、流汗、长茧子的劳动才能培养出细腻、敏感、坚强、有温情的心灵”。苏霍姆林斯基的《给父母的建议》中《清晨的玫瑰》这个故事给我的印象最深。我也终于发现：作为父母，做好孩子的榜样，给孩子坚强的意志、坚韧不拔的性格、豁达开阔的胸怀尤为重要。

我现在认为世界上最美好的职业就是“父母”！我享受与孩子共同成长的

每一天！

四、阅读，让我遇见美好的幸福观与人生观

君子不可一日无书，相信真正爱读书的人都认同这句话。读书是一件伴随人一生的事情，当读书成为生命需求、人生乐趣，就变得轻松、愉悦。享受读书、沉醉于读书是幸福的。杨绛曾在《读书苦乐》中写道，读书就好比到世界上最杰出的人家里去串门儿。要参见钦佩的老师或拜谒有名的学者，不必事前打招呼求见，也不怕搅扰主人。翻开书面就闯入大门，翻过几页就升堂入室。而且可以经常去，时刻去，如果不得要领，还可以不辞而别，或者另找高明，和他对质。此中乐趣，不足为外人道也。

苏霍姆林斯基说过："一个不掌握数学、不会解应用题的人，仍可以生活下去并获得幸福。然而，如果不会阅读，则不能生活，也不会获得幸福。"可见，阅读是人生获得幸福的一种渠道。幸福是什么？《新华字典》指出，幸福是生活境遇愉快美满。《说文解字》解释"幸"是吉而免凶，"福"是佑也。如果按照平常老百姓的理解就是称心如意、平安健康。按照马斯洛从心理学角度的分析，能够做到自己所追求的要成为的样子，即自我实现，就是幸福。我认为，能做到身心健康、愉快，在思政课教育教学过程中得到精神的满足就是幸福的思政教师。

窦桂梅的《回到教育的原点：窦桂梅教育教学管理精华》，李镇西的《幸福比优秀更重要》《自己培养自己》，张万祥主编的《做一个幸福的班主任》，郑英的《教育，向美而生》，周春梅的《一间辽阔的教室》，郑朝晖的《好教育改变人的气质》，汤勇的《致教育》，吴非的《致青年教师》，冷玉斌的《教书·读书》等都让我对教育教学的幸福有了新的感悟。

幸福是奋斗出来的，我们都是追梦人，我们每天都在奔跑，最美的教育在路上，我一直在路上。追求卓越而幸福，做好学生的引路人，做好新时代的思政课教师！我决心做到以下几点：一是不忘初心、牢记使命；二是铸魂育人、永葆初心；三是奋发有为、不辱使命；四是未来可期、成长可见。教师不只是知识的搬运工，更是素养的培养者、思想的启迪者、人生的引路者，要做到心中有人，思中有魂，铸魂育人，立德树人！思想政治课教学要具备中国魂，植入中国心，引导学生成为"中国人"，让学生做到真学、真信、真懂、真用，

共圆中国梦，做到不忘本来、借鉴外来，面向未来才能赢得将来。思政课堂应该是学生思想迸发的课堂，要主动改变自我，善于捕捉课堂学生反应的亮点，及时反思，从技术型教学转向艺术型教学，走教与研相结合的发展道路，做一个有理想、有情怀的“六要”思政教师。以立德树人为根本任务，以培养德智体美劳全面发展的社会主义建设者和接班人为根本目标，积极创新教研方法、形式、内容、手段、途径，守正出新，育人育心，应势而谋，因势而动，顺势而为，把立德树人按规律贯穿到每一个教育教学活动当中。

在以后的教学中，我会继续贯彻习总书记“3·18”座谈会的讲话精神，担起时代重任，锐意创新，准确把握提升学生核心素养的路径和方法，落实好思政课立德树人的根本任务。“读原著，看原文，悟原理”，给学生的心灵埋下真善美的种子，引导学生扣好人生第一粒扣子。要以政治要强、情怀要深、思维要新、视野要广、自律要严、人格要正为要求，以“八个相统一”为原则，努力上好每堂课，以自己堂堂正正的人格和深厚扎实的学识感染学生、赢得学生，用真理的力量感召学生，以深厚的理论功底赢得学生，自觉做为学为人的表率，做让学生喜爱的人，以自己的灵魂激活学生的灵魂，以自己的思想点燃学生的思想，以自己的精神引导学生的精神。

《如何阅读一本书》的作者艾德勒和范多伦认为：“要真正完全拥有一本书，必须把这本书变成你自己的一部分才行，而要让你成为书的一部分，最好的办法——就是要去写下来。”正如徐飞老师一直所说的：“未经表述的阅读是肤浅的。”经由表述，书才能在我的体内安家落户。徐飞老师还说你的眼里蓄满绿意，课堂才能春风十里，阅读是我们积蓄的最好方式；吴国珍教授谈心灵妙境，阅读，增添了生命的厚度、深度、维度，最美的花，无须过多地装点，本身的芬芳就使人陶醉；李西闽老师教会我们面对灾难，要有重生的勇气，读书写作更需要坚持。阅读，本身就是一件幸福的事。和志同道合的人一起阅读，此刻，我们都是幸福的读书人。“好书不厌百回读，熟读深思子自知”，是的，这两句诗值得每个读书人悬为座右铭。格雷厄姆·布朗-马丁的《重新想象学习：互联社会的学习变革》、克里希那穆提的《一生的学习》、诺曼·道伊奇的《重塑大脑，重塑人生》、史蒂芬·柯维的《高效能人士的七个习惯》、玛丽亚·哈迪曼的《脑科学与课堂：以脑为导向的教学模式》、朱永新的《未来学校：重新定义教育》、吴非的《照亮校园的常识》等经典书籍将成为我的最新阅读书目。

路漫漫其修远兮，吾将上下而求索。多读书吧，春山可望，远方可期，在阅读中不断遇见最美的自己！

我的2020年阅读计划

凡事预则立，不预则废，这是颠扑不破的真理。

随着开学时间的延长（昨天广东省已经公布2月底前不开学了），且目前尚未得到确切的日期，为了既不辜负也不虚度，既不慌乱也不遗憾，是时候给自己制订一份翔实可行的2020年新网师学习计划了，让自己既有目标，也有路径；既有节奏感，又能带给自己安全感，温暖而充实，充满希望与力量。希望阅读，让我在2020年继续与美好相遇！

一、组成共同体阅读：让我在学习共同体中遇见“最美的你”

这几天，通过打卡，初遇新网师，便让我心生敬佩：天哪！群里大牛、大咖、大腕、大师真多呀！且不说朱永新、李镇西、郝晓东诸位大神了，郝老师笔下《学习当如方娇艳》的方娇艳老师，每天无时无刻不在学习，随便阅读一篇作业便可以洋洋洒洒写下数篇有质地、有见地、有天地的文章；单是阅读译者序、第一章便可以写下4万多字有深度、有高度、有效度批注的李利老师；周娟老师令人惊叹、超级充实，又收获满满的《一日回顾》以及她平时无微不至、细致周到的温馨提示；白兰老师“2020年挑战20万字”的呐喊；梁鸿老师的“切一寸口子，挖十丈深度”的啃读方式……数也数不清的“尺码相同的人”，让我心生向往，“高山仰止，景行行止。虽不能至，心向往之！”郝老师让我们至少要交往三位小伙伴，这些不都是我们要学习与效仿的榜样力量吗？

二、教学素养阅读：让我在啃读古今中外与学习有关的经典著作中遇见“最美的学习理论”

（1）《人是如何学习的》：每天一章，2月5—16日，完成啃读的第一遍，每天打卡，写下自己的阅读笔记与批注。

（2）《教育与脑神经科学》：与《人是如何学习的》同步，辅助学习。

（3）《脑科学与课堂：以脑为导向的教学模式》：与《人是如何学习的》同步，辅助学习。

（4）《教育的目的》，先在云伴读收听郭冰老师的伴读，再用三天啃读，完成一篇书评。

（5）《学记》，先在云伴读收听俞正强老师的伴读，再用五天啃读，完成一篇书评。

（6）《民主主义与教育》，先在云伴读收听邱磊老师的伴读，再用五天啃读，完成一篇书评。

以上书籍均在2月底完成。

三、教育素养阅读：让我在《教育与写作》中遇见“最美的教育写作理论”

这学期新网师的课程选了两本书：《人是如何学习的》与《教育与写作》，因为教育写作是为了更好地适应新网师的课程，最迫切需要加强与巩固的，因此李镇西老师的经典著作势必要再啃读一番，虽然有些已经在多年前读过，并且不止读过一遍了。

（1）《爱心与教育》。

（2）《教有所思》（第二版）。

（3）《幸福比优秀更重要》。

（4）《教育为谁》。

（5）《自己培养自己》。

（6）《恕我直言》。

这些书目计划在6月底完成。

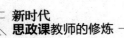

四、专业素养阅读：读经典、悟原理，在啃读马克思主义的原著、原文中遇见“最美的马克思主义理论”

人教版最新版的高中思政教材新增加了一个必修模块——《中国特色社会主义》（广东省将在2020年秋季使用该教材）。让有信仰的人讲信仰，我们要把读马克思主义经典、悟马克思主义原理当作一种生活习惯，当作一种精神追求，用经典涵养正气、淬炼思想、升华境界、指导实践。要真正准确掌握马克思主义基本原理，必须认真学习马克思主义经典著作。读马克思主义经典著作并非为读而读，重要的是着重掌握其中的基本原理。因此，2020年的在校空余时间，每天挤出1小时（通常是上午11：00—12：00或者下午4：00—5：00）的时间啃读以下书目：

（1）《共产党宣言》。

（2）《唯物主义和经验批判主义》。

（3）《1844年经济学哲学手稿》。

（4）《德意志意识形态》。

（5）《社会主义从空想到科学的发展》。

有专家学者指出：“经典如同富矿，原理则是蕴藏其中的宝石；经典是参天大树，原理则是树上的智慧之果。”马克思主义基本原理分属马克思主义哲学、马克思主义政治经济学和科学社会主义理论，又从属于马克思主义学说整体，彼此在理论上相互支撑、相互渗透、不可分离，统统属于马克思主义基本原理。例如，辩证唯物主义和历史唯物主义关于唯物主义和辩证法，关于实践的基本原理；历史唯物主义关于人类社会发展规律的原理，关于生产力和生产关系、经济基础和上层建筑矛盾运动规律的原理，关于社会形态更替规律和世界历史理论的原理，关于人民群众是历史创造者以及关于正确处理人与自然关系的原理，关于人的全面发展的原理等；科学社会主义中关于社会主义取代资本主义的必然性和无产阶级与人类解放条件的一系列原理，其中包括社会主义建设学说、政党建设学说、关于人民民主的学说；政治经济学关于资本主义经济发展规律的诸多原理，都是我必须认真学习、认真研究、认真把握的基本原理。

这些书目计划在8月底完成。

此外，有关人文素养的书籍（每月一本）及与二宝共读的有声读物、绘本（每晚睡前一册）等不一一列举。

有道是“凡有所学，皆成性格”，书籍是活着的声音，有质地的书读得多了，能滋养出精神上的万千气象。读书，让自己知道“光”在哪里、“美”在哪里。2020年，希望阅读给自己带来更多的思考和成长，带来更多的勇气和力量，培养独立的精神，为心灵提供更多的栖息之地。

最后，借用朱光潜先生恪守一生的座右铭，即“此身、此时、此地”：但凡此身应该且能做的，决不推诿给别人；但凡此时应该且能做的，决不拖延到明天；但凡此地应该且能做的，决不幻想着彼地。

带着思维导图阅读一本书

——跟青少年学生谈“如何阅读一本书”（一）

郝老师已公布了第一次作业！一看，不简单。

简答题：

（1）认真阅读第一章，画出思维导图。

（2）新学习科学与旧学习科学相比，主要有哪些差异？请简述。

（3）请运用本章有关教学、教学环境的理论谈一谈你对教师在线直播网课的认识。（关键是运用理论）

（4）请将佐藤学三重对话理论与本章关于教学的三个原则打通、分析。（新学员可以不做）

我这几天都在思索：为什么会出这四道作业题？有什么深意？对我们阅读、理解、消化、运用《人是如何学习的》有什么帮助？两日来百思不得其解，再过两日，似乎有点眉目，亦知道自己的方向在哪里了。首先，学会手绘思维导图；其次，通过比较法对比异同，加深理解；最后，学会在实践中综合运用。正如怀特海在《教育的目的》中所讲的，教育的节奏分为三个阶段“浪漫—精确—综合运用”，阅读也不例外。

想想自己加入新网师，既不是为了获得优秀，也不是为了顺利毕业，而是为了自己的生命成长，更是为了更好地服务学生的生命成长。为此，我不能仅仅是为了“完成作业而做作业”，每一次的作业我都要有所思、有所感、有所悟、有所获、有所行！都要力求帮助自己与学生得到成长，哪怕是一点点、一丝丝！根据美国学者埃德加·戴尔（Edgar Dale）提出的“学习金字塔”（Cone of Learning）的理论，通过讨论、实践、教授给他人，能将原来被动学习的内容留存率从5%提升到50%、75%和90%。深度学习应该如何做？一是读书学习+践行操练，二是读书学习+践行操练+输出教授。所以我今天定的题目是：跟青少年学生谈“如何阅读一本书”，其实就是我学习“如何阅读一本书”。但是，我要输出，我要践行，因此跟学生谈“如何阅读一本书”，学生懂了，我自然也就会了。这个想法也来自批阅学生的《苏菲的世界》书评，学生的书评给了我许多惊喜、惊奇、惊艳，当然也有部分学生给了我许多惊吓、惊呆——竟然平时不读经典、不读书，大多数是碎片阅读，看手机……不读书、不会读书、不喜欢读书，学生根本不知道“如何阅读一本书”。正如法国学者帕斯卡尔所指出的：“读得太快或太慢，都一无所获。”阅读可以锻炼我们的心智。人类的心智和身体不同，身体的发展是有限制的，到了30岁左右，状态就达到巅峰，随着时间的变化，身体只会越发衰老、越发恶化，而我们的头脑却能无限成长和发展下去，这是身为万物之灵的人类与其他动物的根本不同之处。心智就跟肌肉一样，如果不经常使用就会萎缩。而好的阅读、主动的阅读、有方法的阅读，不只对阅读本身有用，也不只是对我们的工作或事业有帮助，更能使我们的心智保持活力与成长。这才是最重要的。

好！为师与你们一起走近阅读。

一、学会手绘思维导图

做一个“对自己有要求的主动读者”。你可以以问题为导向，在阅读一本书的时候，你得主动向自己发问，在阅读过程中有意识地寻找答案。你可以通过做笔记来找寻答案，如画重点、写批注、做摘抄等。

做“思维导图”就是记笔记的很好的方法。

对“思维导图”一词早有耳闻，但是用之甚少，平时大多数用的是线性结构图，比较封闭，不利于开放性的发散思维的锻炼。今天，我带大家从“是什么—为什么—怎么办”入手，玩转思维导图。

思维导图又叫心智导图，是表达发散性思维的有效图形思维工具，它简单却很有效，是一种实用的思维工具。思维导图运用图文并重的技巧，把各级主题的关系用相互隶属与相关的层级图表现出来，把主题关键词与图像、颜色等建立记忆链接。思维导图充分运用左右脑的机能，利用记忆、阅读、思维的规律，协助人们在科学与艺术、逻辑与想象之间平衡发展，从而激发人类大脑的无限潜能。思维导图因此具有展现人类思维的强大功能。

思维导图是有效的思维模式，是应用于记忆、学习、思考等的思维“地图”，有利于人脑的扩散思维的展开。摘抄式读书笔记最大的缺陷是缺乏系统性，各个点都是分散独立的，没有全局观，比较局限，而思维导图很好地解决了这个问题。接下来我们具体来看看用思维导图做笔记在深度阅读中能起到什么作用：

第一，梳理——构建知识体系。

什么叫知识体系？知识体系是知识之间彼此连接、互通有无，是一张密密麻麻的网，把各种零碎分散的知识连接起来。这个知识体系和你的教育背景、工作经验、阅读量、人生阅历等密切相关，决定你做事的方式、掌握的技能和思维的深度。在平常的碎片化阅读或资讯类阅读中，我们读到的东西大部分都是零散的、不系统的知识片段。这些零散的知识碎片并不能被我们随时提取，因为它们没有融入我们的知识体系中。这也是碎片化阅读对个人能力提升作用有限的原因。

要构建知识体系，专题阅读是不二法门。而在进行专题阅读，阅读较细分领域的专业书籍时，用思维导图做读书笔记能够帮你建立起较为系统的知识体系，帮助你厘清系统化的知识。而知识只有被整理，才能被有效地吸收和提取。

例如，很多学生拿起课本颇有雾里看花的感觉。新课程强调生活逻辑，课本语言的组织也更趋生活化，这使得这一问题尤为突出。其实，“一点一面都关情”，看政治课本，既要从微观上把握知识的“点”，又要从宏观上把握知识的“面”，处理好点与面的关系，做到既见“树木”，又见“森林”。思维导图就可以帮助大家达到这个效果。

第二，关联——和已有的知识体系产生联系。

这一步是从认识到认知的过程。在用思维导图精读完一部分内容后，可以得到一张比较初步的思维导图。虽然经过了关键词筛选的步骤后，你对这部分知识点有了初步的了解和掌握，但其实还停留在认识的阶段。要真正掌握一个知识，需要让它和你已有的知识体系产生联系。因而这一步你可以结合自身的经验和认识，对现有的思维导图进行关联和加工。

第三，回顾——加深对知识的吸收。

相信大家都不会对艾宾浩斯记忆曲线感到陌生。记忆这种东西，实在是常记常新。读专业性书籍一般都需要较长的时间，精读更是比较耗时。而且如果阅读没有很强的连续性，往往会出现读下一章的时候已经忘了上一章内容的情况。利用已画好的思维导图去进行前几章节的复盘，不仅能加深你对已阅读章节知识的吸收，对你接下来的阅读也更有帮助。

第四，加工——联系实际进行输出。

在精读完全部章节的内容并做了相应的思维导图后，对这本书的掌握程度肯定比不做笔记、走马观花地阅读完一本书来得深。然而这种单方向的输入效率并不是特别高，验证一个知识是否被掌握的方式就是输出。和人探讨或者写文进行知识输出，不仅能极大地加深你对这个知识点的掌握，而且能促使你去学习更多的知识，充分调动你脑中现有的知识，让它们互相产生联系。

二、怎样画思维导图

首先要会读图。从右上角，顺时针读图，一直到左上角。绘图也是这个顺序。根据组长的提示，记录如下。

绘制思维导图很简单，带上工具和你的大脑即可。

（一）工具

（1）A4纸一张。

（2）彩色水笔和铅笔。

（二）步骤

（1）中心图。

纸要横放，从纸的中心画起。中心图的大小是纸的六分之一，内容与主题相关，色彩要三色以上。（大脑是“好色之徒”，这样才便于记忆。）

（2）空间结构。

分支量3～7支，第一分支从2点钟方向顺时针画起。

（3）线条。

由粗到细，曲线优先，冷暖搭配。

（4）文字。

关键字精准，一线一词。

（5）小图标。

图标色彩要艳丽，与内容相关。

（6）色彩。

色彩搭配要和谐，重点要突出。

（秘诀：先用铅笔画好，再用彩笔勾勒，最后在线条上写关键词。）

今天比较研究了小伙伴们打卡的思维导图，自愧不如，认真检查与思索了一下，打算重新按照科学的方法画一遍。同时发现自己在画思维导图时有比较容易出现的错误，记录下来作为注意事项，让学生们作为前车之鉴：

（1）读图或者构图的顺序都是顺时针方向——由右上角开始，顺时针方向，一直到左上角（我第一次画图时所犯错误是先顺时针从右上角开始，画完右边，接着逆时针，又从左上角开始）。

（2）先画线构图，再写字（我第一次画图时所犯错误是先写字，再画线，所以线条较硬，不美观）。

（3）提取关键词，言简意赅，一目了然，有助于记忆与理解。

（4）彩色笔是用来画线条的，黑色笔是用来写字的。

用比较研究法阅读一本书

——跟青少年学生谈“如何阅读一本书”（二）

开卷有益，阅读有道。今天想从阅读课本开始教大家如何用比较研究法阅读一本书。

学会看书阅读，善于从课本中获取知识，并能灵活地加以运用，是学生学习的基本要求，也是学生培养自主学习能力的重要途径。但在日常的学习过程中，很多学生不重视课本，不会研读课本。不会“看书”成了制约学生发展的“瓶颈”。希望本文的比较研究法对大家的阅读有所帮助与启发。

什么是比较研究法?

《牛津高级英汉双解词典》解释说：比较研究法就是对物与物之间和人与人之间的相似性或相异程度的研究与判断的方法。

吴文侃、杨汉青主编的《比较教育学》认为：比较法是根据一定的标准，对不同国家或地区的教育制度或实践进行比较研究，找出各国教育的特殊规律和普遍规律的方法。很显然，这个定义仅适用于“比较教育”这个学科领域，所以必须对它进行另外的限定。

林聚任、刘玉安主编的《社会科学研究方法》认为：比较研究方法，是指对两个或两个以上的事物或对象进行对比，以找出它们之间的相似性与差异性的一种分析方法。

比较研究法就是对物与物之间和人与人之间的相似性或相异程度的研究与判断的方法。比较研究法可以理解为根据一定的标准，对两个或两个以上有联系的事物进行考察，寻找其异同，探求普遍规律与特殊规律的方法。

根据不同的标准，可以把比较研究法分成如下几类。

1. 按属性的数量，可分为单向比较和综合比较

单项比较是对事物的一种属性所进行的比较，综合比较是对事物的所有（或多种）属性进行的比较。单项比较是综合比较的基础。但只有综合比较才能达到真正把握事物本质的目的。因为在科学研究中，需要对事物的多种属性加以考察，只有通过这样的比较，尤其是将外部属性与内部属性一起比较才能把握事物的本质和规律。

2. 按时空的区别，可分为横向比较与纵向比较

横向比较就是对空间上同时并存的事物的既定形态进行比较，如教育实验中的实验组与对照组的比较、同一时间各国教育制度的比较等都属于横向比较。纵向比较即时间上的比较，就是比较同一事物在不同时期的形态，从而认识事物的发展变化过程，揭示事物的发展规律。在教育科学研究中，对一些比较复杂的问题，往往既要进行纵向比较，也要进行横向比较，这样才能比较全面地把握事物的本质及发展规律。

3. 按目标的指向，可分成求同比较和求异比较

求同比较是寻求不同事物的共同点以寻求事物发展的共同规律。求异比较是比较两个事物的不同属性，从而说明两个事物的不同，以发现事物发生发展的特殊性。通过对事物的求同、求异分析比较，我们可以更好地认识事物发展的多样性与统一性。

4. 按比较的性质，可分成定性比较与定量比较

任何事物都是质与量的统一，所以在科学研究过程中既要把握事物的质，也要把握事物的量。这里所说的定性比较就是通过对事物间的本质属性的比较来确定事物的性质。定量比较是对事物属性进行量的分析以准确地确定事物的变化。定性比较与定量比较各有长处，在教育科学研究中应追求两者的统一，而不能盲目追求量化，教育毕竟是一个不同于工人制造产品的活动，很多东西并不能够量化。但也不能一点数量观念都没有，而应做到心中有“数”，并用数字来讲话。

5. 按比较的范围，可分为宏观比较和微观比较

认识一个事物，既可以从宏观上认识，也可以从微观上认识。从宏观上把握事物的本质，对事物的异同点或基本规律进行比较，是宏观比较；从微观上把握事物的本质，对事物的异同点或基本规律进行比较，则是微观比较。

因此阅读时，学生们要重视知识与知识之间存在的各种各样的联系，但不少学生在看书过程中不会主动地把它们联系起来、进行对比，导致看书效率低下，看一个问题只是一个问题；更有甚者，看的时候觉得清清楚楚的一个问题，到了考试时却又与其他问题搅在一起，成了一团乱麻。“心有灵犀一点通”，我们在看书过程中也极需要那么一“点”来建立前后知识之间的联系，即要处理好前与后的关系，从而提高看书阅读的效果。具体有下面几点做法：

首先是归纳同类知识。我们在看到某一个知识点的时候，除了要掌握这一知识点外，还应该进一步思考：课本上像这样的问题还有哪些？例如，在看《政治生活》“政府的责任：对人民负责”时，能否想到课本中除了这一原则外，还有公民在法律面前一律平等原则，权利与义务统一原则，个人利益与集体利益、国家利益相结合原则，处理民族关系的基本原则，和平共处五项原则等；更进一步，我们能否想到《经济生活》中的等价交换原则、订立保险合同应坚持的原则、市场交易原则、我国对外开放应坚持的原则等。

其次是联系相关知识。我们在看到某一个知识点时，应善于把课本上其他与这一知识点有关的内容联系起来。例如，我们在看《经济生活》中社会主义市场经济的基本特征这一知识时，能不能把它与《经济学常识》中的西方现代市场经济模式的基本点这一内容联系起来？再如，我们看到《生活与哲学》中实践与认识的关系这一知识时，能不能很快想到《文化生活》中的文化创新与实践的关系。

最后是比较易混知识。我们在看某一个知识点时，还应该把这一知识点与课本上其他地方的易于混淆的知识点联系起来进行比较，在比较中更好地把握。例如，我们看《经济生活》中的分配方式时，能不能有意识地把按劳分配、按个体劳动成果分配和按劳动要素分配联系起来进行比较；在看《生活与哲学》中"用对立统一的观点看问题"时，能不能自觉地把主次矛盾辩证关系原理和矛盾主次方面辩证关系原理对照起来学习。再如，看到《国家和国际组织常识》中"一国两制"下的特别行政区时，能不能与《政治生活》中的"民族区域自治制度"下的民族自治地方进行比较分析，等等。

归纳同类知识，实际上是看书时的以点带面——以看到的某一个知识点为切口，带出课本上与之类似的其他知识；联系相关知识，实际是看书时的以点串线——以看到的某一个知识点为起点，把课本上与之有内在关联的知识串联起来；比较易混知识，则是看书时的以点对点——把课本上与这一知识点易混淆的知识点联系起来进行比较。但无论是归纳同类知识，还是联系相关知识和比较易混知识，都需要我们在看书过程中正确处理前与后的关系，善于那么一"点"，提高看书的效率，收到举一隅而三隅反的良好效果。

比较研究，求同存异

——析新旧学习科学的差异

今天终于收到纸质书《人是如何学习的》《教育与脑神经科学》《脑科学与课堂：以脑为导向的教学模式》和李镇西老师的各种著作共9本，因为李镇西老师的著作大多数已经看过，便如饥似渴地首先捧起《人是如何学习的》，第六次阅读第一章：从猜测到科学，再画重点、写批注、做摘抄，重新画思维导图（第四张图了），用比较研究法思考新学习科学与旧学习科学相比，主要有哪些差异，终于有了点眉目！

首先，要弄清楚新旧学习科学的分水岭。由第一章的标题“从猜测到科学”可知，学习科学的发展分为两个阶段：一是猜测阶段，二是科学阶段。因此，我把猜测阶段定义为旧学习科学，把科学阶段定义为新学习科学。以认知科学的诞生作为分界线，认知科学的诞生前是旧学习科学，认知科学的诞生后是新学习科学。

其次，采用比较研究法阐述两者的差异。根据比较研究法的分类，按目标的指向，可分成求同比较和求异比较。

用求同法分析第一章对新学习科学与旧学习科学的探索，发现主要可以从以下几方面进行对比研究：如研究背景、研究方法、研究侧重点等，再用求异法对这几方面进行细化对比研究，基本上可以掌握新旧学习科学的差异。

一、研究背景不同

（一）猜测和科学

由于科技发展水平不同、心理科学研究程度不同，旧学习科学的研究只是一种猜测，没有科学的依据。那时的心理学研究停留在“内省法”“行为主义”阶段，认知科学尚未诞生。自从认知科学诞生后，人们就从多学科的视角来研究学习，采用新的实验工具、方法论和假设理论的方法等，开始对心理功能进行认真的研究：检验理论，而不再只是停留在猜测上。采用科学的方法来检验学习，从此，学习才称得上真正意义上的“学习科学”。

（二）边缘和热门

随着脑科学、心理科学、信息科学与技术等交叉学科的发展，世界已经面临着一场“学习革命”了。而在旧学习科学时期，人们对学习的重视程度不够，对旧学习科学的研究比较“窄”“狭”，人们被习以为常的、旧的、传统的学习理念所禁锢着，对学习科学的研究与关注较少。

在脑科学、认识论、认知神经科学、信息技术、社会学、人类学等多学科的支持下，新学习科学作为一个新兴的学科广受关注，并开始在教育界兴起各种教学模式、教学技术的“设计研究”。我们将彻底改革几个世纪以来人们已经习以为常的、旧的、传统的教育观念和教学模式，创造出一种在真正意义上尊重人的主体性、激发人的创造性、相信并注意开发人的潜力、便于人与人交际与合作的崭新的教育观念和学习模式。人们对有效学习的观念已经发生了根本性变化，教学研究的重点已从如何教转向如何学，从结果转向过程，从机械操练转向知识的理解和运用。学生不再被看成接受知识的容器，而是知识的建构者和生成者。

二、研究方法不同

（一）单一和多样

旧学习科学仅是在心理学领域有涉及的研究，研究的学科、研究的方法比较单一。而认知科学从它诞生的那一天开始，就从多学科的视角来研究学习，涉及人类学、语言学、哲学、发展心理学、计算机科学、神经系统科学和心理学学科，新的实验工具、方法论和假设理论的方法使科学家能够对心理功能进行认真科学的研究。新学习科学研究方法多样，更加注重实验研究、质的研究、学习环境的研究。

（二）量的研究和质的研究

旧学习科学由于受到研究仪器、研究工具等的限制，主要采用的是量的研究，也叫定量研究，主要解决“是什么”的问题。新学习科学采用了严格的质性研究方法，也叫定性研究，主要解决“为什么”的问题。定性研究为人们提供了有关学习主题的各种观点，补充和丰富了实验研究传统。

新学习科学研究崇尚经验研究，追求基于证据的评价，对量的研究、质的研究和理论研究都有应用并在不同情况下各有侧重。在设计研究方法论的导引下，混合研究成为趋势，而且学习科学研究者正在积极探索和实践着适合新型学习环境的各种新方法和新技术，这正是新学习科学迅猛发展的动力之源。随着科学家持续地研究学习，一些新的研究步骤和研究方法出现了，这可能会动摇目前的学习理论观点，如计算建模研究。科学研究涉及学习、记忆、语言和认知方面的广义的认知和神经科学问题。

三、研究侧重点——特征不同

（一）记忆性学习和理解性学习

旧学习科学强调记忆，教科书大多数是事实性知识，多数测验也只是评估学生记忆事实的能力而已。学生很少有机会去理解或搞懂主题，因为许多课程总是强调记忆，而不是理解。对知识的学习也只是机械操练，大多数也只是为了应付考试而学习。

新学习科学的一大特色就在于它强调理解性学习。在直觉上，理解是完美的，但是我们一直很难从科学的角度来研究它。新学习科学并不否认事实对于思维和问题解决的重要性。在某些领域的专业知识的研究表明，专家思考和解决问题的能力主要依赖于有关学科领域的大量知识。但是，这些研究也清晰地表明“有用的知识”不同于一连串无联系的事实。专家的知识是围绕重要概念而联系和组织起来的；它“有条件地”指明了知识可使用的情境；它支持理解和迁移（到其他情境），而不仅仅是记忆能力。

（二）学习不是基于已有的知识和经验的建构与迁移及学习是基于已有的知识和经验的建构与迁移

旧学习科学认为前概念、前拥理解不会影响未学的知识，它们之间没有关联。旧学习科学不关注认知的过程，不注重知识迁移，只重视认知的结果。新学习科学关注认知的过程，人类被看作由目标指引、积极搜寻信息的行动者，他们带着丰富的先前知识、技能、信仰和概念进入正规教育，而这些已有的知识极大地影响着人们对周围环境的关注以及组织环境和解释环境的方式。反过来，这也影响着他们记忆、推理、解决问题、获取新知识的能力。

从最一般的意义上说，根据建构主义理论，现代学习观就是人们用他们已知道和相信的知识去建构新知识和对新知识的理解。新知识的建构必须源于已有知识，对这一教学观的合理引申就是教师需要关注学习者在学习给定主题时出现的不完整理解、错误观念和对概念的天真解释等问题。教师还需要依据这些概念来帮助每个学生达到更成熟的理解。如果忽视学生的初始概念、观点，他们获得的理解可能与教师预期的想法大相径庭。

（三）被动学习和主动学习

旧学习科学时期，学生被看成接受知识的容器，教师只会向容器灌输知识，学生被动地接受，不求甚解，没有交互式学习、探究式学习，不注重迁移与反思，元认知水平较低，不懂运用元认知策略来监控自己的学习过程。

新学习科学强调帮助人们对学习进行自我调控的重要性。认为既然理解受到重视，那么人们就必须学会把握理解和获取更多信息的时机。新学习科学重视元认知策略的运用，注重锻炼学生将所学知识迁移到新情境、新事件的能力，学生不再是接受知识的容器，而是需要点燃的火把，是知识的建构者和生成者。学生带着有关世界如何运作的前概念来到课堂，重视发展自己的探究能力，会制订目标、监控自己的学习过程和控制他们自己的学习。学生的元认知水平得到提高。在"元认知"的主题下，人们已经对支持主动学习的许多重要活动展开了研究，适合学习的元认知方法的教学实践包括关注理解、自我评价、对已教授的和需要改进的内容进行反馈。这些实践表明，学生将所学知识迁移到新情境、新事件的程度得到增强。

四、教育观、教学观不同

（一）有序和混沌

旧学习科学在教学过程中，大多数情况下是教师讲、学生被动地听，鲜有交互式教学、探究式学习，课堂秩序看起来井然有序，但是学生的思维并不活跃。学生的想象力、创造力在这种有序的环境中大多数会被扼杀。

新学习科学有助于将有序带向看上去有杂音的选择。教师必须抽取前拥理解并与学生带来的前拥理解打交道；教师必须深度地教授一些学科知识，提供相同的概念在其中运作的许多范例和提供事实性知识的坚实基础；元认知技能的教学应该整合到各种学科领域的课程中。在复杂多样的教学方式中，不存在普适的最好的教学实践，教师可以从完成特定目标的方法中更有目的地进行选择。

（二）一中心说和四中心说

旧学习科学的教育重点放在文化技能的获得上：简单的读、写、算能力，强调围绕"知识中心"进行教学。那时教育体系的普遍准则并不是培训人们进行批判性思考和阅读，清晰地、有说服力地表达自己的观点，以及解决科学和数学中的复杂问题。

新学习科学时期知识的意义已从能够记忆和复述信息转向能够发现和使用信息，新学习科学认为不同的学习目标需要不同的学习方法，教育的新目标要求改变学习的机会。学习环境的四个中心：学习者中心、知识中心、评价中心以及社区中心是互相联系、互相支持、相互重叠、相互影响的，也可以是相互交叉、相互促进的。新学习科学强调根据教育的目标选取相应的学习环境，只要能保持“四个中心”之间的一致性，学生的学习不管是在校内还是在校外，都必定得到促进与提高。

综上所述，是为新旧学习科学的差异也。

高中思政课教师的阅读书单

昨晚郝老师第四次授课，让我感触最深的就是：“新教育对教师专业发展的理解，就是要研读根本书籍。”

郝老师指出：要形成强大的根本能力，必须排除碎片般的信息以及狭隘的专业知识的遮蔽，恢复对人类根本问题以及各个专业根本问题的思考，并在这些思考之间建立关联。而要恢复对根本问题的思考，必须从五花八门的流行读物中挣脱出来，回归对根本书籍的研读。何谓根本书籍？根本书籍，也称原典型书籍，是指奠定教师精神及学术根基，影响和形成其专业思维方式的经典书籍。根本书籍分为以下三类：

一是关于人类文明的根本书籍，如《论语》《道德经》《圣经》等。按照《如何阅读一本书》的作者艾德勒的意见，此类书籍绝对不会超过100本。

二是学科奠基之作、代表作和集大成者。这类书籍蕴含了本学科的框架，对本学科的根本概念有透彻的解释或梳理，这是最重要的一部分。例如，对于修辞学来说，陈望道先生的《修辞学发凡》就是根本书籍；对于语文课程理论来说，王荣生的《语文科课程论基础》就是根本书籍；对于语言学来说，索绪尔的《普通语言学教程》就是根本书籍；等等。其他图书，因为是活的教育学，也在根本书籍之列，如阿莫纳什维利的《孩子们，你们好！》。

三是大家小书，即由一流的专家所写的一些通俗易懂又不失深邃，对某一领域概貌及主要概念有清晰把握的书籍。例如，杜维明的《儒教》、佐藤学的《静悄悄的革命》、弗洛姆的《爱的艺术》等。学科根本书籍有时候难度很大，因此大家小书往往是专业阅读推荐的首选。

需注意的是，并非所有的根本书籍都在推荐之列，因为专业阅读推荐还要考虑到领域、难度、专业相关性、可读性等因素。

为此，我也研究了高中思政教师必须研读的学科奠基之作主要有哪些，为高中思政教师提供阅读的书单，构建自己知识库里有意义的信息模块，理解学科的一些根本性概念，以做到顺畅、自动化提取。

一、哲学

中国哲学书籍：《周易正义》《论语集注》《孟子正义》《大学》《中庸》《老子道德经注校释》《庄子集释》《荀子校释》《韩非子集解》《淮南子集释》《二程集》《传习录》等。

西方哲学书籍：柏拉图的《理想国》《柏拉图对话集》，康德的《纯粹理性批判》，亚里士多德的《形而上学》，笛卡尔的《第一哲学沉思集》，奥古斯丁的《忏悔录》，列宁的《唯物主义和经验批判主义》，海德格尔的《存在与时间》，尼采的《查拉图斯特拉如是说》等。

推荐给高中生的哲学书籍阅读书单：罗素的《西方哲学史》，冯友兰先生的《中国哲学史》，乔斯坦·贾德的《苏菲的世界》，傅佩荣的《西方哲学与人生》，唐纳德·帕尔默的《看，这就是哲学》，田中正人的《惊呆了！哲学这么好》，杜兰特的《哲学的故事》，罗伯特·所罗门的《大问题：简明哲学导论》，袁卫的《哲学家的故事》，文聘元的《你不可不读的西方哲学故事》等。

二、政治

亚里士多德的《尼各马可伦理学》《政治学》，卢梭的《社会契约论》，霍布斯的《利维坦》，列奥·施特劳斯的《论暴政》，布丹的《国家六论》，潘恩的《人权论》，莫尔的《乌托邦》，洛克的《政府论》，恩格斯的《社会主义从空想到科学的发展》等。

推荐给高中生的政治书籍阅读书单：马克思、恩格斯的《共产党宣言》，杰弗里·托马斯的《政治哲学导论》，安德鲁·海伍德的《政治学核心概念》，萨缪尔·亨廷顿的《文明的冲突与世界秩序的重建》，亨利·基辛格的《世界秩序》等。

三、经济

马克思的《资本论》《1844年经济学哲学手稿》，亚当·斯密的《国富论》，大卫·李嘉图的《政治经济学及赋税原理》，约翰·穆勒的《政治经济学原理》，马歇尔的《经济学原理》，凯恩斯的《就业、利息与货币通论》，曹国正的《博弈圣经》，布坎南的《同意的计算》等。

推荐给高中生的经济书籍阅读书单：萨缪尔森的《经济学》，曼昆的《经济学原理》，哈耶克的《通往奴役之路》，宋鸿兵的《货币战争》，弗兰克的《牛奶可乐经济学》，彼得·希夫、安德鲁·希夫的《小岛经济学》，林毅夫的《中国经济专题》，吴敬琏的《吴敬琏专集》，吴晓波的《激荡三十年》等。

四、文化

柏拉图的《柏拉图文艺对话集》，黑格尔的《美学》，梁漱溟的《中国文化的命运》，钱穆的《钱穆先生全集——中国文化精神》，张岱年、程宜山的《中国文化精神》，朱光潜的《西方美学史》等。

推荐给高中生的文化书籍阅读书单：《山海经》《文心雕龙》《人间词话》《幼学琼林》《增广贤文》《古文观止》《三字经》《千字文》《章太炎国学讲义》《国学概论》《谈艺录》《世说新语》等。

五、法律

孟德斯鸠的《论法的精神》，黑格尔的《法哲学原理》，韩非的《韩非子》，霍布斯的《利维坦》等。

推荐给高中生的法律书籍阅读书单：萧瀚的《法槌十七声》，徐爱国的《名案中的法律智慧》，刘星的《西窗法雨》，苏力的《法治及其本土资源》，冯象的《政法笔记》等。

六、逻辑

黑格尔的《大逻辑》《小逻辑》《逻辑学》，胡塞尔的《逻辑研究》，维特根斯坦的《逻辑哲学论》等。

推荐给高中生的逻辑书籍阅读书单：陈波的《逻辑学是什么》《逻辑学十五讲》，麦克伦尼的《简单的逻辑学》，欧文·M.柯匹、卡尔·科恩的《逻辑学导论》，吴昱荣的《简单逻辑学》，普里斯特的《简明逻辑学》等。

新时代教师的阅读力

新时代呼唤新思想，时代的变迁、新课改的启动都需要教师思想与观念的转变，而思想与观念的转变不是一件容易的事情，教师要有变革的自觉，也需要“站在巨人的肩膀上”登高望远，而书籍就是教师登高望远的阶梯。阅读与教师的专业成长有着密切的关系。在教育领域，几乎所有的名教师都有广泛阅读的习惯和坚持不懈开展阅读的毅力，让自己成为阅读者，让阅读成为自己的生活方式和生活习惯。

教师最合理的知识结构是本体性知识占比50%（所教学科专业知识）；专业知识占比30%（从事教育职业的人所必须具备的专业基础知识，包括教育学、心理学等）；人类基本知识占比20%。教师个人的知识结构，从大的方面说影响教师的专业发展，从小的方面说影响着每一节课。课堂上存在的问题大多与教师个人的知识结构相关。

教师的知识与智慧从何而来？阅读，就是一条捷径。如何阅读？速读？精读？泛读？感性阅读？知性阅读？速读突出的是速度，泛读的目的是提取信息，精读是读得精细，感性阅读是指带有消遣性质的快餐式阅读。新教育新网师提倡的是知性阅读，即带有钻研性质的理解性阅读，阅读者凭借逻辑和已有的经验去理解书中的观点，与书籍反复对话，并以书中的思想对自身经验进行反思和改进。知性阅读，强调双向的交流对话，强调阅读者通过自己的理解与解释，对书本中的信息进行新的建构。如何知性阅读？主要强调如下五个步骤：

（1）细读，勤批注，多勾画，有问题意识。

（2）提取核心概念，反复在语境下理解。

（3）根据主要话题，联系教育教学生活，反复琢磨。

（4）与其他书籍参读，丰富或者修正自己的知识结构。

（5）进行批判性阅读是深入理解的必由之路。

对教师来说，专业书籍按照难易程度可分为五大类：案例型书籍（许多班主任工作手记、名师课堂实录）、经验型书籍（如苏霍姆林斯基的《给教师的建议》）、分析型书籍（如专门的教育学、心理学书籍）、原理型书籍（如皮亚杰的《发生认识论原理》、杜威的《民主主义与教育》）和哲学型书籍（如乔斯坦·贾德的《苏菲的世界》）。新入门的教师可以从案例型书籍和经验型书籍读起，分析型和原理型书籍比较适合精确期阅读，哲学阅读是最高层次的阅读，适合综合期阅读。

“浪漫→精确→综合”，是专业发展的基本规律，是一个有机循环的过程。人们的认识总是在浪漫期的热爱新奇丰富、精确期的细化理论和综合期的默会内隐三个过程相互衔接与渗透中循环不已地向前发展。认识到这一点，我们就要结合自己的阅读史反思自己处于哪个阶段，如何更好地进入下一个阶段，能够坦然地“拥有足够丰富的浪漫时期，足够清晰深邃的精确时期，足够丰富和开放的综合时期”。我们可以根据自身不同阶段选择适合自己的书籍来读，这样就可以避免“读懂的没营养，有营养的读不懂”了。具体有如下几点注意事项。

一、读起来，捧起书来读，就是最好的读书方法

人的成长是一种“趋光运动”。朝着明亮那方，成长确实就是朝着自己心中的梦想靠近的过程。梦想是纯洁的、美好的，是一道温暖心房的光，是一扇开启未来的门。那么，光因何而来，门因何而设？对教师来说，光是因阅读而来，门是因阅读而设，阅读，并且不间断地阅读，光才能够持久、明亮，门才会设在更高远的地方，却又可以无限地接近。人一生中最应该交的两位朋友：一是运动场，二是图书馆。如果有天堂，那么天堂应该是图书馆的模样。

当你读过某本书时，你就与书本身、书中的情节、书的作者以及无数的这本书的其他读者进行了沟通，这时候你获得的真心愉悦、充实幸福，就会化为你的内在，塑造一个全新的你。我一直相信，任何人高兴地捧起一本书读起

来，就找到了最好的读书方法。

捧起书来读，就是最好的读书方法。

二、少而精、透

读书要追求少而精、透，切忌贪多求全。朱光潜在《谈读书》一书中意味深长地指出："学问如作战，须攻坚挫锐，占住要塞。目标太多了，掩埋了坚锐所在，只东打一拳，西路一脚，就成了'消耗战'。与其读十部无关轻重的书，不如以读十部书的时间和精力去读一部真正值得读的书；与其十部书都只能泛览一遍，不如取一部书精读十遍。"读透一本书，真能撼动你的心灵，激发你的思考，继而影响到你的思想与思维。这是开启、点燃个人专业生命最朴素、最直接的方式。卡夫卡有一句话：我们需要的书，应该是一把能够击破我们心中冰海的利斧。翻开书，打开书页，它可以愉悦我、慰藉我、粉碎我、成全我、塑造我。我之所以是我，跟这些书都是联系的。

正如有人问："我读过很多书，但后来大部分都忘记了，你说这样的阅读究竟有什么意义？"回答："当我还是个孩子时，我吃过很多食物，现在已经记不起来吃过什么了。但可以肯定的是，它们中的一部分已经长成我的骨头和肉。"

你读过的书其实早已融进你的骨血，只要一个触动点，就会喷薄而出。

你在这个世界上读了一本书，其实就像把石头扔进水塘里一样，你永远不会知道，那块石头引起的波纹能有多远。我热爱阅读，它跟我最亲，它是专为我开、专为我关的独一无二的门，早已融为我的骨血。

三、从书中读出问题、读出自己，要知行合一，把知识与生活打通

一直以来我们都认为：知识就是力量，其实，单单拥有知识，不是力量。只有用知识正确指导我们的生活，知识才形成力量。万维钢老师曾给出定义，他说考试得了高分，不叫有知识。茶余饭后能高谈阔论，也不叫有知识。这些场合知识虽然有用，但是只停留于知识游戏。只有当局势不明朗，没有人告诉你该怎么办，而错误的判断又会导致一些不良后果时，如果你因为有知识而敢于拿一个主意，你才算是真有知识、有力量、有智慧。

这也提醒我们阅读要与现实问题深度关联。成人学习领域中著名的诺尔斯理

论的精髓就是“急用先学，边学边用”。读透一本书还意味着不要把医生给病人开出来的药方当作文章欣赏，而是要回到现场，按方抓药，尝试治病救人。

有人说：一次成功的创业需要有降维攻击。同样，读透一本书也需要降维，回到泥泞的现实世界去。

例如，1903年12月17日，美国莱特兄弟制造的第一架飞机“飞行者1号”在美国北卡罗来纳州试飞成功。这对兄弟只是高中毕业生，以修自行车谋生。之前人类有过很多的探索，甚至付出生命的代价，但莱特兄弟只用了不到5年时间就成功了。后人总结他们成功的关键并不在于他们勤奋，而在于他们研读了19世纪空气动力学之父乔治·凯利爵士的理论，因为空气动力学，他们超越了前人基于热情和梦想的主观臆想研究。读透一本书、读透一个领域的关键性知识让莱特兄弟实现了人类升天的梦想。

教书须读书，读有字书，读无字书；读古人书，读今日书；读教育书，读童年书；读学问书，读人生书……读书、读人、读事。“你现在的气质里，藏着你走过的路，读过的书，爱过的人。”读书，是为了成为一个有温度、懂情趣、会思考的人。教师更是。

3

第三辑

笔耕不辍，凝练风格：成为自己

阅读是输入，无论读书、读人和读事。而写作是输出，未经表达的阅读是肤浅的，新教育把“专业发展共同体”“专业阅读”和“专业写作”当成教师专业发展的“吉祥三宝”，写作是站在自己的肩膀上进行攀升。闫学老师曾指出：优秀教师是读出来的。我认为卓越而幸福的教师是写出来的，教师在笔耕不辍中凝练风格，最终成为自己。

第六章　教师的写作力

教师写作的意义可以归纳为以下几点：

第一，教师写作可以拓宽自己生命的深度与高度，收获自身的生命成长。

曾有这样的趣事：为了激励广大一线教师写作，朱永新老师曾在“教育在线”网站上发表了《朱永新成功保险公司开业启事》，明确投保条件：每日三省自身，写千字文一篇。一天所见、所闻、所感、所思，无不可以入文。十年后持3650篇千字文来本公司。理赔办法也写得一清二楚：“如投保方自感十年后未能跻身成功者之列，本公司愿以一赔百。”将近18年过去了，朱永新老师的“保险公司”还未受理过一起理赔“投诉”，相反，每天坚持写作者，有些已脱颖而出，成为名师。从这件趣事可见朱永新老师对于激励教师写作的用心良苦。对于教师的阅读和写作，朱永新老师有独到的理解，他认为阅读和写作是教师专业成长的两翼：专业阅读是站在大师的肩膀上前行，专业写作则是站在自己的肩膀上攀升。愿老师们既能在大师的肩膀上前行，又能站在自己的肩膀上攀升，不断拓宽自己生命的深度与高度。

我们还可以看到其他卓越的教师或者教育家也高度肯定了教师写作。肖川老师认为“写作是造就教师书卷气的有效途径”。窦桂梅老师认为“写，也许会改变你的课堂磁场，甚至改变你的生命属性”。

著名教育家李吉林曾说过：“没有文章，思想就行不远。倘若你只能上课，成不了教育家，就是一百节课一千节课也不行，一定要有理论构建，要有著述，形成自己独特的东西。”

成长=经验+反思，这是波斯纳关于教师成长的经典公式。著名教育专家叶澜教授说：“一个教师写一辈子教案不可能成为名师，如果一个教师写三年教学反思就有可能成为名师。”

古希腊哲学家苏格拉底有一句名言："未经省察的人生没有价值。"教育写作，是基于问题的心灵绽放。教育教学实践过程中的一些问题的认识、问题的分析和问题的解决，是教育思想的提炼，是灵魂的修复，是生命的成长，我以教育写作来梳理、归纳我的教学教育思考，以自省、自悟、自觉。

"文章千古事，得失寸心知。"写作，是一种学习；写作，是一种绽放；写作，是一种参禅；写作，更是一种生命的成长。

第二，教师写作可以记录教育教学的现场，陪伴和促进学生的生命成长，有利于教育教学思想和理论的传承。

苏霍姆林斯基曾在《我怎样写教育日记》一书中鼓励教师，"凡是引起你的注意的，甚至引起你一些模糊猜想的每一个事实，你都把它记入记事簿里"。教育写作需要沉下心来，扎根教育教学一线，躬耕讲坛，深入教室陪伴学生成长，记录与学生之间的一点一滴；需要教师做一名实践的研究者，做一名研究的实践者；需要教师做一名思想的行走者，做一名行走的思想者。教育写作记录教育教学的现场，陪伴和促进学生的生命成长，有利于教育教学思想和理论的传承。

李镇西曾充满激情地说过："教育写作是教育与人生的里程碑，是一段生活的定格，是一种精神的凝固，是一份情感的珍藏，是一道理想的光芒，是一串记忆的珠贝，是一束青春的花朵……那些理想之火不灭的教师们，千万不要忘记，每天，走下讲台之后，请坐到书桌前，打开电脑，开始你们的教育写作之旅吧！"

小伙伴们，让我们一起来开始教育写作之旅吧。

跟李镇西老师学教育写作（一）

——争当幸福而完整的新时代教师

今天晚上第一次见到李镇西老师，虽然隔着屏幕，却还是激动异常，可以在群里与李老师互动，可以有思维火花的碰撞，真是幸福异常。群里热闹非凡，大有《论语·里仁》所说的“朝闻道，夕死可矣”的气势！先生之风，高山仰止，虽不能至，心向往之！

回顾一下主要内容，最开始5分钟，是李镇西老师录播的小视频，提了对我们的期望与一些要求，希望我们能在李老师的影响下，改变习惯，坚持写作，要锻炼自己两个方面：一是敏锐，二是习惯——记录的习惯。李老师提出来，其实教育写作与学科没有关系，是每个老师都具备的能力。他鼓励我们说，大学本科毕业，基本的写作能力是有的，曲折地、有滋有味地把教育学生的过程写出来，怎么发现怎么写，文从字顺地表达出来就可以了。“阅读、健体、写作”仍是他永恒不变的主题。接下来一个半小时的讲座，主要内容是“写作的意义和幸福”，分三节，每半个小时为一节，中间休息10分钟到群里讨论。李老师基本上采用案例教学法，各种案例信手拈来，让我们每次都意犹未尽，感觉时间过得飞快。

第一节讲了两个经历：一是苏霍姆林斯基的经历，以李老师2008年到苏霍姆林斯基的学校——帕夫雷什中学参观时的感觉说明了写作的意义。李老师认为苏霍姆林斯基“自己培养了自己、自己塑造了自己”，他自己用实践、写作培养了自己、塑造了自己，使他的教育思想得以传承和推广。二是李老师以他自己在名师名校长工作室的评估考核中的经历说明了“一个善于写作的老师，教育会给他馈赠”。当时李老师因为空手进去而忐忑不安，但是评估组长周小山教授充分肯定了他的教育写作：李镇西老师的汇报是实事求是的汇报，看起来没有材料，全部著作、文章就是他的成果，每天都在引领，高档次的引领，有血有肉，自主示范，应该加分。他写的东西就是成果。“教育与文学的关系，两者可以齐飞，着眼于灵魂。”“优秀的教师可以是一位优秀的作家，反之亦然。”从而指出，写作的意义就在于证明我们自己、传播我们自己。

第二节讲了普通教师的经历。唐艳老师——武侯实验中学的一名普通班主任，在李老师的引领与指导下走上了教育科研与写作的道路，成为一名“普通而幸福的老师”。李老师指出，“每一个后进生都是你的科研对象”，观察、记录、写作；每个经历都是一个悬念，可以把乐趣、痛苦等小细节记录下来，也可以做到跌宕起伏、惊心动魄，还可以做到波澜起伏，不亚于电视连续剧，这就是教育，就是写作。记录故事、情节、细节、自己的思考，记录自己和学生的故事。写作带动科研，在写作中体验幸福，体验教育的智慧。做一位“普通而幸福的老师”也不错，教育写作忠实于教育本身。另外，李老师还以自己评正高的经历提出了“非课题研究”，指出这是一种“问题研究”，“难题就是课题”，通过列举自己“未来班”制度管理、作文教学、青春期的学生讲座、当班主任排座位等事件说明自己的成长模式——“四加一”。四个不停：不停地实践、不停地思考、不停地阅读、不停地写作；一片爱心：爱教育、爱孩子。最后以自己怎样写出报告文学《一个女生的自杀》，说明“四个不停”的关系是相互促进的。

第三节以两个学生的经历——20世纪80年代的《故事会的故事》和90年代的《何博俊的痛》，进一步阐明“四个不停”的关系。实践是基础，思考是灵魂，阅读是吸收，写作是表达。记录，就是一种成长。可以记录成功的、好的案例，也可以记录失败的、不好的案例。只有做得精彩才能写得精彩，而精彩地写，又可以促进精彩地做。

最后，李老师总结到为什么教育写作是一种幸福呢？主要原因有如下四个：

（1）促进我们更好地去实践、思考、阅读、写作。

（2）让我们有成就感、尊严感：可以记录我们成长的足迹、轨迹。

（3）能够传播我们的教育智慧：成就更多的孩子，老师之间可以互相启发，促使教育越来越美好。

（4）为未来留一份让年迈的自己或怦然心动或热泪盈眶的温馨记忆：留下美好的回忆，不断成为让自己吃惊的我；这就是自己的生命、青春、财富！

坚持教育写作能够使一个教师由普通走向卓越，由平淡走向幸福！这就是教师的幸福！

让我们携手共进，争当幸福而完整的新时代教师！

跟李镇西老师学教育写作（二）

——处处留心皆学问

一、教人求真，学做真人

2020年4月7日星期二终于迎来了小伙伴们期盼已久的李镇西老师的第二次课。李老师一开始很谦虚地说道："大家好！我一直心里没底，写作很难通过授课帮助来学会的，我只能谈我自己写作的思路经验。"

每次课一个小主题，今天李老师跟我们谈了关于抄袭、剽窃的话题。李老师说最近发现：抄袭、剽窃的现象很普遍，文章、著作等的抄袭、剽窃是对文字的侵犯，写作"引用"算是抄袭、剽窃吗？怎样才算？

（1）引用不算，但必须把作者的名字说出来。要指明谁说的，如在文章中讲到苏霍姆林斯基说："……"最好注明版本、页码，这样更加规范。

（2）转载别人的文章不算，但是必须注明原作者的名字。

（3）把别人的观点当作自己的观点来说，不算，但是，这是不道德的行为。例如，"一国两制"的观点是我的，谈不上侵权，但如果已经写成文章了，就算是。观点不算。《中华人民共和国著作权法》只追究影视、著作抄袭等。

（4）翻拍必须征得别人的同意，如改编。

（5）洗稿，明显的侵权，依然是抄袭、剽窃。东抄一段，西抄一段，拼凑，不论捏碎还是整段抄，一样侵权。

我认为，作为教师应该坚决反对抄袭、剽窃，正如陶行知曾指出的："教师的职务是'千教万教，教人求真'；学生的职务是'千学万学，学做真人'。"教师没有"学做真人"，如何身正为范，"教人求真"呢？因此，我特意学习了一下参考文献的国家标准格式与用法，希望规范自己的写作格式。

希望我们新网师人人尊重原创，尊重原作者，跟抄袭、剽窃行为斗争到底，态度鲜明地反对抄袭、剽窃，带头遵纪守法，维护和遵守《中华人民共和国著作权法》，维护风清气正的学术氛围，让抄袭、剽窃者无处遁形，成为“过街老鼠，人人喊打”。

二、处处留心皆学问——写作的内容与形式

李老师正式开始之前随口问了一句：“你们有人把写作当作教育的常态吗？如果有，我就成功了！”

可以肯定地回答：“有的，并且不少呢！”

接下来，李老师主要给我们阐述了写什么、怎么写。

从形式上讲有八种，李老师今晚介绍了前面四种。

（一）教育备忘

防止被忘记，记流水账。

例如，李老师的95届班主任的工作日记。意义在于记下线索，埋下文章的雏形；没有记录，一切就已经过去了。教师的示范、影响，对学生的方法指导，每日四问，我的家长会发言提纲都可以写。见缝插针，课间也可以写，很方便。

反思在“教育备忘”上我是做得最不够的。李老师的课让我认识到：对于自己教育教学原始资料的整理与积累非常重要。我想，“教育备忘”的形式可以是多种多样、丰富多彩的。例如，可以积累记录自己多年的教案，可以记录自己的教学反思、教学灵感，可以是与学生的谈心，可以是学法指导，等等。我相信，年复一年，日积月累，积少成多，集腋成裘，聚沙成塔，我也可以有许多写作、反思的素材，更好地指导学生生命的成长。

（二）教育杂感

教育随笔、杂文、随想录、对教育的感谢最为随意，深浅、多少都可以，要“以小见大”“由浅入深”“夹叙夹议”。“杂”思考对象非常宽泛。“感”有感而发，由表及里，由此及彼。从小处着眼，往大处思考，包括教学；与学生的对话；可以片段，可以成文。

例如，“老师，用我的笔吧！”这样的体验、这样的经历我有没有？拿我的笔？我的水杯？学生争先恐后递笔；对比：我向学生借笔的态度、学生的态度，为什么是学生照顾学生？师生相逢，互相问候；为什么老师家访时，学生递椅子？学生在办公室的待遇……“由浅入深”：师生不平等，没有平等，只

有等级。师生关系：人格上绝对平等，要互相尊重。刘少奇握淘粪工的手的故事。朋友，志同道合的平等探索者；下次我会亲手递水杯给学生。

教育杂感注重的是“以小见大”“由浅入深”“夹叙夹议”，平时我不大动笔写，但是今天听了李老师的“老师，用我的笔吧！”深感震撼。因为平时我也很想动笔写一写有关师生关系的，却苦于素材不足，干巴巴的，怎么挤也挤不出一篇精彩的文章。现在我终于懂了：“以小见大”，小切口非常重要，要有观察力，要有洞见，这样才容易引起共鸣。这也需要我们有一颗慧眼，处处留心皆学问。

（三）教育故事

重点讲如何写。

（1）故事应该蕴含某种意义，或者是经验，或者是教训，或者是某些方面的启迪等，选择有意义的故事。

（2）故事应该完整。虎头蛇尾、结构不全不可取。应该有开端、发展、高潮、结局。

（3）尽量保持故事本身的曲折性，注意叙事的顺序。

（4）尽可能保持细节，原汁原味、有价值的细节、对话、表情、动作。

（5）夹叙夹议，不要大谈道理、过度阐释，切不要让理论分析冲淡了故事性，可以写出当时的心理活动，注意一定要是当时的想法，要真实。

（四）教育案例

教育案例是对教育教学过程的描述和分析，对情境、片段、师生的典型行为进行分析，包括行为、思想、情感，是有研究价值、真实发生、几乎人人可以遇到的，有参考价值。其与教育故事的区别：教育案例更侧重于对过程的分析，故事是手段，是为了表达理论。

教育案例包括三方面：案例的背景（事件发生的原因及相关情况）、案例的介绍（经过、细节）及案例的分析（意义、价值）。

通过李老师的分析，我终于明白教育故事与教育案例的区别，教育故事强调故事，写故事是目的，注重整个故事的完整性、曲折性、价值性，注重细节的描写；而教育案例重在说理，故事只是一种手段，是为了通过故事表达某种教育理念，体现作者的教育思考与教育智慧。我在讨论《坏事变好事》这篇教育故事时，评价认为它立意不高，实际上就是错误地把它当作教育案例来分析。后面通过李老师对教育案例的分析，我终于分清楚了。

处处留心皆学问，把教育写作当作自己的教育常态吧！享受教育，享受学习，享受生命的成长。似乎听到小伙伴们生命拔节的声音了！

跟李镇西老师学教育写作（三）

——真实·朴实·平实

一、话题：教育史书般的新著作

李老师的最新著作《教育的100种可能》准备出版，共40万字，相当于李老师的教育史书。李老师想告诉大家要因材施教，教育不要太功利、太势利。

该书写了36位学生的人生道路，包括成功与错失；有教师、医生、司机、律师、银行职员等，每一个人都很精彩。真正的教育应该是丰富多彩的，以前学生的书信、贺卡、请假条、作文、照片李老师都保留着，有丰富的实践、积累，才有源源不断的灵感。他虽然已经退休，但是从刚工作时一直到退休，一直记录着师生的共同成长，为写教育史书做准备。

希望教师们以后也可以写一本自己的教育史书，由今天开始做准备。

二、本次授课主要内容

（一）教育实录

之前的两次课我们学习了写作的幸福与意义、写作的内容与形式，本来打算讲写作的技巧与打磨，后来决定穿插在内容里讲授。

教育实录是对教育现场，包括过程的真实记录。记录自己的课堂、班会实录也是有意义的。教育实录最大的特点是原汁原味的现场感。

写法：通常是对话式或者剧本式，如钱梦龙的《愚公移山》绝对真实地呈现了现场和师生的交流，但是最大的问题是教师的思考没有记录下来，为什么这样处理、心里的想法没有记录。

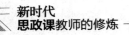

李老师爱用的形式：叙事性的记叙文，如《孔乙已》课堂实录，有分析和反思，把过程再现。

李老师希望教师们在作业中能写上一篇有分量的教育实录。

（二）教育论文

注意几点：

（1）源于对真实问题的思考与研究，而不是追赶时髦、贴标签。一定要有自己的研究，把难题当课题。

（2）忠于自己心灵的本色。引用是为我所用，自己的程度、水平虽然低，但比引用、摘抄有价值。

（3）从问题出发，用思考统率，用事实说话，让数据发言。

（4）一般来说，论文的结构有：问题、思考、实践、结论四个部分。不一定是写作的顺序。

（5）引用别人的观点一定要有确凿的出处，要注意研究的严谨科学。

（6）研究要朴实，语言要准确，不要故作高深。

（三）教育书信

与学生谈心聊天，发现学生的内心，以书信的形式走进学生的心灵。寒假给学生写信，表达春节问候，分析上学期的情况，考得好或不好的原因。出去旅游，51天，每天给每个学生写信，当作游记；转校的保持通信；这些书信都是我的一笔财富；草稿保留着。几十本备课本、给学生写的书信草稿、发黄的纸页，被年轻的我感动了；《给青春期学生的100封信》，集中了我的教育思想、智慧、教育思考、教育情感，走进心灵。

（四）教育文学

不打算细讲。教育文学包括教育诗歌、散文、报告文学。可以尝试练笔，锤炼自己的语言；可以和学生交流。

最后强调一个话题：写作的真实、严谨、准确。

（1）写作的第一要义：真实。

思考、情感是自己的，要让思想自然流淌。抄袭是人品问题，应写自己想过、做过的。

（2）严谨、准确：不要人云亦云。

（3）读几段文字。教育的表达：深奥、晦涩、读不懂的；朴实生动的，如《论语》《爱弥儿》；等等。不否认体系宏大；教育理念可以朴实地阐释；可以平易通俗；情感的流淌，诗意的表达；诗意地释放；形象地叙事，有血有肉；跌宕起伏。教育现象可以激情地评说。“铁肩担道义，妙手著文章”。

三、我的收获与启示

（一）把事情做到极致，你就成功了

李老师给我们讲的这八种教育写作，所举的事例大多数都是自己的亲身经历，大到教育叙事、教育论文，小到教育故事、教育书信，都让我们大开眼界、叹为观止，穿越时空，隔屏都能感受到李老师对教育的用心、用情，正所谓把教育做到极致！每一项都让我们心向往之，正如著名画家蔡志忠在他的文章里讲道的：“人生其实很简单，只要你找寻你最拿手、最喜欢的事物，把它做到极致，无论做什么，没有不成功的。你做迷魂汤、做水晶包或做漫画家、工程师，都一样。”我相信，当教师也一样，当你把教育做到极致时，没有可能不成功的。李老师在《自己培养自己》的序言里提到“要寻找一生中不断让自己惊讶的我”，他正是在这种精神的支撑下，才会不断地追求把事情做到极致。

（二）做教育科学研究要严谨、踏实、科学、准确

李老师在本次授课中几次提到教育写作要真实、朴实、平实，忠于自己的内心与情感，要实事求是，自己怎么做教育、怎么思考教育就怎么写，虽然略显稚嫩，但都应是真实的，不能抄袭，也不能人云亦云，要有确凿的证据，精心考证研究，做到科学、准确。特别是引用别人的话时，要注意注明出处。这让我想起自己的教育写作，主要问题是引用时只是注明某某说，而没有说明具体的出处，为此，我决定：以后凡是引用，必定写好注释。今天特地研究与查阅了论文注释的相关内容。

（三）持之以恒、坚韧不拔

李老师在课间对话、讨论时说：“我们这个课程差不多500人，如果能有十分之一的同学坚持到底，我已经很满足了。”殷切地期待！希望我们都能坚持“四个不停”，不断地超越自我，不辜负李老师的教诲。正如海明威在《真实的高贵》里写的：“优于别人，并不高贵，真正的高贵应该是优于过去的自己。”

很多时候，我们在前进的过程中会迷茫、焦虑和彷徨，无非就是能力太弱，欲望太多。用当下比较流行的话说就是：能力撑不起野心。那么，能力如何修炼出来呢？四个字：努力、坚持。你曾经看过的那些书，学习过的那些技能，咬牙坚持付出的那些努力，往往都不会白费，都会在未来的路上化身为一把利剑，劈开荆棘，斩断迷茫。

相信种子！相信岁月！

新时代教师的写作力

闫学老师曾说：优秀教师是读出来的。我们认为卓越教师是写出来的。许多教师认为写作是语文老师的事，其他科老师就勉为其难了。总觉得自己写不出来，所以懒得拿起笔，迈出那重要的一步。其实，要超越自我，越而胜己，写，是最为关键的一步。观察众多名师的成长，都有一个普遍规律：读书—写作—教学特色。因此，笔耕不辍，凝练风格，是教师专业发展最关键的路径。特别是名师期的专业发展，更是离不开写作这一关键路径。

一、首先是“要写”，然后才是“会写”

孔庆东老师在他的《文章千古事》里指出：“想把一个人物写好，方法有很多。但是挖空心思去琢磨‘方法’，又不一定能够写好。鲁迅和汪曾祺都不是先设计好了‘方法’才去写作的，他们首先是‘要写’，然后才是‘会写’。”其实，就算是文豪大家，如鲁迅、老舍等的写作，都是因为他们有“要写”的心情，才会“才思泉涌”，不断地创作。而写作的方法就像我们平时吃饭、呼吸一样自然，几乎是不用动脑的自然动作，大有方法存在了。孔庆东老师还指出刻意注重方法，反而会适得其反，有“东施效颦”“邯郸学步”之嫌。

这段话让我想起自己加入新网师之前的写作状态：总觉得自己不会写，没东西可写，找不到写作的切入点、灵感与方法，每学期的专业论文都像“挤牙膏”一样绞尽脑汁，使出“洪荒之力”去完成，把写作当成一件痛苦的事情……但是，自从2020年1月底加入新网师以来，我忽然发现其实现实并非如此，只要动笔，只要坐在电脑前，一开始是要我写，后来每天我要写，由每天的200字、500字、1000字到15000字……慢慢地我发现：我能写，我会写。原来，首先是要写，然后才是会写。对于我来说，这是真理！由2020年的2月4日到今天，由于要写，我已经积累了20万字左右的书稿了。

笔耕不辍，把写作当成一种习惯，要有动笔的冲动，每天积累一点，由不会到会，由要我写到我要写、我能写和我会写，由不知到知，由知之不多到知之较多……行动就会有收获，坚持才能有奇迹，终有一天相信自己也能妙笔生花！

二、做得精彩，才能写得精彩

新教育提倡一种共同的价值追求，非常值得我们效仿与学习，那就是田野意识。要把教育当作农业，作为教育农人的我们，要有深入教育现场的田野精神，躬耕课堂，缔造完美、润泽的教室，陪伴与见证学生的成长，坚持不停地实践、思考、阅读和写作，饱含童心与爱心，争取像李镇西老师一样每天做到五个一：上好一堂课，至少找一位学生谈心或书面交流，思考一个教育或社会问题，每天读书不少于一万字，写一篇教育日记。在润泽的教室里坚持晨诵、午读、暮省，记录每天的工作心得和感悟，记录孩子们的生命成长。

例如，2019年我参加东莞市的第一届未来课程大赛，历时3个月，我们参赛的课程是“未来·财经”，从课程纲要、课程目标和课程内容的制定到课程活动的开展、实施、评价；从辅导学生设计、制作“未来·财经”场馆的模型，到带领学生到本地著名企业利富高、京瓷、华南制药等公司参观访问、对话莞商；从引进金融专家到学校做“金融知识进校园”的讲座，组织学生模拟市场、模拟公司、模拟招聘，到带领学生亲自体验石龙证券营业厅的股票投资；从征文比赛、演讲比赛到辩论大赛；从模拟活动到实践体验……在比赛过程中评委老师直夸我们“做得精彩”！后来，我把这个课程的开展与实施等写成综合实践论文，获市一等奖，参加市青少年科技创新大赛获辅导员科教方案类一等奖。精彩地写，又可以促进自己精彩地去做。这次未来课程大赛的实践、思考与写作，为我们后来校本课程的开发与设计、课程活动的开展等都积累了宝贵的经验、教训与资源。同时，也为我校“敏行”教育品牌的建设添砖加瓦，添加了浓墨重彩的一笔。

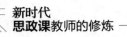

三、教师锻炼写作力还要注意解决以下几个问题

（一）文好题一半

标题贵在有亮点。什么是亮点？可以是痛点、泪点，也可以是吐槽点。要把文章最大的亮点或最精彩、最吸引人的地方浓缩到标题中。例如，要讲一个故事，那么就把故事浓缩成一个标题；要讲一个争议和冲突，那么就把争议和冲突放在标题中；如果亮点是一句话，就毫不犹豫地把这句话放在标题中。

如何拟订一个好标题呢？

①挑战常规认知，避免正确的废话。②体现某种冲突，以冲突性表现张力。③设置某种悬念，激发阅读兴趣。④直指要害、直击痛点，颠覆常识的冲击力。⑤注重与读者交流，将读者带入其中。

郝老师还说，标题要体现冲突，让读者看到“不同”。文题要互补，这也是一种写作技巧。要有分寸感，要简洁但也不能太短。

此外，还要警惕“标题党”。

（二）结构清晰

（1）结构之一：“起—承—转—合”。

“起”——亮出观点，“承”——证明观点，“转”——反面论证，“合”——归纳全文。

（2）结构之二：是什么、为什么、怎么样。

（3）结构之三：金字塔结构。这种结构适合汇报工作，要旨是结论先行，以上统下。具体的做法：先重要后次要，先全局后细节，先总结后具体，先论点后论据，先结论后原因，先结果后过程。

（4）结构之四：“英雄之旅”。

“英雄的旅程”：“受召唤而开启冒险之旅—遭遇考验、伙伴和敌人—高人相助而克服困难—遇见自我”。这个旅程是“启程—磨难—重生—归来”的英雄成长闭环。

例如，做演讲可选择“起承转合”，写评论、经验介绍可选择“是什么、怎么样、为什么”，做汇报可选择“金字塔式”，讲故事可选择“英雄的旅程”。

（三）语言要有魅力

要避免以下几个语言运用不当误区。

（1）平庸：空话连篇，脱离实际。空话即套话，用在四处皆合适，但没有实际价值。

（2）贫乏：有骨无肉，味同嚼蜡。有观点无实例，没有细节，缺乏感染力。

（3）陈旧：照搬照抄，缺乏新意。遣词造句陈旧，一副旧面孔，缺乏时代新意。

（4）烦琐：东拉西扯，缺乏逻辑，如太多的口语词，加大读者阅读难度。

（5）肤浅：隔靴搔痒，不看本质。肤浅与认知有关，需大量阅读方可慢慢改变。

（6）浓艳：花里胡哨，华而不实。鸡汤有营养，多则腻。鸡鸭鱼肉需搭配萝卜白菜才能显其美味。

语言贵在得体，“到什么山唱什么歌”。使用什么语言要结合目的、场合、对象。

例如，向武汉捐赠物资的标语，网上有很多文章高度赞扬日本人引用中国经典诗歌，抨击国内语言的俗气。刚开始感觉的确如此，再读则有不同感想，倘若在农村都用如此文雅之语，如何引起乡村老百姓的重视？

再如，教师用语就要有亲和力，真诚、亲切、庄重，符合自身形象。

语言为什么不美？为什么没有魅力？主要是因为阅读学习少；不善于向老百姓学习；没有刻意练习，缺乏写作；没有讲自己的话，不是力求解决问题。

锤炼语言的路径与技巧：

（1）从思想境界中来。语言是思维的外衣，人的思维受“三观”决定。

（2）从文化素养中来。素养由先天素质与后期教育而成，沉淀于精神深处，需持久用力，才有效果。

（3）从阅历中来。喜欢用什么语言与生活背景、教育经历息息相关。

（4）从个人习惯和爱好中来。喜欢唐诗宋词，语言有诗意；偏爱散文则会行云流水；爱开玩笑就会幽默风趣。

那么，如何锤炼语言？刻意练习！

锤炼语言的技巧还要“古今”“中外”“正反”“长短”“雅俗”匹配

适当。

在写作中凝练，在写作中形成自己的教学风格，在写作中成为自己。教学风格的形成过程是一个不断学习与批判的过程，是一个不断实践与反思的过程，是一个不断建构与解构的过程。教学风格在教师的教育现场中萌芽、发展，在教师的课、读、写中综合形成与巩固，在这“破”与“立”交替上升的过程中，“课堂性格”得以形成、巩固，这种鲜明的教学个性就外显为教学风格。黑格尔说，“风格好比一把雕刻刀”，去粗、取精，去伪、存真，才能打磨出最好的自己。教学风格的形成过程也是教师专业淬炼、修炼、凝练的历程。

教师提高写作力主要有如下四个现实意义：

（1）可以使教师成为更好的自己，养成科学严谨的科研态度，洞察教育教学的基本规律与本质，促进教师更好地去实践、思考、阅读、写作。

（2）让教师更有成就感、尊严感，通过课、读和写等可以记录与见证教师自己成长的足迹、轨迹，成就自己、成为自己，甚至超越自己。

（3）能够传播教师的教育智慧，成就更多的学生，也可以师生互相成就，教师自己的思想、理念可以得到传承与创新，教师之间、同事之间也可以互相启发，促使教育越来越美好。

（4）既可以为教育事业贡献自己的一分力量，也可以为未来的自己留一份或怦然心动或热泪盈眶的温馨记忆。正如李镇西老师所言：留下美好的回忆，不断成为让自己吃惊的我，这就是自己的生命、青春与财富！

有人说，卓越的人有三条命：性命、生命和使命。要到达卓越，必须生命与使命同在。罗曼·罗兰曾说：“生命被赋予了一种责任，那就是精神的成长。”幸福的人，必定是追求精神成长的。苏霍姆林斯基也曾说过，要想让教师得到幸福，必须引导教师走上从事研究的幸福道路。

是的，教师从课中研究，从读中研究，从写中研究，从实践中研究，在研究中实践，这就是一种幸福。坚持不懈，持之以恒，在课中淬炼，在读中修炼，在写中凝练，虽如蠷龟，但是只要上路，相信种子，相信岁月，总会遇见隆重的庆典。在《人生的智慧》中，叔本华认为：自己，是一个人所能成为或所能得到的最好的也是最多的资源。一个人在自身发现的乐趣越多，就越幸福。

美国作家约瑟夫·坎贝尔认为：成为自己，是一条长路，是“英雄之旅”。

4

第四辑

漫谈成长，历练对话：超越自己

第七章 漫话教师的生命成长

教师学习力

一、学习力的培养

今天尝试用郝老师所讲的影响学习的五个主要内在因素的知识去打通我的前概念“学习力”。

人到底是如何学习的？为什么在同一间课室里、同样的老师教，学生的差异却这么大？这是我们当老师的经常会发出的感叹。

这是否跟一个人的学习力有关？在没读《人是如何学习的》这本书之前，我的前拥理解是学习力不同，阅读完之后以及听了郝老师的第一讲，我尝试用郝老师所讲的知识去思考、理解、运用人的学习力。

（一）郝老师认为影响学习的内因有五大方面

郝老师认为学习的发生关系到内外因素，从内因来说，主要关涉五个方面：情绪状态、知识结构、思维方式、行为习惯、自我管理。所有学生的学习问题，既不是先天智力造成的，也不是学生主观意识造成的，其本质是学生情绪状态不佳、知识体系构建不完整、没有积极稳定的学习习惯、缺少指导思维加工的系统方法以及缺乏自我管理与自我规划系统。

（二）学习力

所谓学习力，是指一个人或一个企业、一个组织学习的动力、毅力和能力的综合体现，包括学习动力、学习毅力和学习能力三要素。

1.三要素的内涵与实践

（1）学习动力，是指自觉的内在驱动力，主要包括学习需要、学习情感和学习兴趣。例如，结合我们的教育教学实践，在组建一个新班级时，我们往往会引导学生建立班级目标，引导学生个体自主地建立自己的学习目标。这些目标的制订其实就是为了激发学生学习的动力，即学习的内驱力，让学生具备“应学”的动力，明白学习应该是“我要学”，而不是“要我学”，养成学习的习惯。又如，学生因为喜欢某科老师，从而喜欢学习这一科，这也可以激发学习的动力。再如，学生本身就对金融、经济等知识感兴趣，他高一时就会认真学习《经济生活》，由兴趣激发学习的动力。

郝老师所讲的情绪状态属于学习的动力问题，我们应该让学生在喜爱、喜悦、喜好、喜欢、高兴、快乐、身心愉悦和充满幸福等情感中促进学习。《脑科学与课堂：以脑为导向的教学模式》一书指出，21世纪学校的以脑为导向的教学模式提出的第一个目标就是“为学习营造情绪氛围”，提出的三个策略分别是积极语言：表扬和含蓄的命令；可预测性：课堂日程规程、仪式和庆祝；情绪事件：投入与脱离。“要让学生上完一节课后，第二天还盼着这位老师来上课”，达到这种状态，学生的学习动力肯定马力十足。我认为培养学生“爱学、乐学、我要学、享受学习”的学习动力，比教授其掌握具体的知识更重要。

（2）学习毅力，即学习意志，是指自觉地确定学习目标并支配其行为，克服困难，实现预定学习目标的状态。它是学习行为的保持因素，在学习力中是一个不可或缺的要素。

自我管理属于学习的毅力问题。自我管理是对自身学习的调节、监督、控制等，让自己自主、自觉、自律地学习。能自我控制学习的学生元认知水平是比较高的，所以我们要给学生教授一些元认知的策略。学习毅力强调“行动和坚持”，而青少年学生由于生理、心理各方面尚未成熟，意志力薄弱，学习的毅力更需要培养。我在日常的教育教学实践中，经常采用的方法有：名言警句法——通过轮流的方式，每天由一位学生在课室的黑板写上一句能激励坚持学习的经典名人名言或者是学生自己创造的座右铭。榜样示范法——可以介绍古今中外的名人传记给学生看，了解他们是如何坚持学习的；可以让自己班上元认知水平高的学生介绍他坚持学习的秘诀。共同体帮扶法——“独行疾，众行远”，组建各种学习小组，让组员互相学习、互相促进、互相帮助、互相支持，共同克服困难，共同前进。

我们应该力求让学习成为学生的一种生活习惯与生活方式，使学生养成终身学习的习惯。

（3）学习能力，是指由学习动力、学习毅力直接驱动而产生的接受新知识、新信息并用所接受的知识和信息发现问题、分析问题、解决问题的智力，主要包括感知力、记忆力、思维力、想象力等。相对于学习而言，它是基础性智力，是产生学习力的基础因素。

知识结构、思维方式、行为习惯等属于学习的能力问题。所以我们要培养学生的学习能力可以先从行为习惯入手，如培养学生重视阅读教材的习惯，可以手把手教学生学习圈画重点、批注、笔记、思维导图等习惯。知识结构的建构必须了解学生的前概念、前拥理解与表征，掌握学情，知道“学生在哪里”和“我要把学生带到哪里去”，让学生清楚概念框架。思维方式方面必须注重高阶思维的培养，布卢姆的分类法把思维学习分为六个层次，自低到高依次是记忆、理解、应用、分析、评价、创新。

郝老师指出，记忆、理解、应用为低阶思维层级，亚洲教育的重心大多放在这三个层级；而分析、评价、创新为高阶思维层级，美式教育非常注重对学生高阶思维的培养。所以，在美国，即便是对学前班和一、二年级的低龄学生，教师的教学目标也不仅仅停留在记忆、理解和应用层级，而是把这个框架中提到的六层目标一一体现在教学活动的设计中。

反思自己的思政课堂，分析、评价、创新这些高阶思维要重点关注，有意识地去培养才行。引进课堂辩论、关注社会大课堂、开展各种模拟活动、组织社会调查等都是可行的办法。

2. 三要素的关系

学习的动力体现了学习的目标，学习的毅力反映了学习者的意志，学习的能力则源于学习者掌握的知识及其在实践中的应用。

一个人是否有很强的学习力，完全取决于这个人是否有明确的奋斗目标、坚强的意志和丰富的理论知识以及大量的实践经验。

学习力是三个要素的交集，只有同时具备了三要素，才能真正拥有学习力。当你有了努力的目标，你只是具备了“应学”的动力；当你具备了丰富的理论和实践经验，你仅仅具有了“能学”的力量；而当你学习的意志很坚定的时候，你不过是有了“能学”的可能性。只有将三者合而为一，将三者集于一身，你才真正拥有了学习力。

学习力是把知识资源转化为知识资本的能力。个人的学习力不仅包含知识总量，即个人学习内容的宽广程度和组织与个人的开放程度；也包含知识质量，即学习者的综合素质、学习效率和学习品质；还包含学习流量，即学习的速度及吸纳和扩充知识的能力；更重要的是看知识增量，即学习成果的创新程度以及学习者把知识转化为价值的程度。

正如法布尔指出的：“学习这件事不在于有没有人教你，最重要的是在于你自己有没有觉悟和恒心。”而毛泽东所说的“学习的敌人是自己的满足，要认真学习一点东西，必须从不自满开始。对自己，‘学而不厌’，对人家，‘诲人不倦’，我们应取这种态度”则是对教师的最佳写照。

其实，任何时候、任何人，都要学而不厌、诲人不倦！

二、学做智慧教师——善用表征，教学相长

（一）表征

There are no facts, only interpretations.（没有事实，只有解读）

——尼采

《辞海》里对表征（representation）的解释有两种：揭示，表明；显露于外的征象。

科普中国认为表征是知识在个体心理的反映和存在方式。按知识的种类及其提取方式，心理学家认为人类至少有四种类型的心理表征：认知地图、心像、图式和心理语言。表征是外部事物在心理活动中的内部再现，因此，它一方面反映客观事物、代表客观事物，另一方面又是心理活动进一步加工的对象。表征有不同的方式，可以是具体形象的，也可以是语词的或要领的。

不同的人对同一事物的表征不同。例如，鸟这种动物，在不同人的大脑中表征的方式就不一样。儿童表征鸟是在大脑内有关于鸟的形象，有翅膀、会飞的小动物。而生物学家表征鸟是在大脑中有关于鸟的生物学概念及特征，他们把几乎全身有羽毛、温血卵生、用肺呼吸、后肢能行走、前肢变为翅、大多数能飞的一类脊椎动物称作“鸟”。

表征是指可以指代某种东西的符号或信号，即某一事物缺席时，它代表

该事物。表征既是对客观事物的反映，又是被加工的客体。表征可以是名词，也可以是动词。例如，表征作为名词可以是储存在大脑神经中的长时记忆；可以是通过“刻意练习并获得反馈之后”在大脑中形成的对某种事物“对与错”的判断标准；也可以是我们思考并理解一件事物时，从大脑中所调用的知识背景。表征作为动词可以是当我死磕一本书时，对一本书的理解从模糊到清晰的过程，就是表征形成的动态过程；可当我开车时，对一条道路从陌生到熟悉的过程，也是心理表征形成的过程。表征表明人们对某一个事物的熟练程度，越熟练心理表征就越强大；表征依赖长时记忆，所以表征是一个缓慢形成的过程，就像《刻意练习》里所讲，要成为象棋大师，少说也要十年的“打谱”。可见，要建构高效、科学、强大的表征，刻意练习少不了。

表征具有持久性，即一经形成、掌握了，就终生都清晰掌握，不会轻易忘记，如掌握骑自行车、游泳等动作表征后，终生难忘。

表征具有差异性，即不同的人对同一事物的表征是不同的。例如，上面对鸟表征，儿童与生物学家的表征明显不同。《人是如何学习的》所描述的教师在讲解“地球是圆的”时，一开始学生认为“地球”是“煎饼”也是这个道理。《刻意练习》讲到不同的人表征世界著名的艺术作品《蒙娜丽莎》是不一样的……这些无不说明表征具有主体差异性，正所谓“一千个读者有一千个哈姆雷特”。

表征具有抽象性，即要掌握表征，必须透过现象认识本质，要由表及里、由此及彼、去伪存真才能看得清清楚楚、明明白白。例如，《人是如何学习的》所描述的儿童要表征“地球是圆的”要经历“煎饼”（平面）—“篮球”（球体）—“立体”等历程。

表征具有特定性，即表征具有行业或领域的特定性，熟练掌握了一个行业或领域的表征，只应用于专为它们而培养出来的技能。例如，国际象棋棋手的心理表征，并不会使他们在涉及普通视觉空间能力的测试上具有超出他人的优势，而跳水运动员的心理表征如果放到篮球这项运动中也将毫无用处。

表征既是一种认知活动，也是一种认知结果，它对理解知识、过滤信息、形成行动策略等具有重要的意义。《刻意练习》一书指出表征有如下五点作用。

1. 心理表征有助于找出规律

规律是客观的、普遍的，我们要按规律办事，实事求是，这样可以达到事半功倍的效果。当你建构了高效的表征之后，当你在某一个领域变得很厉害之后，你可以预测未来、无意识决策，你可以掌握这一领域的规律，认识和利用规律，可以做到“庖丁解牛，游刃有余”，这可以让你在这一领域变得非常轻松、高效、有直觉、有判断力。杰出人物能够看到“一片森林”，而其他人却只看见“一棵树”，就是这个道理。

例如，一个足球高手在看球赛时可以预测每一个球员的下一步走向，一个攀岩高手在攀岩时不需要思考就能够全自动无意识地攀登，一个象棋大师可以同时与几十个人对阵下盲棋……这都是建构了高效的表征找出规律的结果。因此，更好的心理表征带来了更加杰出的表现。

2. 心理表征有助于解释信息

心理表征的一个重要好处在于可以帮助我们处理信息：理解和解读它，把它保存在记忆之中，组织它、分析它，并用它来决策。你对某个主题研究得越多，对该主题的心理表征也变得越细致，也越能更好地消化新的信息。

因此，国际象棋高手可以看懂棋谱，而那些对大多数人来说是完全没有意义的数据；高手还可以理解整盘棋。同样，职业音乐家可以看懂一首新曲子的乐谱，并且即使没有弹奏过它，也知道它会发出怎样的声音。

3. 心理表征有助于组织信息

当你在某一个领域建构高效的表征后，大脑内的长期记忆自然会发生关联，交织在一起。你的知识可以交叉关联，相互利用，形成一个庞大的知识网络，为你所用。

例如，书中讲到的医学案例：一个同时患有耳朵痛和瞳孔小的患者，普通医生治不好，最后被经验更加丰富的医生治好了，治好的原因是这个经验丰富的医生把耳朵痛和瞳孔小这两个症状关联起来才查出了病因。而新手医生没有这么强大的心理表征，无法关联病症，所以找不到病因。面对病人，医生至少要做三件事情：理解关于病人的事实，回忆相关的医学知识，运用这些事实和医学知识来辨别可能的诊断方法并从中选择正确的方法。对于所有这些活动，如果医生掌握了更加复杂的心理表征，就会使这一过程变得更快、更有效，有时候甚至使不可能变得可能。成功诊断的关键并不只是拥有必要的医学知识，而是能够将这种知识组织起来，以便提出可能的诊断结果，并聚焦于最有可能的诊断结果。在对杰出人物的研究之中，出色的组织信息是反复出现的主题。

4. 心理表征有助于制订计划

一般地讲，心理表征可以用来为很多行业和领域做计划，表征越好，计划就越高效。杰出人物可以运用心理表征来提高技能水平，他们监测并评估自己的技能水平，在必要时调整心理表征，使之更加有效。心理表征越有效，水平也越优异。心理表征是刻意练习的核心，如果没有强大的心理表征，刻意练习将不可能做到，刻意练习也会反过来加强心理表征。它们是一种良性的循环。

例如，外科医生在第一次拿起手术刀之前通常会想象整个手术该怎样进行。为手术进展情况创建这样一种心理表征，对外科医生来说是最具挑战性的，也是最重要的事情，经验越是丰富的外科医生，通常会为这些程序创建更加复杂有效的表征。这种表征不仅指导着手术，而且可以在手术过程中出现某些意料之外的事情和潜在的风险时作为一种预警。再如，作者写《刻意练习》这本书，也是不断地通过创建心理表征、调整心理表征达到顺利完成计划的目的。

5. 心理表征有助于高效学习

一般来讲，心理表征并不只是学习某项技能的结果，它们还可以帮助我们学习。对于这一点，一些较好的证据来自音乐表演领域。一些研究人员着重研究了将最优秀的音乐家与不太优秀的音乐家区分开来的因素，结果发现，两者之间的主要差别之一是，最优秀的音乐家能创建高质量的心理表征。在练习某个新作品时，新手和中等水平的音乐家往往对这个音乐作品听起来应当是什么样子缺乏好的、清晰的想法，而最优秀的音乐家往往对音乐作品有着极为细致的心理表征，他们用这些表征来指导自己的练习，并指引他们在演出作品时的表现。特别是，他们用心理表征为自己做出反馈，以便知道自己有没有准确地把握作品，以及还需要做些什么，从而表现得更优秀。新手和中等水平的音乐家对音乐作品的心理表征可能很粗糙，他们只能分辨自己是不是演奏了错误的音符，但必须依靠导师的反馈才能辨认出更难察觉的错误和缺陷。

这里面提到了一个关键词——“自我反馈”，它是说，心理表征越强大的人，侦测到自己错误的能力就越强。高手可以给自己制订训练计划，同时可以在训练时自我反馈、自我成长，而不需要借助导师。

（二）困境

教育是一个逐步发现自己无知的过程。

——杜兰特

曾几何时，刚刚从教的我是那么自信：没有教不会的学生，只有不会教的老师！慢慢地过了“浪漫”阶段，到了“精确”时期，发现还真有“教不会”的学生：“明明这个知识点我都讲了N遍了，为什么学生还是不会？”“我自认为自己讲得很清楚了，为什么学生还是不会！？”诸如此类的怨言频出。最后，到了“综合运用”阶段，我终于发现自己的无知：老师教了不等于学生会了，老师讲清楚不等于学生一定能听明白。（我现在才知道：讲清楚≠听明白，其原因就是学生跟老师达不到同步表征，所以才会出现老师讲了无数遍，学生还是没有掌握的情况。）

再后来，我逐步发现了自己更多的无知：“学生们都说听明白了、听懂了，为什么一做题就错呢？”“肯定是不熟练，继续练习！”“多做几道题就会了。”大搞题海战术，效果却不佳。这样的无知就是：不知道学生听明白了不等于会运用、会迁移。正如小学数学老师们常讲的笑话：“平时讲应用题时，经常用小红与小明举例，现在把小红、小明换成了小雪和小华，其他条件、数量都不变，学生又不会做了！？”（我现在才清楚：听明白≠会迁移，其原因就是学生对问题情境信息不会正确地表征，不懂运用，不会迁移。其实这就是学生“对问题情境提取有效信息的能力”不够导致的，即不会正确表征问题情境信息。连材料都读不懂，当然不会迁移了。）

苏格拉底曾指出：最聪明的人是知道自己无知的人。但愿我能发现自己更多的无知，从学生学习上的困难来反思自己的教学。学生的难题就是自己的课题，知困，然后能自强也。从发现学生的学习困难到意识到自己的无知，从而想办法去研究、去探索，促进自己教学水平的提高，进而解决问题。我想这是自己专业成长的必经路径。

（三）同步

授人以鱼，不如授人以渔。

——老子

如何教学生建构表征才更有利于学习？人们的心理表征受多种因素的影响，学生的心理表征规律是教学策略选择的重要依据，运用心理表征规律于教学对提高学生学习效率和教学质量具有重要意义。下面结合我以上的无知与困境，联系我的教学实际与学生的学习困难，根据表征的特点，利用表征来促进、帮助、引领学生进行高效、科学的学习。

表征具有主体差异性，与学生一起建构同步表征是促进学生学习的前提。由于表征是知识在个体心理的反映和存在方式（注意“个体心理”这个词），因此表征具有主体差异性，即不同的人对同一事物的表征是不同的，如前面所讲的对鸟的认识，儿童对鸟的表征与生物学家对鸟的表征很明显是不一样的。

让我们了解清楚怎样是表征同步和表征不同步。举一个简单的例子，如果一个植物学家给小朋友讲关于水果的知识，上来就按照植物学的特征与概念讲水果，那么小朋友一定听不懂，这就是表征不同步。

换一个幼儿园的老师给小朋友讲水果，老师首先带来各种各样的水果让小朋友尝尝、摸摸、看看，又和小朋友一起玩“切水果”的游戏，然后又给小朋友看了关于水果家族的动画片，还让小朋友扮演了各种水果角色，一堂课在很愉快的氛围中结束了，小朋友们都知道了什么是水果，对这个老师的课也产生了浓厚的学习兴趣，这就是同步表征。

那么，教师在教学过程中如何才能做到与学生同步表征呢？这里有几点建议：

第一，教师一定要对自己所教学科的知识体系和架构了解清楚，以便掌握学生的前拥理解与前概念。

例如，教高中政治，一定要做到全部掌握整个高中阶段思政的知识并有清晰的知识结构，甚至对初中道德与法治也要有所了解。只有知道了学生初中三年所学的知识，在教高一政治知识的时候才能依据学生之前学的知识，包括学生掌握知识的情况，与学生做到同步表征。所以，许多地方要求教师至少有一轮“大循环教学”才能评职称就是这个道理。近期，思政课非常重视“大、中、小、幼”各学段思政课程“一体化”建设也有这方面的考量。

第二，教师要关注学生是如何表征知识的，特别要对与学生表征的差异敏感，明确学生是如何错误表征的。

在教学中，很多教师更关注自身是如何表征信息的，由于缺乏对学生表征方式的研究，出现一种常见的现象，如上面我讲的第一个无知与困境：教师感觉自己讲得很明白，但是学生却没有听懂。问题的关键是教师的表征方式没有与学生的表征方式对接。尤其在学生对知识出现错误理解时，教师要研究学生是如何错误表征的，这样教师才可以帮助学生理解正确的表征方式。

例如，高中《政治生活》讲到选举权与被选举权时，我国宪法明确规定选举权是我国公民选举国家权力机关代表的权利（选人大代表的权利），被选举权是我国公民有被选举为国家权力机关代表的权利（被选为人大代表的权利）。教师引导学生们一起读了宪法，也解释了概念，自认为很简单，学生都懂了。但是实际上学生还是会混淆“选举权与选举”，因为学生前概念里认为选班干部、选村委会主任等都是选举，潜意识里也就默认为是在行使选举权了。这就是学生对“选举权”的表征，如果教师不明白学生潜意识里对“选举权”的表征其实跟自己的表征是不同的，就会认为自己讲清楚了，学生也都懂了。这时候用比较分析法就可以很好地表征“选举权与选举”的区别，学生也容易听明白。教师教学的关键不在于自身解决问题的能力有多强，也不在于自身对问题的表征有多清晰，关键是要表征出学生大脑对信息的呈现方式，这样才能在学生原有认知结构的基础上，引导学生将错误的表征改善为正确的表征。

教师在教学过程中的核心任务是了解学生对信息的表征形式，进而引导学生做出正确的表征形式。教师在教学中只有充分了解学生对信息的表征形式，才能引导学生对信息进行正确的表征，从而解答问题。

第三，教师要掌握学情，做到对所教年龄段学生的生理及心理发展特点的全面掌握。

教师只有全面掌握所教年龄段学生的生理及心理发展特点，才能在普遍规律的基础上设计教学方式与教学手段，做到教与学的同步表征。掌握个别较特殊学生的心理经验，做到“因材施教”，也是为了教师在面对这类学生的时候能做到知己知彼，在教学过程中照顾到这类特殊学生，与他们做到同步表征，否则就是盲人摸象、南辕北辙。

第四，教师要帮助学生对问题情境信息进行正确的表征。

引导学生将面对问题情境的信息进行有效的转化是成功解决问题的基础。问题情境的信息一般都是描述性语言，引导学生将描述性语言转化成相应的专业术语、课本的语言，将问题情境的信息转化为学科语言或学科表达式的过程就是解题的关键。

例如，高中政治学科在教学生审主观题时，明确提出目标是要“提高学生在材料中提取有效信息的能力”，“提取有效信息”其实就是让学生与学科语言有效对接，即帮助学生对问题情境信息进行正确的表征，让学生把材料语言成功地转化为学科的专业术语。对此，我们教导学生采用的方法是：不能走马观花，不能跳跃阅读，不能一目十行，要逐行逐句分析，画、圈出关键词，分点分层，将情境语言转化为课本语言、时政语言、国家政策语言等。这也是锻炼学生分析问题、解决问题的能力及举一反三、迁移与运用的能力。

第五，教师要帮助学生对新的概念进行多种形式的表征，在教学过程中注意调动学生的积极情绪。

元认知干预技术认为，条件性情绪反应是影响学生学习的核心因素。学习过程中存在积极的条件性情绪，学生就表现得积极、努力、感兴趣；学习过程中存在消极的条件性情绪，学生就表现得懈怠、厌烦、不感兴趣。

所以，教师在教学方式、教学手段上要尽量设计一些能够调动学生积极情绪的环节，如积极鼓励、表扬、课堂小游戏、师生互动等。这是在课堂教学中做到同步表征的前提因素，如果没有积极情绪的前提，即使做到了知识上与学生的同步表征，学生也会因为消极情绪的存在而影响知识的吸收。

上面关于水果的教学举例中，幼儿园老师正是因为关注到了上面的几点因素，在调动小朋友积极情绪、了解小朋友的心理经验等方面做了准备与设计，才做到了与小朋友的同步表征，教学效果才会很好。

我相信师生之间要达到同步表征，具体做法不止以上这些，不同的教师会采用不同的办法，但教师要让学生跟自己同步表征，无止境地学习、提高、成长是最好的方法。

（四）学习

要想学生好学，必须先生好学。惟有学而不厌的先生才能教出学而不厌的学生。

——陶行知

我想，面对自己的无知与困境，教师改变现状的最佳途径是学习，学习，再学习！学无止境，教亦无止境！最美的教育在路上！教师需要不断地自我认同和自我完善。可是，怎样的学习才是有效而科学的呢？教师怎样才能做到学而不厌呢？读了《人是如何学习的》《刻意练习》和听了郝老师的课之后，我受到很大的启发，发现自己要提高教学水平，至少还要做到如下几点。

1. 坚信学习：教师的学，可以使师生都成为更好的自己

陶行知曾深刻地指出，“教学要合一，有三个理由：第一，先生的责任不在教，而在教学，而在教学生学。第二，教的法子必须根据学的法子。第三，先生不但要拿他教的法子和学生学的法子联络，并须和他自己的学问联络起来”。教师的学问会影响学生的学问，教师不学无术，学生也会不学无术。是的，先生好学，学生才会好学。教师要日有所增、日有所新，才能在“互联网+”时代跟上形势的变化，才能更有底气、更接地气地站稳、站好讲台，才能使师生都成为更好的自己，才能引领学生把知识与生活、生命相结合，开出智慧之花。

2. 坚持学习：勇敢走出职业倦怠期，成长比成功更重要

（1）制订明确的目标：教师要有自己的专业发展规划，定好自己专业发展的三年、五年、十年学习目标，并且学习目标要具体化、可视化，而不是虚无缥缈、高不可攀的。例如，具体的啃读目标，可以量化为每天阅读多少章、多少节，每周完成一本书，每月要完成怎样的主题阅读，等等。

（2）树立学习榜样：榜样的力量是无穷的，可以通过关注榜样的微信公众号，学习榜样的做法、理念，研读榜样的著作与文章，在潜移默化、耳濡目染中得到熏陶与同化，自然而然、日积月累，“长大后我就成了你”！例如，朱永新老师、李镇西老师、郝晓东老师、王开东老师、徐飞老师等都是我学习的榜样，新教育、镇西茶馆、啃读者、王开东、姑苏徐飞等公众号都被我置顶、星标关注。

（3）保持足够专注：一个人的成长在“8小时之外”，每天固定一个无人打扰、精力旺盛的时间专门用于学习，养成学习的习惯，把学习当成一种生活习惯和生活方式。我由于每天晚上八九点钟就陪二宝睡觉了，所以早上五六点钟至七点钟的时间就是完全属于我的，恰好是我可以专心学习的时间。这时，或读书，或写作，享受最美时光。

（4）走出舒适区：许多教师一辈子的目标好像只是评上“高级教师”，一旦评上，就进入半退休状态：不当班主任、不上公开课、不写论文、不上高三……完全处于舒适区，坐等退休。专业发展就在“温水煮青蛙”中不知不觉被荒废，不再成长。我想成长比成功更重要，任何时候都不要蹉跎岁月，想办法让自己清零，走出舒适区，二次成长，超越自我。

（5）加入学习共同体：“独行疾，众行远”，在目标一致、尺码相同的学习共同体中，可以监测自己的进步并得到反馈，保持自己学习的动机。这样可以坚持得更长久，最终把学习当成与吃饭、睡觉一样自然的生活习惯与生活方式。“独学而无友，则孤陋而寡闻”，在学习共同体中，可以增广见闻，拓宽视野，进步的空间更大。例如，省、市的名师工作室、名班主任工作室等就是教师抱团学习的很好的共同体，新网师更是一个发光的学习共同体。

3. 坚守学习：扎根课堂实践，躬身深耕，做教育的“农人”

沉潜课堂，立足实践。要有田野意识，课堂是教师专业发展的主阵地，深耕课堂，重视直接经验的获得，正如朱永新老师所指出的：教育农人是指扎根在田野里、教室里、课堂里、学生中，陪伴学生一起成长的教师。我们要做教育农人，扎根在教室里，扎根在学生中，教会学生一生有用的知识。在实践中成长，在课堂里涅槃，坚持理论与实践相结合，与学生共同成长。坚持四个不停：不停地实践、不停地思考、不停地阅读、不停地写作，“捧着一颗心来，不带半根草去”，热爱教育，热爱生命，热爱学生，与学生共进退。

（五）归来

每个人身上都有太阳，主要是让它如何发光。

——苏格拉底

我们每个人都是自己的英雄，郝老师讲到“英雄的旅程”四部曲：“受召唤而开启冒险之旅—遭遇考验、伙伴和敌人—高人相助而克服困难—遇见自我”，这个旅程是“启程—磨难—重生—归来”的英雄成长四个闭环。让我们挖掘自己成为英雄的潜质，充分发掘我们自己的“小宇宙”“小太阳”，启动自己的“英雄之旅”，让自己发光、发热，既照亮自己，又温暖别人。

教师迁移力

一、为迁移而教，从学会到会学（一）

“同个问题换个说法就不会了？”

“这个问题不是刚刚讲过的吗？”

“这道题昨天不是说过了吗？”

“这两道题虽然题目不一样，但是解题的方法是一样的啊！你们昨天到底有没有听明白我说的？”

“你们平时总是说听明白了、懂了，为什么一做题又错了呢？”

“这学生每次都这样，明明是同样的问题，今天教了，明天换一个问法就又不会了，脑筋根本转不过来。”

……

不幸的是，以上“愤愤不平”的“义愤填膺”和“恨铁不成钢”几乎每天都会在教学现场发生，几乎在每个教师的身上都发生过。是啊，怎么同样的问题换个说法就不会了？为什么听明白了却不会运用呢？

其实，像上面的情况在教育教学生活中很常见，这给我们敲响了很大的警钟：为什么会这样呢？

那是因为学生没有学会知识迁移，只是单纯地、机械地复制问题和答案，停留在一种无法迁移的记忆和复述上。大多数人在学习上就是停留在无法迁移的复述和记忆上，他们在某个情况下学的知识，换了一种情境就不知道如何运用了。

因此，学会不等于会学，为迁移而教，让学生学会“学习迁移”尤为重要。

（一）什么是学习迁移

迁移与学习息息相关。人们通常把学习迁移定义为“一种学习对另一种学习的影响”。《论语·述而》曾记载：“不愤不启，不悱不发，举一隅，不以三隅反，则不复也。”对于迁移现象，我国古代就有相关的描述，如“举一反三”“触类旁通”“温故而知新”“爱屋及乌”“熟能生巧”等。

在日常生活中，我们可以观察到这样一些现象：学会了一种外文，有助于掌握另外一种外文；学生在家里养成干净整洁的生活习惯，有助于他们在学习或做作业时养成爱整洁的习惯；等等，这些都是我们常见的迁移现象。由此我们可以看出，动作技能、知识情感和态度都是可以迁移的。所以，准确来说，所谓学习迁移，即在一种情境中获得的知识、技能或形成的态度对在另一种情境中知识、技能的获得或态度形成的影响。任何一种学习都要受到学习者已有知识、经验、技能、态度等的影响，凡是有学习的地方就会有迁移，迁移无处不在，迁移既是学习的继续和巩固，又是提高和深化学习的条件。

学习迁移按照不同的分类标准，会有不同的分类结果，如根据迁移的性质和结果来划分，可以把学习迁移分为正迁移和负迁移，其中正迁移对学习起促进的积极作用，负迁移对学习起干扰、阻碍的消极作用。由此，笼统地说学习迁移对学习新知识起促进作用是不准确的。

（二）“形式训练”是不够的

形式训练说是迁移理论中最早系统解释学习迁移的理论，沃尔夫的迁移理论是在官能心理学的基础上逐渐形成的。官能心理学认为人的能力蕴藏在各种感官中，形式训练说把训练和改进心智的各种官能作为重要目标，重视运用古典语言、数学和自然科学中的难题来改进心智的各种官能，通过对各种官能的训练，就能自然而然地产生迁移。

形式训练说是最早的一种迁移理论，至今已在欧美盛行了约200年。它是以官能心理学为依据，认为人的各种活动都由相应的官能所主宰，各种官能分别从事不同的活动，如利用记忆官能进行回忆活动，利用思维官能从事思维活动。官能即注意、知觉、记忆、思维、想象等一般的心理能力。

形式训练说认为迁移要经过一个“形式训练”的过程才能产生。对官能的训练就如同对肌肉的训练一样，而得到训练的官能又可以自动地迁移到其他活动中去，即一种官能改进了，其他所有官能也会在无形中得到加强，如记忆官能增强以后，可以更好地学会和记住各种东西。形式训练说认为，要发展和提高各种官能，除了训练之外，没有别的办法，如感觉越用越敏锐，记忆由记忆而增强，推理能力、想象能力则由推理和想象而长进，这些能力如果不用、不训练，便会变弱。官能训练注重训练的形式而不注重内容，因为内容是会忘掉的，其作用是暂时的，而只有通过这种形式的训练而达到的官能的发展才是永久的，才能迁移到其他的知识学习，才会终身受益。形式训练说认为，迁移是无条件的、自动发生的。由于形式训练说缺乏科学的依据，所以引起了一些研究者的怀疑和反对。

形式训练说重视能力的培养和学习的迁移，强调对于有效的记忆方法、工作和学习的习惯以及一般的有效工作技术加以特殊训练，这些都是有积极意义的。但是，“心智”的各种官能是否可以分别训练使之提高，从而自动地迁移到一切活动中去？该学说缺乏充分的科学依据，所以引起了一些研究者的怀疑和反对。早期的以及近现代的心理实验研究都对这一学说提出了挑战。

《人是如何学习的》的作者是反对形式训练说的。书中通过第52页的“背景资料3.1　人们学什么”的实验研究指出了形式训练说的不足之处。这个实验描述埃里克森等人对如何增强一名大学生记忆数字串的能力进行了一年多的广泛研究。正如所料，开始时他只能记住7位数字。经过训练之后，他能记住70位或更多的数字。他是怎样做到的呢？他获得了一种类似于增强心理机能的一般技能吗？不是的，事实上他学会了运用自己的具体背景知识去把信息“组块”成意群，再进行大量的训练才达到目前的水平。可是当让他记忆字母串时，他的记忆又恢复到7个条目的水平。也就是说，通过形式训练进行学习没能迁移到其他领域的学习，除非这两个领域有相同的要素。

这个实验让我想起江苏卫视2015年《最强大脑》的一位特别的选手——73岁的吴光仁老先生。

他的挑战项目是背诵圆周率小数点后的5000位，并最终成功晋级！

这位老先生在他半百之年曾经因为一次中风而留下了老年痴呆的后遗症，生活不能自理，甚至连上台都需要女儿搀扶着。

而他谈到，能记住小数点后5000位的秘诀就是运用老家村民的姓名、地址、所背诵的国学经典中的人名以及身边的日常设施，将圆周率后5000位，4位一对应，写了厚厚一本手稿，反复背诵。

这位老先生的故事非常感人，也很励志，同时也告诉了观众一个“最强大脑”的真相——记忆和复述无法迁移。

即使他能够记住圆周率后的5000位，但他仍然无法记得生活中的各种琐事，出门会忘记回家的路，做了饭会忘记关煤气。

认知心理学家做过多次实验，一个普通人经过两三个月的记忆技巧培训，可以快速记住200位以内的随机数字。但如果请他记忆10个无意义的字母，他却跟普通人一样记不住。

不幸的是，大多数人在学习上就是停留在无法迁移的复述和记忆上，他们在某个情况下学的知识换了一种情境后就不知道如何运用了。

所以，学习迁移非常重要，已经深入我们的生活。实际上，要让孩子真正学会变通，就要让孩子学会知识迁移的能力。

《人是如何学习的》的作者还认为强调任务间的共同要素意味着对学习者个性的忽视，包括关注的时机、相关原理的外推、问题解决或创造力和动机，而把学习重点放在练习和训练上。虽然现代学习和迁移理论也强调练习的重要性，但却具体限定了重要的练习类型并且考虑到学习者的个性特点（如现有知识和策略）。

因此，只研究形式训练是不够的，还要清楚妨碍学习迁移的其他要素，这样才能更好地教会学生迁移。

（三）妨碍学习迁移的要素

1. 学习底蕴

初始学习的数量和种类是决定专业知识发展和知识迁移能力的关键。

2. 学习动机

激发学生的学习动机，使他们把所需时间花在学习复杂的科目和解决他们认为有趣的问题上。让学生有机会应用知识去创造产品和使他人受益，尤其能对学生起到激励作用。

3. 学习时间

花在任务上的时间对学习来说是必要的，而对有效学习来说是不足的。将时间用于学会理解与仅用于简单记忆教材或讲授事实或程序相比会产生不同的效果。为了使学习者获得学习和理解的洞察力，经常性的反馈至关重要：学生需要监控自己的学习，主动评估其策略和目前的理解水平。

4. 学习情境

仅在单一的情境中接受的知识与在多样化情境中学到的知识相比更不利于弹性迁移。在多样化的情境中，学生更有可能抽象概念的相关特征，发展更加弹性的知识表征。使用经过挑选的对比案例能帮助学生学会新知识的应用条件，问题的抽象表征也有利于迁移。

5. 学习经验

了解学生的前概念、前拥理解，教师可以通过帮助学生使其思维可视化来纠正错误并鼓励学生超越具体问题去思考，了解问题的各种变化，改变他们的原初概念。先前知识对理解学习十分重要的一个点是，支撑学习者先前知识的文化实践。

6. 学习生活化

通过对日常环境的分析，使人们重新思考学校的实践，目的是使学校实践与日常环境要求达成一致。但也要避免教学过分依赖情境。帮助学生选择、适应及发明解决问题的工具是一种促进迁移的方法，鼓励多样性亦然。

7. 学习元认知

帮助学生作为学习者在习得内容知识的情境中了解自己元认知的教学方法能够增进迁移。

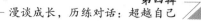

二、为迁移而教，从学会到会学（二）

最近几年“深度学习”成为教育界最热的词，究竟什么是深度学习？深度学习深在哪里？深度学习是否更有利于学习迁移？今天我就来探个究竟。

（一）深度学习深在“未成曲调先有情”

深度学习的学习者有强烈的学习动机、浓厚的学习兴趣。激发学习动机、培养学习兴趣可以促进学习迁移。

苏霍姆林斯基曾说：“对于儿童来讲，掌握知识这个最终目的不可能像成人那样成为他付出智力努力的主要动力。学习愿望的源泉在于儿童智力劳动的性质，在于思想的情感色彩，在于理性的体验。如果这个源泉枯竭了，任你用什么办法也不可能让孩子坐下来念书。”动机影响到人们愿意投入学习的时间，尽管外部的奖赏和惩罚也对行为产生明显的影响，但内在的学习动力才是持久的因素。因此，为促进迁移，激发学习动机、培养学习兴趣尤为重要。教师可以通过以下几个方面激发学习动机、培养学习兴趣。

1. 变教材为“学材”，尽量使学生学习的任务接近其自身的“最近发展区”

为了诱发和维持动机，挑战的难度必须适中：太容易的任务使人厌烦，而太难的任务又会令人产生挫折感。为此，教师应该尽量使学生学习的任务接近其自身的“最近发展区”，既不太难又不太易，使其“跳一跳便能摘到桃子”。教师可以从改变教材入手，变国家教材为适合学生学习的“校本教材”“班本教材”，乃至学生“私人定制”的“学材”，这就需要教师充分了解每个学生的前概念、前拥理解，不断帮助学生克服与修正其错误的图式，这样才能帮助学生更好地实现迁移。

奥苏伯尔指出，学生的认知结构是从教材的知识结构转化而来的，一种好的教材结构可以简化知识，有助于新知识的掌握和运用，能最大限度地适合学习者的知识水平和学习能力。变教材为“学材”，也不失为一种好办法。

2. 变“行为定向”为“学习定向”，保持学生学习的好奇心，使学生真正热爱学习，做一名终身学习者

在面对困难时，学习者的学习坚持性主要受其“行为定向”或“学习定向”的影响。以学习定向的学生喜欢新的挑战，而以行为定向的学生对出错的焦虑远远超过学习。例如，今井睦美在她的《深度学习：彻底解决你的知识焦虑》中描述了一个案例研究：“表扬和奖励的正确方式”，针对采用何种表扬方式能提高孩子的数学解题能力的研究，将实验对象分两组，对于其中一组，如果求出正解就对其进行表扬；对于另一组，则对其学习态度进行表扬。结果显示，被表扬学习态度的孩子对于数学的理解能力有更为明显的提升，更重要的是其对数学的学习态度的转变。显然，被表扬学习态度的这一组是“学习定向”者。“学习定向”者是真正喜欢学习的人，会把学习当成一种生活习惯与生活方式，学习态度认真端正，学习是为了自我生命的成长，终身具有学习的好奇心。

3. 变“利我”为“利他”，让学生之间互相做一些对别人有意义的事情

社交机会也会影响到动机。人们想要对别人做些有益的事情的想法似乎尤其能激发人的动机。根据马斯洛的需要层次理论，“帮助别人做些有益的事情”属于第四层次“尊重的需要”，即马斯洛认为，尊重需要得到满足，能使人对自己充满信心，对社会满腔热情，体验到自己活着的用处和价值。例如，我在上网课期间，为了让学生更加了解、熟悉时政热点，上课前5分钟让学生轮流开展“我是主播”的新闻播报活动，并且让学生、家长进行“最佳主播”的评选，学生们的动机都很强，在采编、制作、录制视频等环节都表现得超级热情与投入。学生的反响都不错，认为既可以锻炼自己的能力，又能帮助自己和同学们了解时政热点，“何乐而不为呢？”

“创造力”“问题解决能力”属于马斯洛需要层次理论的最高层次“自我实现”的需求，让学生有机会应用知识去创造产品和使他人受益，尤其能对学生起到激励作用。因此，鼓励“解决问题”、鼓励“创造”成为我的课的常态。例如，针对国家的乡村振兴战略，通过社会调查研究、实地考察、访谈等，鼓励学生形成自己的社会调查报告，提出具体的、有针对性的、有自己乡村特色的解决自己家乡问题的发展建议，并可以通过“镇长信箱”“联系人大代表”等途径实现“公共参与”，为家乡的发展贡献自己微薄的力量。

4. 变“要我学”为“我要学”，提高学生的元认知水平

让学生合理设定自己的目标，并且清楚自己为了实现这些目标应该做些什么，从而转向主动学习、自我学习。人们对学习进行自我调控的能力即为元认知，指人们预测自己在各种任务中表现的能力以及对目前的理解和掌握程度进行监控的能力，同时元认知也指反思自我表现的能力，但自我调节能力出现较早，反思能力出现较迟。采用元认知方法，能增加学生迁移新情境的程度而无须借助明显的提示，能够监控和调整学生的理解过程，使他们不断学习适应性专业知识。

（二）深度学习深在“为有源头活水来”

活知识、动态、丰富而精密的知识体系，建构“有意义的信息模式”能够促进学习迁移。

“快点把书背了，等会考你们。”

“今天这些知识点都背下来，都记住。”

“明天要默写辩证唯物论的哲理，你们好好背书、记住……”

以上的话语你会不会感到熟悉？但是这种“填鸭式”的培养真的对孩子有意义吗？大部分孩子的学习，其实一直停留在上述所说的无法迁移的记忆和复述上。因为在长期复制般的背诵学习中，孩子变成了“知识的容器”，大脑已经被死板的知识填满了，不懂得如何变通。如今记忆和复述知识的能力已经逐渐让步于知识迁移的能力。在这个快节奏、复杂多变的社会里，能够“知识迁移”的孩子，在投入同样的学习成本时，所得的学习收益会大大高于“知识的容器”，也就是只会记忆和重复知识的孩子。

其实我们也会观察到有不少教师还是会进行“填鸭式”“灌输式”的教学，把学生当作“知识的容器”，拼命往里“塞知识”。所以会出现“这个知识点我讲了N遍了，你们还不会？”的“绝望、崩溃”情况。如何改变这种局面呢？

1. 变“知识的容器”“旋转烤肉型知识”为“活知识”“有意义的信息模式”

古希腊学者普罗塔戈说：“头脑不是一个要被填满的容器，而是一束需要被点燃的火把。”教师把学生当作“知识的容器”进行“满堂灌”，学生获得的只是“旋转烤肉型知识”（旋转烤肉就是把许多肉片堆在一起，形成一个巨大的圆柱体，是土耳其的传统料理），即零散的、碎片化的知识，这些知识是表面上连续粘贴客观事实的知识片段，只是不断地堆砌使之变得庞大。谁也不想只获得这样的知识。

今井睦美在她的《深度学习：彻底解决你的知识焦虑》里把“活知识”定义为：大脑在学习到熟练的过程中发生的变化交给我们的东西。这种能够运用的知识并不是片段式记忆的叠加，而是以一种与关于知识使用方式的记忆密切联系的形式存在于脑中。我们能够实际运用的知识就是“活知识”，它不仅包含事实性知识，还包含使用方法。而此类知识需要用大脑进行学习，是随着掌握知识所需的神经网络的构建而形成的。

苏霍姆林斯基曾说：“教给学生能借助已有的知识去获得新知识，这是最高的教学技巧之所在。”“活知识”是一个知识体系，是能打通知识之间的“上位学习”“下位学习”和“并列结合学习”的，这个系统会不断接受重组，如同一个不断变化的、有生命的存在。“活知识”是一个动态系统，是丰富而精密的知识体系。教师应该通过“去伪存真”“去粗取精”“由表及里”和“由此及彼”等有意识地引导学生掌握“活知识”。

教师要善于通过比较、分类、抽象、归纳把一般原理、概念、规律教给学生，指导学生进行概括，让学生学会概括一般原理、概念、规律的方法，并养成概括的习惯。学生所掌握的内容越基本、越概括，即对学科中的经验概括水平越高，则对新情况、新问题的适应性就越广，也就越能产生广泛的迁移。变“死记硬背”为“熟能生巧”也不失为一个掌握“活知识”的好方法。欧阳修的《归田录》里讲了这样一个故事：北宋有个射箭能手叫陈尧咨，一天，他在家练箭，十中八九，旁观者拍手称绝，陈尧咨自己也很得意，但观众中有个卖油的老头只略微点头，不以为然。陈尧咨很不高兴，问：“你会射箭吗？你看我射得怎样？”老头很干脆地回答：“我不会射箭。你射得可以，但并没有什么奥妙，只是手法熟练而已。”在陈尧咨追问老头有啥本领后，老头把一个铜钱盖在一个盛油的葫芦口，取勺油高高地倒向钱眼，全勺油倒光，未见铜钱眼外沾有一滴油。老头对陈尧咨说：“我也没什么奥妙的地方，只不过手法熟练而已。”

人们由此故事中的两句话“无他，但手熟尔”和“我亦无他，惟手熟尔”引申出“熟能生巧”这个成语，说明不管做什么事情，只要勤学苦练、掌握规律，就能找出许多窍门，干起来得心应手。

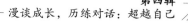

学习亦是如此！花时间和精力，有目标、有反馈、高效地刻意练习，透过现象看本质，把握学习的规律，坚持不懈地努力，等等，都是必不可少的。

2. 采用“情境教学法”，注重知识的生成

教师要精心创设问题情境，使当前所学知识和与原有知识之间建立密切的联系，利用原有知识经验的迁移来促进学生对当前所学知识的理解和掌握。在学生掌握一定知识后，可以设置真实的问题情境，加强学生对实际情况的体验，让学生在解决真实问题的过程中运用所学知识解决具体实际问题或新的理论问题，确信知识的有效性，提高学生解决实际问题的能力。提高学生的学习情境与迁移的应用情境之间的相似性和同一性，有助于学习的迁移。因为在解决类似的新课题时，过去解决问题的方法和经验有助于迅速地解决问题。可以通过下面几点做到：

第一，设计真实的生活情境，变单一情境为多样情境。

第二，让学生在具体情境中学习，然后帮助他们加入为提高理解弹性而设计的“如果……怎么办”类问题解决当中，可以问他们：“如果改变问题的这一部分，怎么办？”

第三，让学生解决具体的问题，然后为他们提供其他相似的案例。这样做的目的是帮助他们抽象出导致更加弹性迁移的一般原理；概括案例，要求学生创造一种不但能解决单一的问题，而且能够解决整个相关类群的问题的方法，也可以教师归纳总结，由“个别到一般”，正确处理矛盾的普遍性与特殊性的关系。例如，“意义类”题目是高考常考的题型，可以先让学生做一道题，然后自己归纳解题的思路与技巧，教师再讲评这一类题型的普遍做法、审题与解题步骤，找出要解答“谁对谁的意义”，即意义的“主体”与“客体”，理出解题的关键，以利于学生遇到“意义类”题目能够实现顺利的迁移。

（三）深度学习深在“绝知此事要躬行”

利用模拟实践探究学习、研学旅行、劳动教育等使“小课堂”与“大社会”联系起来，让学生做到“知行合一”，实现学习迁移。

“所有的学习都涉及原有经验的迁移”，这一原理对教育实践具有重要的意义。第一，学生也许具备了与学习情境相关的知识，但这些知识没有被激活。教师帮助学生激活这些知识，能够增强学生的学习信心。第二，用先前经验去建构理解，学生也许会误解新信息。第三，当具体学校教学实践与社会实践发生冲突时，学生或许会感到无所适从。

首先，通过模拟实践活动，让学生明白日常场景与学校环境的区别，围绕非学校场景中经常遇到的真实问题和项目来组织学习。

学校教育的最终目标是帮助学生把从学校学到的知识迁移到家庭、社区和工作场所等日常场景。既然任务间的迁移有赖于迁移和学习经验之间的相似性，那么促进从学校向其他场景迁移的重要策略，就是要更好地了解学生必须面对的非学校环境。

日常场景与学校环境的主要反差表现在三个方面：一是后者相对其他环境更重视个体的表现，日常场景非常注重合作；二是相对于学校情景的“脑力劳动”，日常场景大量运用工具去解决问题；三是学校常常强调抽象推理而日常场景经常应用情境化的推理。因此，围绕非学校场景中经常遇到的真实问题和项目来组织学习的观点很有吸引力。用约翰·杜威的话来说，“学校应少些为生活做准备，多些关注生活自身”。像医学院基于问题的学习和像法学院、商业学院以及教育管理学院等基于案例的学习都是非常好的方法。

高中政治经常采用的方法是模拟实践的方法。例如，高一《经济生活》可以采取模拟公司、模拟企业招聘、模拟市场、模拟创业、模拟炒股等活动让学生提前熟悉日常经济生活的场景，把经济的理论学以致用。高二《政治生活》可以组织模拟人大、模拟法庭、模拟政协、模拟政府决策、模拟听证会、模拟联合国活动让学生融会贯通，灵活运用政治学原理，掌握我国相关国家机关的知识，明白我国的治理体系。可以让学生提前了解、适应社会生活。

其次，进行劳动教育，使“小课堂”与“大社会”联系起来，让学生做到“知行合一”，实现学习迁移。

现实生活中，我们发现劳动教育被淡化、弱化，一些青少年不珍惜劳动成果、不想劳动、不会劳动，与社会主义建设者和接班人的培养要求有较大差距。

2020年3月20日，中共中央、国务院发布了《关于全面加强新时代大中小学劳动教育的意见》，“劳动教育”也成为教育领域颇受关注的热词。该文件指出了劳动教育的地位：“劳动教育是国民教育体系的重要内容，是学生成长的必要途径，具有树德、增智、强体、育美的综合育人价值。”法国教育家卢梭认为，“劳动是社会人不可豁免的职责，劳动可以培养身心两全的人。只有在劳动中人的身心才能得到锻炼并且成为全面发展的人”。《普通高中思想政治课程标准（2017年版）》就明确指出高中思政课要具有“课程内容活动化”、实践性等特点，要求高中思政课要使“小课堂”与“大社会”联系起来，让学生在“做中学”“学中做”。例如，高一《经济生活》讲到就业与民生问题时，就涉及劳动与劳动者的知识，提出要培养学生的劳动精神，要让“劳动最光荣、劳动最崇高、劳动最伟大、劳动最美丽”的价值引领在学生内心深处生根发芽、开花结果。在“停课不停学”的线上教育期间，我们结合本学科内容，把劳动教育作为本学科的重要课程开展，主要展开“职业体验”活动，让学生通过“自主学习—自主体验—自我留痕—职业感悟—自我职业生涯规划”等环节，每周一个“职业主题”，利用周末时间开展“职业体验”，可以是半天的免费兼职工作，可以是体验父母的职业艰辛，等等，在劳动实践中引导学生关照自我、关爱家人、关心生活、关注社会，在“劳”中提高思想觉悟，从“动”中树立道德品格，实现“知行合一”。

教师要培养自己的深度学习，从而引领每个学生的深度学习，用深度学习促进学习迁移，让学生由学会向会学转变。

让人人学会学习！

教师培训力

一、教师的学习与成长是一辈子的事情——教师专业发展的三重境界

（一）中小学教师的培训

1. 意义

百年大计，教育为本；教育大计，教师为本。

成功的教师学习与成长要求有一个连续不断的、合作努力的职前、职后以及终身的专业发展机会，教师的学习与成长是一辈子的事情，教师要树立终身

学习理念，活到老学到老，让学习与呼吸、吃饭、睡觉一样自然，把学习当成一种生活习惯与生活方式。终身学习贯穿人的一生，是一个持续发展的过程。作为履行教育教学职责的主体，面对不断更新的知识体系及日新月异的教育理论、教学方法、信息化手段等，教师更应成为终身学习的典范，以更好地满足社会发展对教师职业的要求，紧跟知识更新换代的步伐。

2010年，教育部颁布《国家中长期教育改革和发展规划纲要（2010—2020年）》，明确要求构建完善的教师终身教育体系。可见，终身学习成为人们特别是教师专业发展的必然选择。2012年，国务院颁布了《国务院关于加强教师队伍建设的意见》，要求建立教师学习培训制度，实行五年一周期不少于360学时的教师全员培训制度，以制度形式保障教师的终身学习，确保教师具有终身学习与持续发展的意识和动力。自从2010年教育部实施中小学教师国家级培训计划（简称"国培计划"）后，全国掀起了中小学教师培训的热潮，各地教育主管部门相继实施"省级培训计划""市级培训计划""县区级培训计划"及"校本研修计划"等培训项目，形成了自上而下的国家级、省级、市级、县区级、校级五级联动培训体系。从具体内容看，有公需培训和专业课培训；从具体形式看，有线上培训与线下培训……在教师职后培训项目的实施过程中，短期集中教育、置换脱产教育、校本反思实践、课题引领研究、"影子教师"、名师工作坊等培训模式逐渐形成，涉及师德修养、专业理念、教育知识、现代教育技术等环节。中小学教师培训是教师自我学习、自我更新、自我成长的重要方式，构建教师终身学习体制的意义在于实现教师个人理想与教师专业精神的高度一致，满足教师精神的专业化发展，即教师敬业精神、人文精神及科学精神的长足发展。

中小学教师培训的目的是为广大中小学教师的专业发展提供教育支撑。这对于落实《国家中长期教育改革和发展规划纲要（2010—2020年）》与《国务院关于加强教师队伍建设的意见》，提升我国中小学教学质量，推动我国基础教育改革和发展至关重要。

2. 存在问题

我自己入职后参加了各种线下培训，包括：2019年11月参加东莞市在浙江大学举办的法治教育高级研修班的学习，2018年暑假在东莞市教师发展中心参加新课标培训，2017年6月参加东莞市名师培养对象在华中师范大学举办的高级研修班学习，2016年6月参加东莞市第四批学科带头人在苏州大学举办的高级研修班学习，2015年6月参加东莞市高中政治学科骨干教师北京大学高级研修班学习，2013年6月参加高考文科综合政治卷命题与评价研究、高考文科综合政治卷评卷标准及操作方法的培训学习，2001年暑假参加东莞市师范学校举行的新教师培训。

从上可以看出，20年来的现场线下培训屈指可数，相信大多数教师与我一样，参加的绝大多数都是线上网络培训，并且都是在上班期间参加的，形式大多数是看看视频、听听讲座、发帖回帖讨论和做做作业等，效果不甚理想，收获不大，对专业发展的帮助有限，有“被培训”的感觉。

我认为培训过程中存在的主要问题有以下几点。

（1）从培训的时间看：走过场、应付者多，形式主义严重。

大多数线上培训是在上班时间，教师既要忙于备课、上课、改作业和辅导学生，又要接受培训，简直忙不过来。由于大多数培训不是教师自愿参与的，所以都有“被培训”的感觉，教师大多数是“被任务”“被问题”“被要求”的。因此，走过场、应付者多，形式主义严重。教师们自然就是应付了事，只求完成、获得学分就够了，并不在意是否学有所成，是否促进了自己的专业发展。这直接导致劳民伤财，一线教师也叫苦连天，颇有怨言。

（2）从培训的内容看。

① 一刀切、一风吹，没有针对性。现有的培训模式没有考虑到被培训者的要求，只是根据培训地点（一般是各种师范大学）的师资力量来确定培训内容，而不是根据被培训者的需求来确定培训内容，所以并不能完全满足中小学教师专业发展的内在需求，针对性不强，对处于不同专业发展阶段教师的关照更是缺少针对性。

② 只重理论，轻实践。由于培训以大学本位居多，而大学教授大多数只注重理论，脱离中小学教师的教育教学实践，所以难受中小学教师的欢迎与喜爱。

（3）从培训的形式看：形式单一，培训方式缺乏创新。

培训形式主要有会议、专家讲座、各种沙龙、跟岗学习和参加名师工作室等，以“伟大事物”为中心、学习共同体比较少，培训方式缺乏创新。

（4）从培训的评价看：存在评价主体与形式单一、反馈不及时、缺乏针对性等问题。

3. 解决措施

要提升对中小学教师培训的质量，就需要提高培训的精准度，构建多样化、立体化的培训模式，并通过构建多重评价体系对中小学教师培训质量进行把控。迫切需要对教师觉悟的唤醒、专业的引领、潜质的发掘、行为的养成。针对以上存在的问题，提出以下相应的解决措施。

（1）设立专门的培训时间：每学期可以相应设立“教师的专业发展周”，可以设在期中或者期末。

由于现在的培训大多数在上班时间，教师有点应付了事。所以可以考虑缩短一学期教师的教学时间，专门留出一周时间让教师充电，参加专门的有针对性的培训，1+1＞2，这样教师可能成长得更快。

（2）培训的内容：要满足教师自身的实际需求，可以“私人定制”或者是层次化管理，坚持理论与实践相统一。

由于现在的培训内容多数是自上而下的，从来没有考虑每个教师处于不同发展层次的需求，往往是“一刀切”，没有具体问题具体分析，所以建议培训前展开问卷调查，了解教师的培训需求，根据教师们的需求确定内容，使培训更有针对性，也可以考虑教师培训的“自助餐”“私人定制”或者分层次进行培训，使培训更接地气，契合教师的教育教学实践，而不是空谈理论。

（3）培训的形式：形式多样化，可以尝试新教育新网师的培训方式。

新教育新网师的培训方式是不但有专家讲座，学院每天还要小打卡谈自己的阅读、学习与收获，每天安排点评员点评，每周有小结。凡是认真打卡的学员每学期都收获满满，加上作业基本上每学期都会有十几二十万字的输出，也会啃读不少书籍。这种方式值得大量、全面地推广。

（4）培训的评价：形式与主体都可以多元化，最好是以“伟大事物”为中心，组成学习共同体。

（二）教师专业发展的三重境界

一个人遇到好老师是人生的幸运，一个学校拥有好老师是学校的光荣，一个民族源源不断涌现出一批又一批好老师则是民族的希望。

何为好老师？厦门大学“网红教授”邹振东曾经说过，“最好的老师，有三种：第一种是递锤子的人。你想钉钉子，一个老师把锤子递给你，好老师啊。第二种是变手指的人。你的人生需要很多黄金（金钱），老师把你的手指头变成能够点石成金、点铁成金的手指头，多好的老师啊。第三种是开窗子的人。你以为你已经看到了风景的全部，老师为你打开另一扇窗，你豁然开朗，啊，原来还有另外一个世界，这是最好老师中的最好老师”。

我认为好教师的专业发展有三重境界：见自己、见天地、见众生，能见到众生的就是最好的教师，这就是当教师的最高境界。“见自己、见天地、见众生”的出处是王家卫的电影《一代宗师》。“见自己”是指了解自己内心的欲望、自己能力的强弱，实现自己的价值。“见天地”是指了解外面的世界、世界的运行发展，明白如何在世界立身。“见众生”则指实现自我的价值之后，开阔格局，努力改变苍生的命运。《一代宗师》里宫二说，她这一辈子只见到了天地，而叶问见到了众生，就是指此。宫二代表的是武林的正脉，武林的理念和规矩在她身上体现得很明显，所以她奉了道，不结婚，不传后，不传艺，最后随着武林的消逝一同死去。叶问视武术为个人爱好，他对武术看得很单纯，超脱藩篱将武术发扬光大，宫羽田和丁连山就是看到了叶问的胸襟与洒脱才认同叶问，最后叶问见了众生，成为一代宗师。

1. 第一重境界：见自己

见自己，即教师要有自己的教学自信力和教学勇气，建立起自己的教学人生，形成自己的教学风格。

好的思政教师要有自信力和教学勇气，要树立教学人生的目标，建设自己的思政教学人生。美国作家、教育家帕克·帕尔默说：“真正好的教学不能降低到技术层面，真正好的教学来自教师的自身认同与自身完整。”他在《教学勇气》中说：“认识学生和学科主要依赖于关于自我的认识。当不了解自我时，我就不了解我的学生们是谁。当我还不了解自我时，我也不能够懂得我教的学科——不能够出神入化地在深层的、个人意义上吃透学科。方法固然重要，然而，无论我们做什么，最能获得实践效果的东西是，在操作中去洞悉我们内心发生的事，越熟悉我们的内心领域，我们的教学就越稳健，我们的生活就越踏实。”

那么，这种自信力从何而来，于漪老师认为，教学的自信力来自教师深厚的学养。一个有胆识的好教师必然是好学深思的、能够身体力行的。

第一是好学。

作为思政教师，要有文、史、哲的底子，必须要有文化的积淀。知识不等于文化，知识是一种本领，文化是一种素质。知识是文化的一小部分，是文化的基础。我们确实要有点文化积淀。思政教师还需要智慧。智慧就是观察、分析、判断和感悟等的总和，即认识、辨别事物的能力，思辨的能力，判断的能力，发明的能力，创新的能力。

《人是如何学习的》第八章《教师的学习》概括了教师的学习有以下几种途径：

一是教师从自己的教学实践中学习。

（1）在课堂里成长：课堂既是学生发展核心素养的主要场所，也是教师专业成长的重要阵地。思政教师自觉做一名“在课堂里成长”的教师，热爱课堂，沉潜课堂，改进课堂，让自己成长在“基于课堂、通过课堂、为了课堂”的教学行动中。

（2）在阅读与写作中成长：教师通过阅读教育学、心理学的经典，啃读根本书籍，专业发展，就是不断地寻找此时此刻最适合自己的图书。学科教师要研读一些根本书籍（学科中每一领域的奠基之作），拥有丰富、坚实的学科知识，丰富自己的知识“武器库”。正如闫学老师所指出的“优秀教师是读出来的”，结合自己的教育教学实践，多写教育教学叙事、教学实录与教学随笔等，多输入与输出，可以促进成长。

二是教师在与其他教师的互动过程中学习。师徒制、名师工作室都是教师成长的摇篮。

三是教师在自己的学校内参与学位课程学习，参加具体的由顾问开设的教师提高课程而向教育专家学习。这主要是通过校本培训促进专业成长，如听讲座、各种沙龙、读书分享会等。

四是很多教师报名参加研究生课程学习。在职参加教育硕士、教育博士等的学习。

五是教师从正式的职业工作之外获得学习。他们从做父母的经历中学习有关智力和道德发展的知识，他们从社区有年轻人参与的活动中学会非说教性的教学或教练。

第二是深思。

笛卡尔认为：我思故我在。孔子说：学而不思则罔。思考才使我们阅读的东西成为我们自己的。真知灼见，首先来自多思善疑。思考可以构成一座桥，让我们通向新知识。法国哲学家帕斯卡说，“人只不过是一根苇草，是自然界最脆弱的东西；但他是一根能思想的苇草，整个宇宙都拿起武器来才能毁灭；我们全部的尊严就在于思想，正是由于它而不是由于我们所无法填充的空间和时间我们才必须提高自己。”所以，思考之于人，犹如生命一样重要。没有生命，人会永恒地消失，而没有了思考，人会退化成一具行尸走肉。正如帕卡斯所说的那样，人类何等脆弱，但是正因为有了思想，人类才能发展至今。从先秦的百家争鸣到西欧的哲思蓬勃，这些都离不开思考，离不开思想。一个不会思考的人是成不了优秀教师的。各行各业都是如此，一定要深思。华罗庚指出：独立思考能力是科学研究和创造发明的一项必备才能。在历史上，任何一个较重要的科学上的创造和发明，都是和创造发明者独立地、深入地看问题的方法分不开的。教师也要有精彩观念的诞生，独立思考可以促进精彩观念的诞生。

第三是力行。

“实干兴邦”，事情是干出来的，绝对不是吹出来的、不是捧出来的。捧不出优秀教师，也捧不出领军人物。一定要艰苦奋斗，一步一个脚印，不断地总结自己的经验教训，哪些做对了，哪些做错了，用流行的话讲，就是反思。身体力行，才能获得真知。

2. 第二重境界：见天地

见天地，即教师在自己的学科领域、教育教学里不仅成就学生、成就自己，还带领自己的团队勇猛精进，洞察、尊重、认识和利用本行业与本学科规律，影响一方，引领一方。

能见天地的教师已经是“无我”状态。很喜欢这段话：说真心话，我早已没有了之前的所谓职业“责任”和“担当”，也没有了对事业的“执着追求”。我只是在享受一种生命的自在状态，在一间被称作“幸福教室”的庙宇里修行，那里有最纯真、最鲜活的生命，他们在用成长滋养我，值得我无限地敬畏和陪伴。这样的信仰已经在我的心田扎根，任尔东西南北风，无所畏惧。这是我现在一直追求的教育境界。“捧着一颗心来，不带半根草去”“我已无我，不负学生”。

山东名师郑立平说，教师要走向真正的优秀，必须完成“四个转变”：从追求“知识传递”到关注“生命成长”的思维转变，从追求“生存自由”到建立“职业信仰”的精神转变，从追求“个人专业成长”到引领“团队专业发展”的行为转变，从追求“成名成家”到创造“教育幸福”的价值转变。

我想：要达到见天地的境界，至少要达到郑立平老师所说的第三种转变吧。美国教育家帕克·帕尔默在他的《教学勇气》里形容这是一种“繁衍”状态，培养年轻教师，引领团队前行，建造一番天地。

3. 第三重境界：见众生

见众生，即指教师实现自己的价值、团队的价值后，开阔自己的格局，建立和谐、幸福和完整的教育生态，达到“为天地立心，为生民立命，为往圣继绝学，为万世开太平”的境界。

在中华人民共和国成立70周年之际，于漪老师被授予“人民教育家”国家荣誉称号。于漪说：“我虽是从事基础教育的一线教师，但历史风云、时代召唤、未来憧憬总在胸中激荡，急切地盼望教育能为民族复兴、国富民强提供高素质的人力资源，因而，常不揣浅陋，就教育的某些情况谈看法、说理由，是否正确，要接受实践检验。确实无甚高论，捧出的只是对祖国教育的一颗赤子之心。”话语中饱含着一位先行者对教育的无比热忱。如果没有这份对教育的热忱，把教育完全等同于其他行业，日复一日、年复一年，缺少思考，耽于庸常，自缚手脚，恐怕很难成长为一名优秀的教师。热忱，或许是这群中国当代最优秀教师的情感底色。

因为这份对教育的热忱，于漪老师把日常烦琐的教书育人工作同人的发展和成长、同国家民族的振兴和富强联系起来，从时代的角度、未来的高度思索、实践、总结、发展，一步步、一点点影响孩子、影响区域、影响教育，终于超越平庸，成为教育界的一代宗师，高山仰止。

不忘初心，方得始终。“高山仰止，景行行止”，虽不能至，心向往之！

二、教师培训，想说爱你不容易

今天一大早就看到《人是如何学习的》学习组组长周娟老师发来的信息——第七次优秀作业的点评，我的点评对象是郭文红老师。郭老师是我们新网师的榜样教师，可以近距离地接触、走近与了解榜样，我感到无比荣幸与激动。怀着崇拜之心认真阅读了郭老师的作业，作业的标题是“教师培训：也需要遵循学习发生的规律”，主要介绍了三个方面的内容：①教师为什么要接受培训；②为什么我很长时间都对教师培训不感兴趣；③我对什么样的培训感兴趣。从本文可以看出郭老师是深谙学习的规律的，说明其对这个学期的《人是如何学习的》掌握得非常好，可以游刃有余、融会贯通地做文章了。郭老师提出的如下几个方面的观点非常值得我们学习借鉴。

（一）教师比学生更需要学习

郭老师引经据典，分别引用了国外教育家马卡连柯的“学生可以原谅老师的严厉、刻板，甚至吹毛求疵，但不能原谅老师的不学无术”和国内王栋生：教师职业的任务是让学生“学会学习”，因为这一点，教师自己必须是真正善于学习的人。因为只有教师知道如何去学，学生才有可能跟随其学习。郭老师还巧妙地运用《人是如何学习的》课本内容进行了分析阐述，告诉我们教师比学生更需要学习。

是的，要给学生一杯水，自己就要有知识的“源头活水”。社会实践是不断变化发展的，学生也是时代的产物，所以教师的思想观点也要与时俱进。教到老，学到老，学无止境，教亦无止境。教师要不断给自己“增氧”“充电”“扩容”“刷新”，更新知识，创新理念，超越自我，厚实为师的底气。是啊！教师要把终身学习的理念贯穿自己的一生，把学习当成一种生活习惯和生活方式，与吃饭、睡觉、呼吸一样自然。

（二）深度剖析教师培训不受欢迎的原因

郭老师结合自己培训的经验，深度剖析自己对培训不感兴趣的三个原因：一是培训内容无法勾起我的前期认知理解，二是培训方式无法让我深度搭建概念框架，三是自身认知的狭隘造成元认知发展受阻。我们非常直观地认识到目前教师培训的弊端和存在的问题，充分了解到培训的内容、形式和培训对象的现实情况。我们从中可以深刻了解教师培训针对性不强、不以“学习者为中心”等问题。因为是亲身经历，特别具有说服力，可信度高，让我们不由得感叹：教师培训，想说爱你不容易！

（三）教师要学会自己培养自己

郭老师同样结合亲身经历，提出怎样的教师培训才是受欢迎的：一是有认知基础的，二是有展示平台的，三是有高人指点的。最后指出：《人是如何学习的》对教师培训从学习者中心、知识中心、评价中心和共同体中心这四个角度来阐述了学习环境对于教师学习的影响和帮助，但这些说的都是外部环境。而教师的学习能真正发生的关键在于——教师只有承认自己需要学习，才可能有真正的学习。正如人们常说的读万卷书不如行万里路，行万里路不如阅人无数，阅人无数不如名师指路，名师指路不如贵人相助，贵人相助不如自己顿悟，自己不悟神仙也难救。学习真正发生最终的因素是自己顿悟，也就是说要靠自己。苏霍姆林斯基也说过："只有能够激发学生去进行自我教育的教育，才是真正的教育。"他认为自我教育是学生真正接受教育的关键因素。

学生如此，教师培训亦是如此！

我认为该作业还有如下两点值得改进的地方：

一是标题如果更吸引人一点就更好了；二是提高读者意识，既然主题提出要遵循学习的规律，何不在开端就稍微总结介绍一下"学习的规律"，这样读者可能更容易理解与掌握作者的学习理念。这两点也是我要尝试改进的，共勉之。如有不当之处，请多多海涵！

未来课程开发力

一、未来已来，做拥抱未来的智慧型教师——修炼"未来课程"的开发力

东莞市的第二届"未来课程"大赛准备开赛了！跟去年只能报一组3位老师（叶文达、袁建成、冯春柳老师）不同，今年可以报三组9位老师，政治科组的林小丹、李翠兰、汤逸山老师都报名参与了。结合我自身去年参赛的经验与教训，在现场的摸爬滚打、层层选拔和过五关斩六将，要开发好未来课程，必须要抓住三个关键词："课程""技术"与"未来"。

（一）课程：春江水暖，深研啃读

开发一门好的课程，必须深研课程论大师和啃读根本书籍。

要设计未来课程，首先要明确什么是课程。而要了解课程，就要先从了解、深研两位课程论的泰斗——泰勒与多尔开始。

泰勒被形容为“现代课程理论之父”，在《课程与教学的基本原理》一书中，他开宗明义地指出，开发任何课程和教学计划都必须回答四个基本问题：

第一，学校应该试图实现什么教育目标？

第二，提供什么教育体验（学习经验）最有可能实现这些目标？

第三，怎样有效组织这些教育体验？

第四，我们如何确定这些目标正在得以实现？

这四个基本问题——确定教育目标、选择教育体验（学习经验）、组织教育体验、评价教育体验——构成了著名的“泰勒原理”，又叫“目标模式”。

根据泰勒原理，一般设计一个课程基本要包括如下四个内容：课程目标、课程内容、课程实施、课程评价。

小威廉姆·E.多尔《后现代课程观》运用宏观综合的视野，描绘了后现代多元而开放的课程设计蓝图，以寻求取代现代性的单向独白式权威教育。

后现代课程观是多元的课程观，它所关注的是学习过程中的个人发展；对课程本身来说，不仅关注课程的规划、设计、实施和评价，而且注重理解课程在文化、历史、政治、生态平衡、美学等方面对人类状况、社会结构、生态领域的影响。

多尔从混沌学原理出发，吸收了皮亚杰的生物学世界观以及自然科学中不确定原理、非线性观点和杜威经验主义思想，勾画出其后现代主义课程理论的框架。多尔认为后现代主义课程应该是建构性的和非线性的，建构主义的课程是透过参与者的行为和相互作用而形成的，不是那种预先设定的课程。作为一种模体，它自然没有起点和终点，但它有界限，有交叉点予以界定，充满相关的意义网络。课程越丰富，交叉点越多，构建的联系性越多，意义也就越加深化。多尔认为，后现代的课程应该是形成性的，而非预先界定的，是不确定的但却有界限的课程，是一种探索并不断扩展的网络所构成的课程，即4R课程［丰富性（rich）、回归性（recursive）、关联性（relational）和严密性（rigorous）］。

多尔新课程观的核心是过程思想和复杂性理论。他认为，我们需要将科学（science）的理性与逻辑、故事（story）的想象力与文化、精神（spirit）的感受与创造性结合起来（3S），我们需要探索并尊重彼此的思想与存在感……

（二）技术：充电蓄能，学习深思

教育不是为了今天，而是为了未知的明天，教育要面向未来，必须学习和掌握教育现代化技术。时至今日，人类社会正快速从信息时代、网络时代大踏步迈进智能时代，以移动互联、物联网、大数据、智能机器人、区块链与人工智能等为代表的智能技术扑面而来，未来学校教育本质上是智能技术深入融合的智慧教育，而我们对于教育技术要有自己的学习与思考。

1. 深入学习，明其优势

郝老师在第八次授课时指出，技术可以包括录音机、VCD、投影仪、PPT、智能黑板、录播系统、在线直播App、教学App、人工智能……2017年，国务院发布的《新一代人工智能发展规划》指出，人工智能时代呈现出深度学习、跨界融合、人机协同、群智开放、自主操纵等新特征。这些新特征的运用与推广对学校教育最为基本的形态——教学产生着深远的影响。

技术的一个重要用途就是为课程和教学创造新机会，把真实世界的问题带入课堂，让学生进行探索和解决。技术能够帮助我们创建一个富有活力的教学环境，在那里学生不仅可以解决问题，还可以发现他们自己的问题。技术的最大优势就是互动性与可视化。《人是如何学习的》从五个方面探究如何使用新技术：①把令人激动的、基于真实世界的问题引入课堂；②提供促进学习的支架和工具；③给学生和教师提供更多反馈、反思和修改的机会；④建立包括教师、管理人员、学生、家长、实践科学家和其他有兴趣的人在内的本地共同体和全球共同体；⑤拓展教师学习的机会。

2. 深入思考，剖析误区

伴随现代教育技术的不断发展与教学改革的深入，多媒体辅助教学已然成为思政课堂不可或缺的元素。它打破了传统的“一支粉笔、一本书、一块黑板”的教学模式，通过声、光、色、影，创设情境，激发兴趣，不仅使课堂教学变得多姿多彩，也扩大了课堂容量，提高了课堂效率，因而倍受思政课教师欢迎，甚至许多优质课的评比也将现代教学手段作为评定一堂课质量的重要标准之一，似乎现代教育技术缺席的课堂就意味着理念的落后，就有悖于教学的现代化，就显不出其教学艺术。然而，现代教育技术教学实践也存在不少问题，思政课教学稍有不慎，便会步入教育技术使用的误区。

思政课教师作为面向未来的“有技术”的人，在使用技术为自己的教育教学服务时，要避免以下误区，以便实现现代教育技术与思政课教学的最优整合。

第一，技术万能式：过度依赖技术，甚至认为技术可以完全替代教师。

过度使用与依赖教育技术，认为技术完全可以取代教师，特别是人工智能出现后，这种呼声更高了。今天，人工智能已在教育实践中承担起一些工作职责。日本东京理科大学研发的机器人教师Saya，可以根据不同的教学情境独自完成一门课程的教学；在我国，北京市某区各学校构建的优质资源库可以为教师提供智能化备课服务，即根据课堂教学进度为教师推送课程资源，以满足教师的个性化备课需求；一些校外培训机构以及部分城市的公立学校都已引进机器人教师，可以说机器人进课堂是大势所趋，但是能否完全替代教师呢？

技术替代教师的课堂往往热热闹闹，学生欢天喜地，但是学生只关注技术的花哨，而忽视了学习的内容；只见机不见人，“目中无人”，人机分离。只关注了技术本身，忽略了知识的本质，没有深入了解学生的前经验，没有深入教学知识的本质，对学生知识的掌握、能力的形成、思维和素养的提高毫无益处，造成典型的“课上开心、课下担心、考试伤心”的局面。

另外，目前对于现代教育技术的应用更多的是注重人与机器的交流，而在不同程度上忽视了人与人的交流，用“人机对话”代替“人际对话”。一方面是教师依赖对课件的使用，固化了自己的教学思路，丧失了教师随机发挥的灵活性，使课堂气氛呆板化。另一方面是学生总是面对没有生命力的电脑屏幕或者是投影屏幕，缺乏与教师真实的情感交流，必然会产生厌倦感，学习效果也会大打折扣。此外，一位优秀的教师之所以能够吸引学生的注意力，很大程度上是因为教师自身的人格魅力和语言魅力，而这两种吸引学生的魅力是任何机器都无法取代的。没有了优秀教师高尚的人格魅力的影响，学生思想成长的前景堪忧。因此，技术的运用要做到“目中有人”，师生的情感交流、教师的价值观引领等是技术所欠缺的。

不少学者都表示担忧：未来机器人会越来越像人类，那么人类是否终将被机器人所操控和替代？研究表明，人工智能能够模仿人类左半脑的理性思维模式，而无法具备人类右半脑的感性思维。AlphaGo击败围棋世界冠军的例子充分说明机器人具有超强的理性思维能力。然而获胜后的机器人却无法体会到胜利的喜悦，因为机器人没有人所独有的情感和意识。

如今，人工智能的发展势不可当，深刻改变着人类社会生活，如带来产业升级、经济转型等变化，教育教学领域也概莫能外，人工智能技术必然会在教育教学活动中扮演不可或缺的角色。水能载舟亦能覆舟，我们应如何善假于物，合理利用人工智能技术去推动教育教学改革，而非被技术理性所操控，始终以人的发展为根本教育目的来有效开展教育教学活动？这是当下我们必须直面和探讨的重要问题。

第二，新瓶装旧酒式：用技术的新瓶子，装理念的旧酒。

一节课的灵魂在于执教教师的教学理念与教学思想，课堂教学的改革关键在于教育思想的革新和教育理念的转变。新的教学形式必须有新的教学理念做支撑。思政课是立德树人的关键课程，要注重对学生实践能力、创新思维能力和辩证思维能力等的训练和多元个性的培养。然而，当前相当部分思政课堂教学使用了多媒体，但教学模式却仍然是传统知识灌输模式。例如，教师讲授知识点，学生洗耳倾听；教师展示知识点，学生抄笔记；教师播放图片、视频，学生看热闹。更有甚者，教师在现代教育技术运用中充当搬运工的角色，所谓的课件只是资料、板书、习题的新载体。这样做，尽管有技术的帮衬，实则是用技术的新瓶子，装理念的旧酒，多了些“填鸭式”教学转变为新的“电灌式”教学的味道。无论课件制作得多么漂亮，无论充斥声、色、光、影的课堂多么热闹，结果仍是灌输，而不是唤醒，学生仍被动接受大容量的信息。更有甚者，高端的教育技术设备虽然装在了课室，但仅仅是把这些工具放置于教室中，教师们仍然继续“重复昨天的故事”，拿着一张旧船票，将技术束之高阁，并没有运用它。

因此，思政课堂的教学手段要更新，教学观念更要更新，不能让现代教育技术沦为陈旧教学模式的工具，而要真正实现以教师为主导和以学生为主体相统一、以知识为中心向以能力为中心、素养为中心的转变，必须让技术与理念齐飞。

第三，喧宾夺主式：华而不实，单纯追求美感，忽略教学内容，未能充分发掘知识的内在魅力。

不可否认，随着技术的改进与教师现代教育技术素养的提升，思政课件也做得越来越精美。然而，现代教育技术永远只能是课堂教学的工具或手段，过于纷繁的激趣内容、过分夸张的媒体展示反而会喧宾夺主，只会混淆学生的视听和注意力，让课堂陷入盲目的热闹喧哗，华而不实，阻碍学生发掘知识的魅力。在某种意义上，这些手段吸引了学生的注意力，调动了学生兴趣，甚至让课堂更有活力。可是，这些无关紧要的音乐和动画却分散了学生对课堂、对知识本身的注意力。

在2019年广东省第二届省青赛高中政治组的比赛中，曾经听了一节这样的课：执教者是省重点中学的教师，精美的课件、新颖的动画令人心旷神怡，沉浸其中不能自拔。可是课后的教学效果调查显示：学生忙着欣赏精致的课件而忽视了教学内容。课堂结构完美，气氛活跃，遗憾的是教学效果不佳，给人一种花架子的感觉，难怪有人称之为公开课上的“时装表演”，很明显是喧宾夺主了。

庆幸的是，这种误区在现代教育技术使用初期比较明显，现在这种情况少了很多。

当今世界科学技术日新月异，新鲜事物层出不穷，互联网、人工智能正在改变人类的生产和生活。生产力的变革必然会影响上层建筑，教育信息化成为教育现代化的显著特征。然而，只从技术考虑未来教育是难以解决如何提高教育质量的问题的。教育是培养社会主义建设者和接班人的重要途径，要从未来时代的发展着眼，从人类未来发展着眼，从教育的本质着眼，从教育立德树人的根本任务着眼。

在智能技术深度融入教育教学的背景下，未来学校教育教学面临着这一时代知识观的全新挑战，并在此基础上颠覆了传统教学价值观。教育是面向未来的事业。今天的教育要培养的是适应未来社会发展的人。教育的视野即使不能“思接千载，视通万里”，但也绝不应只囿于当下。

（三）未来：展望创造，知行合一

未来不是你要到达的地方，而是你要创造的地方！

联合国教科文组织出版的《学会生存》中有这么一段话：教师已经越来越少地传递知识，而越来越多地激励思考，除了他的正式职能以外，他将越来越成为一位顾问、一位交换意见的参与者、一位帮助发现矛盾论点而不是拿出现成真理的人。他必须集中更多精力和时间，从事那些有效果的和有创造性的活动，如互相影响、讨论、激励、了解、鼓舞。

因此，在智能时代，我们要引领学生主动展望未来、创造未来和拥抱未来。

1. 展望未来

（1）教师的转变。人工智能时代，教师不再是权威知识的唯一传播者。教师如不愿走出舒适圈，甘愿沦为传递知识的教书匠，抑或简单回避或过于依赖智能技术，那么很快就会被人工智能所替代。展望人工智能时代的挑战，教师要做好以下两方面：

① 教师要做人工智能的合作者，掌控人工智能技术，坚持“以我为主，为我所用”的原则，为构建人机协同的“双教师”型教学模式做好准备。

② 教师要做信息素养的主动研究者，尽快适应智能时代的变化。

例如，教师要有信息甄别与判断能力，未来社会中，公共网络资源、在线网民，甚至机器人等都能生产和传递知识，教师面对海量知识要能去粗取精、去伪存真。教师要具有独立思考能力、批判性思考能力，能清楚认识人工智能技术给学生带来的双重影响，引导学生发展不可被技术替代的能力，如情感交流、价值观的引领和创造力等。教师还要具备人工智能素养，学习人工智能技术、了解人工智能产品，能有效将人工智能的成果运用于教育教学环节，提升教育教学质量。

（2）学习者的转变。结合《人是如何学习的》三条学习基本原则和多元智能理论之父霍华德·加德纳的《奔向未来的人：五种心智助你自如应对未来社会》一书提出的奔向未来的人应具备“专业学术之智”“综合统筹之智”“开拓创新之智”“尊重包容之心”和“责任道德之心”，即五种心智，“怀揣这些心智，人们将会具备应对预料之中乃至预料之外的事物的能力；缺乏这些心智，人们只能听天由命，茫然于世，更不用说运筹帷幄”，面向未来，学习者应实现下面三个学习观的转变。

第一，为知识的贯通而学。

第二，为知识的运用而学。

第三，为化知识为智慧而学。

未来学校的教学价值观倡导化知识为智慧，强调知识学习是创造性与道德性的融合与统一。这一价值观旨在回应如何在智能时代负责任与具有道德性地使用信息通信技术，发展学习者具备道德性地运用知识的能力。同时，这一能力将内蕴同情心、关心生活的伦理以及可持续发展的情感与价值观，遂而使学习者能够适应布满文化差异与多元化的不确定社会。

2. 创造未来

我们通常说“乔布斯改变了世界”，因为他发明了个人电脑，发明了智能手机；我们说马云改变了商业模式、物流流程，因为他创造了电商，这就是创造思维改变了定式思维。再以集装箱为例，过去运输物资是散装的，运输效率很低。发明集装箱运输后，完全改变了运输方式，提高了运输效率。这就是思维变革引发了生产变革和社会变革的例子。世界科技的进步，无一不是人的创造思维的结果。

斯威尼在《致未来的总裁们》中指出，为了产生创新思想，你必须具备：①必要的知识；②不怕失误、不怕犯错误的态度；③专心致志和深邃的洞察力。

人工智能时代要求学习者必须转变学习方式，从识记与重复训练的被动学习转变为深度学习。这里的深度学习是指能够基于自身学习需求主动获取高质量的知识，经过提取、理解、分析后与自身先前经验整合，生成新的知识，并能通过媒介输出知识影响他人。创造力确实需要知识的累积，但除了知识，还需要什么呢？爱因斯坦说过两句话，“我没有特殊的天赋，我只是极度好奇”“想象力比知识更重要”。创造性思维更需要的是好奇心和想象力。

钱颖一教授认为创新人才的教育需要创新的教育模式，他提出三条建议：第一，教育应该创造更加宽松的、有利于学生个性发展的空间和时间；第二，在教育中要更好地保护学生的好奇心、激发学生的想象力；第三，在教育中要引导学生在价值取向上有更高的追求，避免短期功利主义。因此，教师应鼓励学生，创新要有更高的追求：追求真理，改变世界，让人变得更加幸福。

智能时代，要创造未来，除了创造性思维的培养，还要着力培养学生高阶的理性思维能力，如计算思维、逻辑推理、信息加工等能力，可以相应地开设计算机编程、逻辑思维等课程。要重视培养学生的交互思维，即合作沟通、批判性思考、信息媒介素养、创新意识、领导力、社会情感和责任等方面的能力，可以相应地开设批判性思维、信息媒介研究等课程。更要加强培养学生终身学习的能力，如提升学习力、发展自主建构新知识的能力等，可以相应地利用翻转课堂教学模式等。

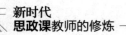

未来不是你要到达的地方，而是你要创造的地方！

来吧，朋友们，让我们主动拥抱未来！

二、精彩观念的诞生——阅读《精彩观念诞生于尊重与情境》有感

（一）中国教育的痛点

1. 钱学森之问

“为什么我们的学校总是培养不出杰出人才？”这就是著名的“钱学森之问”。钱学森之问与李约瑟难题一脉相承，都是对中国科学的关怀。

2005年，温家宝看望钱学森，钱老感慨地说：“这么多年培养的学生，还没有哪一个的学术成就，能够跟民国时期培养的大师相比。”钱老又发问：“为什么我们的学校总是培养不出杰出人才？”

“钱学森之问”是关于中国教育事业发展的一道艰深命题，需要整个教育界乃至社会各界共同破解。

2. “中国芯”之殇

2018年4月17日，由于美国商务部工业与安全局激活拒绝令，中兴通讯宣布临时停牌。

停牌前一天，美国商务部宣布，未来7年将禁止美国公司向中兴通讯销售零部件、商品、软件和技术。

美国禁令一出，直接让中兴陷入休克。

中国高科技龙头企业之一的中兴通讯，因为涉嫌违反美国对伊朗的出口管制政策，遭到了美国的定点打击。这是中美贸易战的一个小回合，但是，中兴居然没有还手之力，公司突然全线陷入了溃败边缘。原因是，中兴依然“缺芯少魂”，核心技术依然依赖美国。美国制裁中兴的狠劲，精准示范如何以芯片“一剑封喉”，进而斩断“中国制造2025”发展之路。

3. 华为之艰

2019年5月21日，任正非在接受记者采访时曾发出如是质问：“我们有几个人在认真读书？博士论文真知灼见有多少呢？”我们姑且称之为“任正非之问”，此问与“徐匡迪之问”和著名的“钱学森之问”是同一个问题，所问者

一也，所忧者国也。

任正非还指出：西方公司在人才争夺上比我们看得长远。发现你是人才，就去他们公司实习，专门有人培养你，这不是我们大学毕业找工作的概念。我们扩大了与美国公司争夺人才的机会窗，但我们的实力还不够。对世界各国的优秀大学生，从大二开始，我们就给他们发Offer。

这些孩子超级聪明，举一个例子，新西伯利亚大学连续六年拿到世界计算机竞赛冠军、亚军，但是所有冠军、亚军都被Google用五六倍的工资挖走了。从今年开始，我们要开出比Google更高的薪酬挖他们来，在俄罗斯的土地上创新，我们要和Google争夺人才。

今天大家看到华为有很多成功，其实成功很重要的一点是外国科学家，因为华为工资高于西方公司，所以很多科学家都在华为工作。我们至少有700名数学家、800多名物理学家、120多名化学家、六七千名基础研究专家、6万多名各种高级工程师、工程师……形成这种组合在前进。因此，我们国家要和西方竞技，唯有踏踏实实用五六十年或者百年时间振兴教育。

我们支持科学家的创新，对科学家不要求追求成功，失败也是成功，因为他们把人才培养出来了。只有这样，我们才有可能源源不断地前进。

中国要真正屹立于世界之林，唯有发展教育，没有其他路。

美国著名科学家范纳维尔·布什的一段话说明任正非先生的真知灼见何等重要："一切新产品和新工艺都不是突如其来、自我发育和自我生长起来的。它们皆源自新的科学原理和科学概念。新科学原理和科学概念则必须来自最纯粹科学领域持续不懈的艰难探索。如果一个国家最基础的前沿科学知识依赖他人，其产业进步必然异常缓慢，其产业和世界贸易竞争力必然极其孱弱。"任正非和范纳维尔的远见卓识昭示了一个基本规律，划时代的科技和产业创新，必定源自划时代的思想创新。唯有创新的思想，才能激发创新的技术、产品和服务。思想创新的重要性高于一切。

正如伟大的法国科幻作家儒勒·凡尔纳所说：凡是人能想到者，必有人能实现之。

可见，课堂上呵护精彩观念的诞生是何其重要！

（二）何谓精彩观念

所谓精彩观念，是指这种观念对儿童自身来说是一种突破和超越。也许在他人看来，这个观念并无特别的新奇之处，但观念所蕴含的创造性品质和一个科学家发明了一个新仪器，一个音乐家创作了一首新乐曲，一个天文学家发现了一颗新的行星别无二致，都是在已经掌握的事物之间建立新的联结。儿童正是由一个个精彩的观念建构起自己的知识。从这个角度来看，作者所提的精彩观念具有以下特征：一是自比性。精彩观念是相对于自己而言的，是对自己的一种突破和超越，哪怕这个观念对于别人来说毫无新奇之处，正如海明威认为，优于别人并不高贵，优于过去的自己才是真正的高贵。二是创造性。儿童在自己原来的基础上提出了不同的观念及新的、创造性的观点，这就是精彩观念。这相对于对自己而言有创造性，教师必须呵护这种创造性，不能扼杀与打击，要期待儿童长大后有更大、更好的创造性。三是生成性。任何年龄阶段、任何发展水平的任何学生，都是带着自己的观念进入教学过程的，在学习过程中，他们又会不断产生新的、独特的、更精彩的观念，这个精彩观念不断诞生的过程其实就是他们智力和认知不断发展的过程。在这个过程中，新的观念不断地诞生出来，教与学永远是鲜活的和生长的，师生双方的心灵都是成长的。因此，课堂教学必须建基于每一个学生的独特观念之上，教学的目的（或价值）就是帮助学生在原有观念的基础上产生新的、更精彩的观念。

（三）精彩观念如何诞生

1. 尊重

教师尊重每一位学生，善于倾听，不管是有声的发言还是无声的发言，不管是正确的观点还是错误的观点，不管是优生还是学困生……每一位学生都在润泽的教室里感受到老师的关心与尊重，学生在安全、和谐的环境下思维更加活跃，精彩观念不断生成。

苏霍姆林斯基认为：相信孩子，尊重孩子，用心灵塑造心灵。他有个十分精彩的比喻：要像对待荷叶上的露珠一样，小心翼翼地保护学生稚嫩的心灵。良好的心理氛围是学生健康成长的保障，是学生进步的一个前提。作为教师，为学生营造一个充满温情的积极向上的心理氛围是非常有利于我们的教育教学的。保护好学生的自尊心，是培养学生良好的心理素质的一个重要方面，是营造温情心理氛围的先决条件。当自尊心理使人去克服各种困难和自身的弱点、合理地维护自己的尊严时，它在人们的行动中起积极作用。教师在教育教学中，有意识地保护学生的积极自尊心，才会使学生乐于接受教育并获得成功。

爱默生指出：教育成功的秘密在于尊重学生。陶行知先生与“四颗糖”的故事堪称“尊重”的典范。从这个故事中我们可以看出，陶先生并没有对学生采取打骂的手段，而是在耐心了解事情的始末之后，用表扬的手段一步步去引导孩子认识到自己的错误，本着爱护、尊重孩子的心去教育孩子，值得我们每一名教师去学习。

2. 问题

在课堂上，教师要对学生进行鼓励，在学生积极主动提问题时，无论提得正确与否，问题质量高低，都要认真作答，并给予热情的鼓励和真诚的表扬，让他们有成就感，让他们觉得质疑问难是学生应有的权利，是光荣的，从而保护学生质疑的积极性。最精湛的教学艺术遵循的最高准则就是让学生提问题。好的课堂一定是带着问题来又带着新问题回去的。预习、复习，整个过程都让学生有“想下去”的欲望，这才是有动力的课。例如，教学生写政治小论文，教师不是只出个题目让学生写，而是注重思维激发，让学生走进无垠的旷野，而不是“面壁思过”。这样的课堂，起点是学生的认知，而不是教师的臆测；终点还是学生的认知，而不是现成的结论。

诺贝尔奖获得者李政道先生认为一个人想做点事业，非得走自己的路。要开创新路子，最关键的是你会不会自己提出问题，能正确地提出问题就迈开了创新的第一步。例如，中国学生回到家里，家长都问：你今天学到了什么新知识？据说犹太学生回到家里，家长却问：你今天问了什么问题？前者的落脚点是学知识，后者的侧重点是提问题。如此不同。

教师既要引导学生不断地提出新问题，还要把握恰当的教学时机，教师设计的教学问题能让学生进入思维的空间，获得“跳一跳，够得着”“一步一个台阶”的思维爬升感。教师设计的问题也一定是充满人文和理性色彩的，能让学生从知识到思想得到熏陶和提升。

3. 时机

教师要懂得把握教学的时机，要在正确的时间提出正确的问题，以推动学生达到思维的巅峰，迈出转变性的前进步伐。也就是说，教师要随时关注学生学习的状态，要随时了解学生对所学问题是否已经真正理解。例如，在学生还没有掌握相关知识时提出过难的问题是不适合的，要贴近学生的“最近发展区”，不断创造新的“最近发展区”，这就需要教师教学的实践经验，更需要现场教学的智慧。作者认为：教学时机往往带有不可预测性，因为每个学生情况不同，教师不可能关照到每一个学生，那么教师的任务就在于营造一个良好的思维环境，在这种环境里，学生能适时向自己提出正确的问题，一旦提出了正确的问题，他们就会迫使自己前进，竭尽全力寻找答案，即学生能实现自我导向的学习。

4. 情境

杜威指出：学校课堂要有能够使学生产生问题运用思想的情境，那就必须设置主动的作业和足以运用的资料。教师还要能提供产生精彩观念的实际情境。达克沃斯认为，实际情境是最充分、最好的学习情境，因为实际问题能激起学生的理智兴奋，在试图解决实际问题的过程中，全面调动学生的各条求知路径——行动、言语、公式，也就是我们常说的动手、动脑、动嘴，借此在学生的头脑里不断高速地进行理解的重组和跖跃。

研究教学论的专家认为，情境之于知识犹如汤之于盐。盐溶入汤中，才容易下咽、吸收，知识只有融入情境中，方显活力和美感。因为抽象静态的文本知识借助特定的情境被“激活了”。李吉林老师的《情境教学法》——创设情境的途径，把创设情境的途径初步归纳为以下六种：①生活展现情境。②实物演示情境。③图画再现情境。④音乐渲染情境。⑤表演体会情境。⑥语言描述情境。

以上所述创设情境的六种途径都运用了直观手段。情境教学十分讲究直观手段与语言描绘的结合。在情境出现时，教师伴以语言描绘，这对学生的认知活动起着一定的导向作用。语言描绘提高了感知的效应，情境会更加鲜明，并且带着感情色彩作用于学生的感官。学生因感官兴奋，主观感受得到强化，从而激起情感，促进自己进入特定的情境之中。

（四）对理想课堂的启示

1. 重视链接

《人是如何学习的》第六章指出，传统的课程常常不能帮助学生“围绕一门学科来学习”。课程给出了已经熟悉的范畴和顺序的图表，这些图表要求学生将在每个年级掌握的程序性目标具体化；当然，单一的目标也许很有道理，但是这不能体现出作为更大网络的部分。但是重要的、起作用的是这些目标间的连接及其网络，这种知识具有专业知识的特征（参见《人是如何学习的》第二章）。对于孤立部分的强调，能够系列地训练学生的常规知识，但并没有教育学生理解知识的全貌，而掌握知识的全貌才能保证整合知识结构和了解知识应用的情境。郝老师曾指出：这一段话非常重要。

达克沃斯认为，儿童的精彩观念不一定指局外人看上去多么精彩，而是指儿童在已掌握的事物之间建立新的联结，这就是属于儿童的精彩观念，即“我的建构”。创新的联结，意味着对某物知之甚多，以此为基础去思考要做的其他事情、其他问题。用皮亚杰的理论来理解，图式越丰富，儿童试图将之整合到心灵中的素材就越多。只有当儿童对某一个领域足够熟悉，且能用形式运算将其复杂性表现出来，才是精彩观念诞生的前提。用专家“知识的组织”来理解，“知道得越多”意味着在记忆中拥有的概念模块就越多，界定模块的关系或特征也越多，模块间的联系以及有效提取相关模块的方法和在问题中应用这些信息单位的步骤也越多。

精彩观念不是无来由的，它是建立在其他观念的基础上的，儿童在一个领域已经掌握的观念越多，就会有越多的新观念产生，新观念的产生丰富了儿童的心灵，使他们又产生更多的新问题，诞生更多的精彩观念，如此往复，思考越来越向广度与深度发展，观念一个比一个出彩。

这给我们高中思政教师的直接启发是：在教导学生三年的高中思政课的学习中，不能仅仅围绕一本书、一门课程来学习，虽然这也很重要，但更重要的是实现课程之间的链接。例如，把必修4《生活与哲学》和必修3《文化生活》课程链接，乃至把哲学、文化和历史等课程链接，只有这种链接，才有助于掌握教育的全貌，才能在大脑中建构起知识结构。把文、史、哲打通了，学生的学习、迁移等才能游刃有余、如鱼得水，精彩观念才能源源不断。

2. 错误是一种宝贵的资源

教师要小心呵护学生的好奇心与求知欲，珍惜每一个学生的精彩，就算是错误的精彩观念也不要轻易放过，千万不能打击、抑制或者扼杀，阻止学生去探索他们自己的观念，并使他们觉得自己没有重要观念，仅有愚蠢的或罪恶的想法……所以，教师首先要接受儿童的观念，不管对错与否。正如作者说：“我们的课堂往往不缺如出一辙的正确答案，却少了属于每个学生自己的精彩观念。”教师可以研究学生犯错的思维过程，把它作为抵达科学观念的必经路径或者避免所走的弯路，把错误当成一种宝贵的资源。

教师也可以尝试让学生自己纠正错误，即修正自己错误的图式。由于原有观念错误的顽固性，我们一定要对症下药，让学生体会到他们的想法不合理。这里很重要的一点就是要注意这个心理过程的内化，也就是让他们自己完成纠正错误的过程。作为教师要用事实，尤其让他们亲手做实验，启发他们的独立思考并鼓励他们去挑战自己的观点。对于一些具有普遍性的错误，还可以组织全班讨论，用辩论的形式让学生自己教育自己。建构主义理念不仅鼓励学生在学习新知识时做主人，在纠正错误时同样需要重视学生的内化。

误解和错误是学生掌握科学概念的障碍。但从辩证的角度上讲，在某些情况下，虽然学生的答案是错的，但他们的回答中孕育着智慧之光。教师在指出他们答案的不合理的同时，对他们一些合理的推理要加以鼓励。所以有些人说：“有时候一个错误的回答比没有回答更好。”例如，一个三年级的孩子对老师说：我们的身边是没有空气的，因为我们看不到！又如，说有一个四年级的孩子对老师说他杯子里的水好“温”啊，显然他讲的“温”是从“冷”和“热”中反推过来的，意思是杯子里的水不冷不热。但对这孩子来说，这的确是一个闪着智慧之光的“误解”啊。

如果教师只认可一种观点，不允许学生有不同的思维方式的话，学生就会认为自己的想法是不值得一提的，下一次学生就会倾向于去附和教师的、教材上的、班上最优秀学生的答案，鄙视和抑制自己的“无稽之谈”。正如陶行知先生所指出的：你的教鞭下有瓦特，你的冷眼里有牛顿，你的讥笑中有爱迪生。你别忙着把他们赶跑。你可不要等到坐火轮、点电灯、学微积分，才认识他们是你当年的小学生。爱迪生在发明电灯之前做了两千多次实验，有个年轻的记者曾经问他为什么遭遇这么多次失败，爱迪生回答：“我一次都没有失败，我发明了电灯。这只是一段经历了两千步的历程。”爱迪生之所以说“我一次都没有失败”，正是把“错误当成一种宝贵的资源”呀！没有前面的试错，如何走向成功？

3. 将深度学习进行到底

反思我们的课堂，往往更注重学习的效率与速度，轻视学习的广度与深度。例如，教材的“简单性”和教学的“直接性”；我们的教学往往追求的是“准”“多”“快”，学生的思维跳过了从“不知”到“知”中间的许多步骤，没有充分地经历思维的历险、跌宕……如达克沃斯所说，“哎呀！”“怎么办呢？”“这真是太有趣了！”“怎么回事呢？”“哦，我知道了！”惊讶，困惑，斗争，期望，茅塞顿开……这些构成了完整的思维过程，对学生的思维发展是十分有价值的，即使有时它们不能带来正确的答案。因此，我们应该在课堂上将深度学习进行到底。

何谓深度学习？华东师范大学出版社的“21世纪人类学习的革命”译丛之一《深度学习：超越21世纪技能》中把深度学习定义为“通过运用一系列高阶技能来掌握严谨学术内容的能力，这些高阶技能包括批判性思维、问题解决、沟通、协作、学会学习和养成学术思维等”。并指出深度学习主要有以下特征：①掌握核心学术内容。深度学习在内容学习上的重点是学生对每门课程的核心概念的理解，他们如何将这些概念联系起来，如何运用所获得的技能从事同一内容领域或其他内容领域的更高级学习，以及如何将知识应用到校外问题的解决。②批判性思维、创造性思维和问题解决。③自我导向的学习。个体“无论有没有他人的帮助，都主动地判断自己的学习需求、制定学习目标、识别他们的人和物质的学习资源、选择和实施适当的学习策略以及评估学习成果”。教师通过以下途径促进更深入的自我导向学习：有意识地提升学生自我导向的学术目标设定，学习问题的定义，学习、工作和项目计划的制定，学习策略的选择，包括独立实习和基于项目的学习、自我监控和学业成绩的自我评价等。

深度学习是一种思维，是一个学习的过程，是心灵的成长，是精神的洗礼，是好奇心的满足。北京师范大学的郭华教授指出，深度学习之“深”，首先表现在：它超越生理学、心理学，而达至社会历史实践的深度，它触及学生的心灵深处，与人的理性、情感、价值观密切相连，它要培养的是社会历史进程当中的人。所以，深度学习，首先“深”在人的心灵里，“深”在人的精神境界中。深度学习还“深”在系统结构中，“深”在教学规律中。人本主义心理学家、来访者中心心理疗法创始人罗杰斯说："学习不是将无助的个体牢牢绑在凳子上，再往他们脑子里塞满那些没有实际用处的、得不到结果的、愚蠢的、很快就会被忘记的东西。真正的学习，就是学习者在源源不断的好奇心的驱使下，不知疲倦地吸收自己听到、看到、读到的一切有意义的东西。真正在'学'的学生是从真实生活中有所发现，然后把这发现变成自己财富的人。"

4. 重视思维的可视化

思维的可视化是指以图示或图示组合的方式把原本不可见的思维路径、结构、方法及策略呈现出来，使其清晰可见的过程，通俗地讲就是把大脑中的思维"画"出来的过程。实现思维可视化的图示技术主要包括两类：一类是思维导图、模型图、流程图、概念图、鱼骨图、问题树等图示方法，另一类是生成图示的软件，主要有Mindmanager、Mindmapper、Xmind、Inmindmap、FreeMind、Dropmind等。因此，思维导图只是实现思维可视化的方法之一，不能等同于思维可视化。

爱因斯坦认为"思维比知识更重要"，对于学生来说，"知识的加工"和"问题的解决"的思维过程几乎都是不可视的，而且大多数教师和学生都把目光聚焦到了答案上，几乎忽视了问题的解决过程。其实学生思维的培养并不等于答案的积累，而是来自"得出答案的思维方法和过程"。答案的累积只能让学生在再次面对相似的情境时，选择经验性的结果处理方式，而不能进行理性的判断处理。所以当题目或题型不再熟悉，学生便无法应对，因为"感性经验"和所面对的情境已经风马牛不相及了。所以要提高学生学习的效能，我们就必须从"关注答案"向"关注答案的生成过程"进行转变，从依靠感性经验解决问题向依靠理性思考解决问题的方式进行转变。而要达到这种转变就必须把不可视的思维过程和方法清晰地呈现出来，以便更好地理解、记忆和运用。

当教师在课堂上真切感受到每一个学生的心灵都不断诞生精彩观念，宛如姹紫嫣红的鲜花在春天绽放一般，他或她就开始际遇教学的本质、体验教学的神圣。

教师对话力——与文本对话

一、学做李镇西式的教师——读李镇西老师的《自己培养自己》有感

（一）用一生的时间去寻找那个让自己惊讶的“我”

学无止境，教亦无止境。李镇西老师认为自己在用一生的时间去寻找那个让自己惊讶的“我”。他在《自己培养自己》的序言中介绍了在自己专业发展的不同阶段，他通过不断地询问自己“我还能再往前走一步吗？”不断突破制约自己职业发展的瓶颈，勇于超越自我，不断寻求职业幸福，不懈地追求“卓越的自我”，从不自满，最终才有了我们今天所认识和了解的李镇西老师。他认为自己：“这一辈子没有白活，值啦！”“干干净净地做人，简简单单地教书，多好！”“内心的宁静可以抵御外在的任何风暴。”他成长的秘诀是不停地实践、不停地思考、不停地阅读、不停地写作这“四个不停”，还有“一片爱心”，即爱教育、爱孩子。他认为自己的著作中每个字都是从自己心里流淌出来的，通过不断地做有思考的实践和有实践的思考，他觉得只有精彩地做，才能精彩地写！一个教师，不停地实践、不停地思考、不停地阅读、不停地写作，是可以成为一个享受职业幸福的人的。没错，躬行、常思、勤读、多写是成就一位卓越而幸福的教师的不二法门。

（二）让人们因为我的存在而感到幸福

李镇西老师谈到给学生讲授《一碗清汤荞麦面》的情景，并且安排学生们回去讲给爸爸妈妈听，还要学生们以后讲给他们的儿子、孙子听。我也很好奇，这到底是一篇怎样的文章？于是，自己在百度上学习了一遍。

这是一位日本人写的一篇感人肺腑的文章，充满人性、亲情与奋斗的气息，让人读了充满正能量。李镇西老师引导学生既要学习别的民族的优秀品质，也要保持我们中华民族的优秀传统。是的，一个善于学习的民族才永远不会停止前进的脚步。一个民族之所以能够走向强大，就在于这个民族能够向别

的民族学习。李镇西老师从教育管理部门的主任申请到下面学校去当一名校长，怀着更加朴素的教育心，以更加真诚、纯粹、浪漫的教育情怀走进教学一线，来到学生中间。他以“让人们因为我的存在而感到幸福”作为校训，向学生灌输“为别人服务”的教育理念；他以更加自觉的民主情怀和人文眼光带班上课。作为校长，他让更多的教师成长起来并享受着自己的职业幸福。他不停地揣摩、琢磨、体验、品味自己教育实践的得失，对教育有了新的思考，对生命有了更多的尊重和宽容。“教育学就是迷恋他人成长的学问！”正如加拿大著名学者马克斯·范梅南所说的一样，李镇西老师正迷恋着他人的成长而深陷不拔。

（三）做一名会讲故事的教师

李镇西老师认为一个老师必须会讲故事，他认为老师们讲故事时要注意以下技巧：要把自己放进故事里，要自然切入，要善于展开，要有曲折波澜，要让学生走进故事里。的确，一位教师的故事力非常重要，我觉得一个思政课教师更要会讲故事。首先，思政课教师要讲好中国故事。让世界了解中国网、中国路、中国桥、中国高铁以及中国的移动支付等，让世界了解中国国情，了解我们伟大的中国共产党，让世界知道中国特色社会主义、中国法治、中国自信、中国情怀、中国梦想、中国风格、中国气派、中国方案与中国模式，让中国走进世界孩子们的心中，让中国走向世界，让世界了解中国。东方雄狮将重新屹立在世界的东方，中国的地位是任何力量都无法撼动的。其次，思政课教师要讲好时代故事。新时代有新思想、新气象、新作为，要高举习近平新时代中国特色社会主义思想的旗帜，要抓住我国现阶段的主要矛盾——人民日益增长的美好生活需要和不平衡不充分的发展之间的矛盾，坚持创新、协调、绿色、开放、共享五大发展理念，建设社会主义现代经济体系，要让时代楷模、时代英雄的故事深入人心，反映时代的任务与要求，把握时代脉搏，弘扬时代精神，发出时代强音。

（四）做一位有学问、有思想、有情趣、有才气、有胸襟的老师

李镇西认为课堂的魅力就是教师的魅力，而教师的魅力主要就是学识的魅力。教师上课能做到旁征博引、信手拈来、俯视古今、联通中外……这样的课不但能吸引学生，而且能震撼学生的心灵，打开学生的视野，激发他们的思考与创造。如果教师肚子里空荡荡的，只会根据教参来备课上课，课堂上必然捉襟见肘。有思想就是要求教师有自己的思想情感，而不是只会复述教参，人云亦云。学生思考的火焰只能用教师思考的火种去点燃。有情趣就是课既有意义又有意思。从学生立场引导其求真、向善、至美，能使学生觉得有情趣、浪漫、好玩儿，其乐融融，心花怒放，欢呼雀跃，心灵激荡，泪流满面……让学生在课堂上兴趣满满，心情愉悦，如沐春风，觉得时间过得飞快，下课后盼着第二天再听这位老师的课。有才气就是教师要有感染力，在课堂上能做到或丝丝入扣，或诙谐幽默，或慷慨激昂，或娓娓道来，或令人开怀，或催人泪下……有胸襟就是教师要有一种尊重、平等、宽容的气度，只有尊重能够培养尊重，只有平等能够造就平等，只有自由能够放飞自由。总之，教师要做到教有底气、学有灵气、课有朝气、考有生气，正如习近平总书记所提到的“大先生”：教师不能只做传授书本知识的教书匠，而要成为塑造学生品格、品行、品味的“大先生”。

我追求成为这样的思政课教师。

二、教师专业成长的奥秘——读汤勇老师的《致教育》有感

（一）阅读写作是教师走向卓越与幸福的密码

曾国藩认为：“人之气质，由于天生，本难改变，唯读书则可变化气质。”汤勇老师认为读书成就美好，读书是最好的备课，读书使教师成为真正的教师。于永正老师认为：“读书是教师最大的修炼。”读书可以使教师实力无限、底气十足，教师因读书而走向卓越。不读书，无以教；不读书，无以言。教师应把读书作为生活的一种方式、生命的一种状态、生存的一种需要。它跟日常的吃饭、穿衣、睡觉一样，都是人们离不开的。阅读是真正让师生能够拥有幸福生活的重要路径。正如苏霍姆林斯基所说：“如果你想让教师的劳动给教师带来乐趣，使天天上课不至于变成一种单调乏味的义务，那么，你就应当引导每一位教师走上从事研究这条幸福的道路上来。”如果每一位教师都能走上这条幸福的道路，那该多好呀！

追求卓越与幸福，为什么不？！

汤勇老师认为读书是一种吸纳、一种信仰、一种眼光、一种人道主义行为；读书永远都是自己的事，永远都是快乐的事，永远都不会晚，永远都有时间；读书贵在坚持；没有写作就没有真正的读书；以读促写……他希望通过阅

读改变教育、改变人生，成就不一样的师生、不一样的班级、不一样的学校、不一样的教育。他在校园里的墙壁、楼道、围墙上建书架、书橱、书壁、书柜，把图书从图书室里“请出来”，让其弥漫在校园的各个角落里，让师生随手可拿、随地可取、随时可读，让书的芬芳无处不在地随时浸润、熏陶、影响与改变校园里的每个人。他为了推动读书还举办了一系列活动：全国教师阅读高峰论坛、寒暑假读书班、奖书赠书、经典诵读、亲子共读、生生共读、师生同读、读书演讲比赛、读书沙龙、读书征文、评选表彰“读书人物”、“书香校园”等，这些有意义的活动都挺值得我们借鉴的。

汤勇老师还直接告诉了我们应该读什么书，他认为教师可以选择教育报刊，如《人民教育》《教师月刊》《教师博览》《中国教育报》《中国教师报》以及各学科的专业杂志，如思政课教师可以订阅《思想政治课教学》《中学政治教学参考》《教学月刊》等专业杂志。教师还可以选择一些经典的人文书籍，如政治的、历史的、经济的、哲学的、文学的等。同时教师可以选择学生喜欢读的书，如杨红樱、秦文君、曹文轩、郑渊洁的作品，读《长袜子皮皮》《安徒生童话》《小王子》《彼得·潘》《哈利·波特》系列等，还要读教育经典著作，读一些人物传记等。

愿大家都能以书为友，在阅读中生活，在阅读中工作，在工作中研究，在研究中工作，愿我们每个人都拥有书香人生。

（二）好的师生关系是教学相长的前提

尊重、宽容、爱、平等、公正、良师益友等是汤勇老师笔下理想的师生关系，好的关系胜过好的教育。教育最本质的东西是爱。斯宾塞有句话很有道理，他说，不要希望儿童有大量的美德，教育者的全部奥秘就在于如何爱护学生。有爱无类，欣赏眼里出西施，信任比黄金重要，让每个学生都感到老师喜欢他，公正是最大的动力，把学生的一切都放在心上，等等，都是汤勇老师介绍的搞好师生关系的重要方法。正如李希贵校长认为：“没有好的关系，就没有真正的教育，如果你讨厌你的学生，那么你的教育还没有开始，实际上就已经结束了。”

老师爱护学生，学生尊敬老师，师生关系是一种教学相长、亦师亦友的关系，课堂气氛和谐，其乐融融。师生共同努力打造有用、有趣、有效的课堂可以使学生有所得、有所获，生命得到成长与发展，教师也可以发展自己、成就自己。

（三）学习共同体可以使教师走得更远

俗话说“独行疾，众行远”，意思是说一个人可以走得很快，但是一群人可以走得很远。“独学而无友，则孤陋而寡闻。”教师之间可以组成学习共同体，订立共同体的发展目标与各自的发展目标，互相扶持，互相鼓励，抱团成长，以促进各自的教育教学水平的提高。我认为教师组成学习共同体的形式可以是科组、级组、备课组、师徒结对、项目研究共同体、课题研究共同体、赛事研究共同体等，学习共同体学习与研究的具体内容可以有共同研课、共同阅读、共同研究教育名家等。

汤勇老师认为，共同阅读、共同写作、共同研究是构成教师学习共同体的三原色，赋予了共同体以色彩与生命。共同阅读是一种吸纳，共同写作是一种梳理与表达，共同研究是一种创造性实践，三者构成了一种共同而又幸福的教育生活。例如，教师学习共同体通过共同阅读可以在反复研读中唤醒书籍，在平等对话中唤醒自我，在榜样的引领下唤醒潜能，在多样活动中厚积薄发。

在共同体中，所有成员是教师也是学生，通过交谈和对话以轻松的方式交换观念和信息；成员彼此为目标而努力，不互相竞争，一起分享过程与挫折，以提供安全及开放的学习情境。

最美的教育在路上，我们走在大路上。

三、书写教师的生命传奇——读李镇西老师的《教有所思》有感

我阅读的李镇西老师的《教有所思》是华东师范大学出版社2014年出版的第二版。《教有所思》一书，是李镇西老师在教育教学生活中的一些教育感悟和社会思考。本书共分为六辑，分别为“边教边想”“直言不讳”“思念无限”“说语论文”“我当校长”和“凝望窗外”。李老师是深爱教育的，他把教育当作自己的生存方式，甚至是自己生命的体现。我想追随李镇西老师，书写教师的生命传奇，学习他以下几点做法，学做一名理想的教师。

（1）理想的教师对教育充满信仰，每时每刻、随时随地都心系教育，把教育生活化，生活教育化。

要让有信仰的人讲信仰，李镇西老师就是对教育充满信仰的人，他时时刻刻都心系教育。例如，《边教边想》这一辑，在陶行知先生的墓前表达“愧对

先生”的悲伤之情，李老师伤心的是当年陶行知先生所痛斥的旧教育弊端在今天看来还是有过之而无不及；在与学生一起读曹文轩的《青铜葵花》时，由文学评判标准的“深刻”而想到教育的评判标准又何尝不“深刻”？他指出我们不能把它作为教育的唯一评判标准，像情趣、浪漫、感动、诗意、真、善、美等美妙的情怀都可以有；李老师大声呼吁我们学习苏霍姆林斯基的“要培养真正的人”的思想、重视劳动教育的思想，要走进学生的心灵；李老师抨击教育理论研究“故作高深”“故弄玄虚”和“闭门造车”的文风，提倡要坚持理论性与实践性的统一，注重对自己的教育实践的省察与反思；通过一件小事“老师，用我的笔吧！”反省自己与学生的日常交往，自我剖析，引出建立平等的师生关系对教育尤为重要；对“有偿家教”的辩证思考、对家庭教育的重视、对教育的百问简答……无不体现出李老师对教育的忠诚与信仰。正如罗曼·罗兰所说，真正的英雄主义只有一种——看透了世界，并依然热爱它。

李老师是深爱教育的，他把教育当作自己的生存方式，甚至是自己生命的体现，尽量使自己的整个身心都与学生融为一体，把教育与生命融为一体。这从李老师的“五个一”工程便可见一斑：上好一堂课，至少找一位学生谈心或书面交流，思考一个教育或社会问题，每天读书不少于一万字，写一篇教育日记。这也是值得我们效仿的地方。多年来，他一边教书，一边读书，一边思考，一边写作，教育与文学共进，思想与激情齐飞，青春与童心为伴，生命与使命同行。这才是真正的教育大家。

（2）理想的教师不忘初心，永葆童心和爱心。

李老师有一颗纯真的童心，总是从儿童的视角去考量问题，所以能很自然地与学生心心相印。为了保持童心，他尽量使自己的整个身心都与学生融为一体。他这样认为：“爱，是教育的前提，但绝不是教育的全部。由爱而升华为责任——对孩子的一生负责，这才是教育的真谛！”

有几点做法是我们可以学习的：一是每带一个新班，他都会把全班学生的生日工整地抄贴在他书房的最醒目处，每个学生生日那天都会送上一本小书、笔记本或其他小礼物。二是每次放假，他都会安排一次与学生一起的旅游。三是每接一个新生班，便确立一个教育科研课题，同时和学生一起用童心和青春书写教育的诗篇。四是每带一个班，便把每一个学生的心灵当作自己思考、研究、倾听、感受、欣赏的对象，如与学生通信，这是一个很好的了解学生的方式。

从李老师身上我们可以看到：童心是儿童天真纯朴之心。人不可能永远处于儿童时代，但却可以永远拥有一颗童心。童心，是一种真诚，保持童心，就是保持对人的善良之心。李贽说："童心者，真正也……若失却童心，便失却真心；失却真心，便失却真人，人而非真，全不复有初矣。"庄子说："不精不诚，不能动人。"保持一颗童心，以诚待人，才能以心换心，收获真正的友谊。保持一颗童心，坦率真实，才能不必算计、伪装，活得坦坦荡荡。该书的第三辑"思念无限"中，李老师对恩师、对挚友、对学生等感人而真挚的友谊和真诚待人之心，着实令人感动。

保持童心，就是保持对生活的热情。周国平说：凡童心不灭的人，必定对人生有着相当的彻悟，有一份通透与豁达。用简单的眼光看世界就会变得快乐和满足。拥有童心的人，世界是彩色的，生活是美好的，幸福是触手可及的。童心总是与阳光、积极乐观相依相随。人生匆匆，保持一颗童心你会发现：历经世事沧桑后，内心依旧丰富安宁，性格始终澄澈豁达。塞缪尔·厄尔曼曾这样写道："青春不是桃面、丹唇、柔膝，而是深沉的意志、恢宏的想象、炙热的恋情，青春是生命的深泉在涌流。"当我们对生命怀有珍重之情，对梦想保持向往，对生活继续热爱，属于生命本真的力量就会源源不断地涌流出来。童心未泯，看世界烂漫。阅读该书的第五辑"我当校长"，我读出了朝气蓬勃的生活气息，通过李老师的民主管理、书卷气、与学生打成一片、对幸福的追求、教师第一的思想以及不断地寻求一生中令自己惊讶的"我"等，你会发现，李老师当校长是接地气的，是有烟火气的，是有满满的生活气息贯穿始终的。而阅读第六辑"凝望窗外"你又会发现，敢于与不良现象做斗争，敢于讲真话、实事求是的李老师，用事实告诉我们：保持童心，就是保持对邪恶的正直之心。

俗话常讲："童年万岁。"拥有一颗童心的人，即使经历过风雨，眼神依然星光璀璨，闪烁着童年的好奇和清澈。唯有童心依旧，才会容颜不老；唯有童心依旧，才能一直热爱生命，快乐不息！

对教育充满信仰，对教育不忘初心，对教育永葆童心和爱心，用心书写教师生命的传奇，生命与使命同行，这就是李老师的《教有所思》，也是我对教育的向往！

教师对话力——与他人对话

一、完美教师是唤醒者、启迪者、守望者——听殷德静老师讲座有感

如果教师只爱事业，那他会成为一个好教师。如果教师只像父母那样爱学生，那他会比那种通晓课本，但既不爱事业，又不爱学生的教师好。如果教师既爱事业，又爱学生，那他是一个完美的教师。

——列夫·托尔斯泰

今天早上收看了殷德静老师讲座的直播回放，着实感人，数度泪目，感动着她对教育事业的热爱，那种无私的奉献；感动着她对学生的偏爱，那种忘我的付出……没错，她就是我们新网师的“拼命三郎”，就是我心目中完美教师的样子！既爱事业，又爱学生。请看她的简介：

殷德静，河南省骨干教师，河南省秦守洁名班主任工作室核心成员，中国新教育网络师范学院专家库成员，2017年被评为“卧龙最美教师”，2020年被评为“最美卧龙人”。19年的班主任工作中，她把教室当田野，以班级为舞台，任智慧和能量激荡，指引学生成长。她长期坚持家访，每天坚持和五个学生谈心，塑造精神，唤醒灵魂，耕耘不问收获。她每天坚持写教育日记，已累计400万字，坚持专业阅读，带领同伴共进，共享理念，点燃理想，播撒一路花香。她扎根教育现场，不忘初心，牢记使命，倾其所能，让学生的生命出彩，她把教育教学工作当作自己的信仰，是虔诚的学习者、教室的润泽者，她用喜悦、从容与坚守，尽才、尽力、尽情，照亮了学生生命的前程。她用爱做教育，用心做教师，用情做班主任，她无怨无悔地为卧龙首善之区奉献自己全部的才华精力，她将继续勇于担当、执着前行！

从殷老师的简介我们可以体会到她对教育的信仰、信念与信心，她对教育的坚持、坚信与坚守；我们可以理解她对教育有底气、接地气、显大气从何而来；我们可以感觉到作为一个新时代卓越而幸福的教师的使命担当！一个扎

根课堂、扎根教室、扎根学生当中不折不扣的教育农人！她是学生生命的唤醒者，她是学生心灵的启迪者，她是学生成长的守望者。她通过这三点演绎了一个完美教师的形象。

（一）她是唤醒者

教学的艺术不在于传授本领，而在于激励、唤醒、鼓舞。

——［德］第斯多惠

教育是唤醒，让学生的生命觉醒。德国著名教育学家斯普朗格曾说过："教育的最终目的不是传授已有的东西，而是要把人的创造力量诱导出来，将生命感、价值感唤醒。"

殷老师主要通过坚持每天和学生一对一谈话将学生的生命感、价值感唤醒。长期以来，殷老师坚持每天喊五个学生一对一地谈话，了解他们的家庭情况、学习困惑，帮助他们树立自己的人生目标和远大梦想。2019年上半年，殷老师和天使（808）班86名学生谈话4轮，共谈344次；2019年下半年，殷老师和君子兰（708）班76名学生谈话3轮，共谈228次。

以上这些不是冷冰冰的数字，而是殷老师在用生命唤醒生命，用灵魂唤醒灵魂。通过面对面、一对一的谈话，殷老师了解了学生们最近的生活和学习状态、近期学习目标、学习和生活中的困难、想对老师说的话等。殷老师关心学生就像关心自己的孩子一样，既关心他们的生活，又关心他们的健康，还关心他们是否懂得怎样做人。对于殷老师班的学生，殷老师在时间上陪伴，在学习上帮助，在人格上引领，殷老师教过的所有学生都会亲切地喊她"班妈"！

台湾作家林清玄在一篇文章里说，好的教育是唤醒孩子内心的种子。他回忆，自己小时候读书差，考试老是不及格。有一次，好不容易考过了60分，高兴地拿回家给爸爸看。爸爸正吃饭，放下碗哈哈大笑。哥哥姐姐很奇怪，考这么烂还笑。爸爸说："这么多年来我一直在找一个接班人，现在终于找到了。"他一听，吓坏了！爸爸是农夫，向上三代都是农夫，他不要做农夫！那一刻，他彻底从懵懵懂懂中惊醒，所以后来就用功读书，最后成了作家。其实，每个孩子都是一粒沉睡的种子，只要教育得当，耐心等待，有朝一日，终究会看到他绽放。他说，好孩子是已唤醒了内心种子的孩子，他们认识了自我，积极上进，努力自律。坏孩子还没唤醒内心的种子，没唤醒自我，浑浑噩噩地活着，自由散漫，甚至消极堕落。

反思自己对待学生，特别是对待学困生，大多数情况下只会一味地指责、批评、抱怨，甚少站在学生的角度，充分理解，细心发现，耐心引导，也从没想过要走进学生的心灵，从未尝试唤醒学生对自己生命、对自己价值的觉醒。这是我要深刻检讨的地方。

我想：多与学生面对面、一对一谈话，找到、唤醒他的兴趣点，从而触动他探索世界、奋发向上的开关，给他正面积极、具体形象的心理暗示，然后让他焕发生命自觉，自觉付出行动，鼓励他在成长的道路上走得更远，如此，教育的效果就真的如愿以偿了。

德国教育家雅斯贝尔斯说过，教育的本质就是一棵树摇动另一棵树，一朵云推动另一朵云，一个灵魂唤醒另一个灵魂。马克思也说过："教育绝非单纯的文化传递，教育之为教育，正是在于它是一种人格心灵的唤醒。"

希望我也能润泽学生的心田，滋养他们的生命，唤醒他们的生命自觉！

榜样就在身边！

我已经树立目标了，你们呢？

（二）她是启迪者

一切学科本质上应该从心智启迪时开始。

——［德］第斯多惠

教育是对话，是让学生的心灵获得启迪，智慧得到启发，素养得以养成。殷老师主要通过集体对话、书信对话来启迪学生的心智。

在集体对话中，殷老师以伟大事物为主体（说明殷老师对《教学勇气》掌握得好），共运用50多个卓越口才的主题，这些主题都是从学生、从班级中来的，符合学生的生理、心理特征，具有普遍性，对学生有普遍的指导意义。例如，"入室即坐，落座即静/学""真爱并非运气，被爱需要实力""我们的样子""我们的班名""我们的班歌""我们的班级口号""我们的班徽""重温感动中国人物，享受灵魂洗礼""少年强则国强""身边的榜样""苗苗，我们在等你！""责任""真实，真诚评价你！""教师礼仪和学生礼仪"等。这些都是学生可能会遇到的困难，让学生们与自我对话，与小组成员对话，与主题对话，与全班同学对话，与老师对话，大家安心地、轻松自如地构筑着人与人之间的关系，构筑着一种基本的信赖关系，让学生们在一种安全、信任、尊重、融洽和润泽的氛围里心智得到启迪，心灵得以成长。殷老师真正做到了伯姆在《论对话》里指出的：谈话者之间互相尊重彼此的人格、观点和观念，能够形成充分的友谊感和信任。每个人都认真地倾听他人的意见和想法，每个人也都能彻底地表达出内心深处最真实的想法和看法，然后让不同的观点和意见之间彼此碰撞、激荡、交融，从而让真理脱颖而出。

在书信对话中，殷老师选取的是个性化的主题，针对每个学生的实际情况，有选择地进行书信往来。这一点跟集体对话不同，集体对话解决的是班级中普遍存在的问题，而书信对话侧重于特殊性，关注启迪学生的个体智慧，形成个人修养。例如，2019年上半年殷老师通过书信和乔煜同学谈了“艰难困苦玉汝于成”，和付俊豪谈了手机的使用问题，和陈柯羽谈了拖延的问题，和华菁菁谈了九年级的心理准备问题，和胡丙尧谈了家庭教育的问题……师生之间的书信往来已经形成了默契，他们在无声的对话中把心灵靠近。用智慧启迪智慧，用素养形成素养，这正是殷老师作为启迪者的精彩之处。

古有鸿雁传书，今有书信往来，随着微信、微博等自媒体的出现，手写的亲笔信已经不多了，殷老师运用传统的手写书信的形式，费时费力，耗精耗神，但她却一点也不厌烦，乐在其中，令人钦佩。没有对教育事业的真正热爱，做不到；没有对学生的真正热爱，也做不到。殷老师做到了！这让我想起2019年11月我到浙江大学进行“法治教育”培训时，给2019届201班的每位学生写的明信片，想起他们收到明信片时的灿烂笑容、眼里的光；想起他们由这张明信片开始发生的转变：更守时、更自律、更自强、更上进了……我现在想：如果他们收到我的亲笔信会怎样呢？

我在酝酿、策划、期待着这样美好而幸福的一刻的到来！

（三）她是守望者

每个教师都应是教育的守望者。守望理想、守望耕耘、守望成长、守望收获；守望着一张张小脸表情的变化，守望着一次次意外惊喜的突现，守望着一个个孩子成功的笑脸。守望教育，也守望着自己的精神家园。

——刘铁芳《守望教育》

教育是守望，播下种子，相信岁月，静待花开。

殷老师通过家访对话向学生传递爱和温暖。她坚持利用寒、暑假时间家访，坚持走在家访的路上，用脚步丈量对教育的朝圣。例如，2017年的暑假她一共家访了84名学生。整个家访活动，风里来雨里去，殷老师讲道：“从刚开始的家长质疑，到后来的极力邀请，生怕去晚了哪家，还有后来，有的学生的妈妈握紧我的手久久不肯松开，还有几乎我的每个学生都在炎热的夏季、炙热的阳光下，远远地等着我，我觉得我在奉献自己、把爱和温暖送到每位孩子的身边的同时，也收获了感动和幸福。”我想，家访这一刻殷老师已经播撒下爱的种子，等待开学的浇水、施肥、除草……

还有殷老师每天坚守的专业写作、专业阅读，也是一种对教育的守望。不断做最好的自己，用平常之心守望教育，因为她始终相信：多一分坚持，就多一分希望；多一分坚持，就多一种机遇；多一分坚持，就多成就一个孩子。

曾经看到过这样一段令我很震撼的话，“无论成绩好坏，请想想：每个孩子都是种子，只不过每个人的花期不同。有的花，一开始就灿烂绽放；有的花，需要漫长的等待”。

不要看着别人怒放了，自己的那棵还没有动静就着急，相信花都有自己的花期，细心地呵护自己的花，慢慢地看着其长大，陪着其沐浴阳光风雨，这何尝不是一种幸福。相信孩子，静等花开。

也许你的种子永远不会开花，因为它是一棵参天大树。

是的，教育是慢的艺术！它更像是农业，而不是工业。我们似乎应找回这样的教育生态：“我，坐在斜阳浅照的石阶上，望着这个眼睛清亮的小孩专心地做一件事；是的，我愿意等上一辈子的时间，让他从从容容地把这小蝴蝶结扎好，用她五岁的手指，孩子慢慢来，慢慢来。”

曾几何时，我为学生的“愚笨”暴跳如雷；曾几何时，我为学生的“一届不如一届”而着急上火；曾几何时，我经常“恨铁不成钢”……在教育过程中找不到那种淡定与从容。现在，我懂了：在喧嚣的世界中独守一份心灵的宁静，正确对待教育生活得失，得之坦然，失之泰然。守望教育，守望自己与学生的成长，享受教育的过程！

享受学习，享受教育，享受生命，寻找那个不断令自己惊讶的“我”！

榜样就在身边！

二、在“教·学·研”中超越自我

今天学习了《人是如何学习的》第二次优秀作业，收获不少，特别是研读崔俊莲老师的《解读表征，助力课堂》，更是受到不少启发。以下是朝花夕拾，希望也能对小伙伴们有所启迪。

该文崔老师阐述了三个内容：心理表征对学习的重要性、表征解答了我多年的困惑、表征带给我教学的启发。在崔老师笔下，“表征”鲜活地向我们走来。我认为，我们应该学习崔老师以下特质。

（一）从关注自身的教转向关注学生的学

崔老师结合自己多年的教学实践经验，谈了自己初中物理教学过程中的困惑：自己觉得很简单，但学生就是不理解、不会用；讲了，听懂了，就是做不了题；上周刚讲的知识，下周就忘了。在郝老师的引领下，崔老师能由过去只关注自己的教转向思考学生的学，这种意识非常好。“教是为了不教”“教是为了学生更好地学”理应成为我们日常教学的理念。

（二）学以致用，迁移能力强

能把郝老师教给我们的关于表征的知识（帮助学生对新的概念进行多种形式的表征，帮助学生对问题情境信息进行正确的表征，教师关注学生如何表征知识，在教学中教师要敏感于自身与学生表征的差异，教师要与学生进行同步表征等）用来解决现实问题，结合自己的教学案例迁移表征的相关知识，表明崔老师自身已经对表征具有强大、科学、精准的表征。打通概念与日常教学的联系，学以致用，才能常学常新、常教常新、且思且行。

（三）不停思考、不停学习、不停实践，在工作中研究，在研究中工作

崔老师除了把郝老师所讲的关于表征的知识用于实践，还结合自身的思考，提出了帮助学生建立有意义的模块、及时反馈两点做法，说明其对《刻意练习》进行了深刻的啃读，是我们学习的榜样。从文中崔老师跟学生的互动我们可以看出，崔老师平时一定是在工作中研究和在研究中工作的，这点非常值得我们学习。在平时工作中把“难题当成课题”研究，积少成多，集腋成裘，聚沙成塔，终有一天会由量变引起质变，取得丰硕的思维成果。

（四）首先是“要写”，然后才是“会写”

上周郝老师批评《人是如何学习的》群打卡人数稀少，让我想到孔庆东老师在他的《文章千古事》里指出：想把一个人物写好，方法有很多。但是挖空心思去琢磨“方法”，又不一定能够写好。鲁迅和汪曾祺都不是先设计好了“方法”才去写作的，他们首先是“要写”，然后才是“会写”。鲁迅说“吟罢低眉无写处”，老舍自称“写家”，他们是何其看重那个“写”啊。如果我们对于笔下的东西没有“要写”的心情，那种种方法恐怕都无用武之地，最后恐怕采用的方法都是“挤牙膏”。老杜迫切地要写一写“石壕吏”，于是拿起笔来就写道：“暮投石壕村，有吏夜捉人。”侯方域真挚地要写一写“李香君”，于是开篇便说：“李姬者，名香……”但是你说他们没有“方法”吗？当然是有的，如同我们走路和吃饭，似乎是不用动脑的自然动作，但其中自有大方法在，而且是“炉火纯青”的方法。

崔老师一次作业8000多字，笔耕不辍，非常值得我们学习。我们要把写作当成一种习惯，要有动笔的冲动，由不会到会，由不知到知，由知之不多到知之较多……终有一天我们也能妙笔生花！

（五）优秀是一种习惯

崔老师两次作业都是优秀，说明优秀不是偶然，正如亚里士多德所说“优秀是一种习惯”，崔老师正是这样把优秀当成一种习惯，一路跋涉一路歌的。向崔老师学习，享受学习，享受教育，享受生命的成长！

最美的教育在路上！“成长比成功更重要”，让我们携手同行，在“教·学·研”的道路上行稳致远，且行且歌！

三、教师理应学会“倾听·追问·连接”——听郝晓东老师《人是如何学习的》第一讲有感

今天晚上听郝晓东老师讲《人是如何学习的》第一讲，为郝老师的“有教无类”“因材施教”的精神所感动，甚至超过预期时间30分钟他还是很认真地按计划完成任务，没有一丝应付（我在平时授课时，通常下课时间一到立刻不讲，草草结束，跟郝老师相比我觉得汗颜）。他娓娓道来，不断地倾听，不停地追问，通过通俗易懂的例子把我们平时教学中遇到的常见问题从学习科学、认知科学的角度阐述原因，给我一种“豁然开朗”“柳暗花明又一村”的感觉。同时我也发现自己在阅读过程中存在很明显的不足：对于一些专有名词不求甚解，囫囵吞枣，甚至没有留意，如“概念框架”“概念框架的情境”，这点在以后的阅读中必须加以改进。下面谈谈郝老师的授课风格对我的教学的启发。

（一）倾听

“倾听”一指侧着头听；二指细听，认真地听。出自《礼记·曲礼上》：

"立不正方，不倾听。"《孔颖达疏》："不得倾头属听左右也。"倾听，属于有效沟通的必要部分，以求思想达成一致和感情的通畅。狭义的倾听是指凭助听觉器官接收言语信息，进而通过思维活动达到认知、理解的全过程；广义的倾听包括文字交流等方式。其主体是听者，而倾诉的主体是诉说者。两者一唱一和，有排解矛盾或者宣泄感情等优点。

佐藤学在《静悄悄的革命》中描述的"润泽的教室"的一个重要特征就是"倾听"，他指出教师在课堂上要善于倾听，倾听学生有声的和无声的语言，通过倾听每个学生的发言，理解、体味对方话语中潜在的复杂想法，不仅要听其发言的内容，更要听其发言中所包含的心情、想法，与他们心心相印，与他们沟通起来并相互呼应，达到师生同频共振的效果。

在授课过程中，郝老师给我的第一印象是：善于倾听学生们的各种声音。不管是优秀的、科学的、理性的声音，还是落后的、不成熟的、不理性的声音，他总会慎重地、礼貌地以倾听的姿态应对。郝老师能做到与一个个学生展开对话，与每个学生的思考、情感相互呼应、相互应答，每次都会耐心、细心地倾听并耐心地给予解答，几乎没有放弃任何一位学生，即使是很简单的问题，他都会关注、耐心作答，直到每位学生都清晰搞懂为止，这种"有教无类"的精神值得我们学习。例如，有学生不明白"同中求异、异中求同"的意思、苹果与梨的概念框架、初中物理"功"的概念、数学中"方程"的概念等，只要学生有疑问，郝老师都会再举简单的事例加以说明，都会非常虚心、耐心、诚心和善意地为学生排忧解难，真正实现了韩愈所说的"师者，所以传道受业解惑也"的效果。

反观自己的教学，"倾听"显然是不够的，经常没耐心，不理解学生"为什么这么简单都不会""我都讲了无数遍了还错""你是不是没有认真听讲"。通常我都没有积极应对学生存在的问题，也没有反思自己的不足，只是一味地指责、埋怨、嫌弃学生，没有自我归因，没有真正创造一间"润泽的教室"。

（二）追问

古希腊伟大的哲学家苏格拉底把教师比喻为"知识的产婆"，因此，"苏格拉底方法"也被人们称为"产婆术"。所谓"苏格拉底方法"，是指在与学生谈话的过程中，并不直截了当地把学生所应知道的知识告诉他，而是通过讨论、问答甚至辩论的方式来揭露对方认识中的矛盾，逐步引导学生自己得出正确的答案。例如，色诺芬的《回忆苏格拉底》中记述了苏格拉底与学生讲座有关“正义”和“非正义”的对话，在这个对话中，苏格拉底就采用了这种方法。苏格拉底要求学生列出两行，正义归于一行，非正义归于另一行。他首先问“虚伪”归于哪一行？学生答，归于非正义的一行。苏格拉底又问，偷盗、欺骗、奴役等应归于哪一行？学生答，归于非正义的一行。苏格拉底反驳道，如果将军惩罚了敌人，奴役了敌人，在战争中偷走了敌人的财物，或作战时欺骗了敌人，这些行为是否是非正义的呢？学生最后得出结论，认为这些都是正义的，而只有对朋友这样做是非正义的。苏格拉底又提出，在战争中，将军为了鼓舞士气，以援军快到了的谎言欺骗士兵，制止了士气的消沉；父亲以欺骗的手段哄自己的孩子吃药，使自己的孩子恢复了健康；一个人因怕朋友自杀，而将朋友的剑偷去，这些行为又归于哪一行呢？学生得出结论，认为这些行为都是正义的，最后他们收回了自己原来的主张。

我国教育家孔子也曾提出“不愤不启，不悱不发”。

郝老师一整晚两个多小时的授课，是通过不停追问来实现的。在追问过程中启发我们的思维，在追问过程中叩问我们的现实，在追问过程中给我们答疑解惑。他提出的问题都是我们在日常授课、教育教学过程中常见的问题。例如，统领整节课的最重要的三个问题：

（1）学习的发生与哪些因素有关？

（2）行为主义理论对“学习的发生”是如何解释的？为什么在今天不适合？

（3）建构主义理论认为学习是怎么发生的？

还有帮助我们理解细节知识的问题：

（1）我们常说，不打不成才，行为主义理论不是很有道理吗？你如何理解？

（2）表现好，就发小红花，这不是我们常用的行为主义方法吗？你如何理解？

（3）为什么要重视前概念？

（4）学习优异的学生将来不一定是好老师，为什么？

（5）马虎现象是如何形成的？

（6）偏科是如何形成的？

（7）什么是事实性知识，为什么要重视？

（8）让小学生比较苹果和梨的相同处和不同处，概念框架的情境是什么？

他是那么循序善诱、层层递进、娓娓道来，通过追问、通过对话，让我们恍然大悟、如雷贯耳，不断刷新我们的表征、前概念与前拥理解，让我们受益匪浅。

反思自己日常的教育教学，很少与学生对话，经常一言堂，没给学生思考与内化的机会，不善于追问，不善于举一反三。我今天才发现：对话才是最有效的教学。对话是要将沉默后面蕴藏着的声音转化为语言，对话是学习的核心问题。只有对话才能对问题进行深入探讨，才有助于激发和增强学生思考问题的积极性和主动性。充分发挥学生的主体作用，调动学生的自主性，这是每个教师都需要追求并达到的目标。但是，我们的教学不能仅停留在表面的、形式的改革上，只有注重启发思维的高质量的对话与追问才有效果。

（三）连接

从一定意义来讲，教学是一种连接。如果没有了与学生的连接，则任何知识传授都没有意义。学习是一个能动的对话与连接过程，教学促进了连接与对话，便促进了思维、促进了学习。苏霍姆林斯基曾经指出，“思想好比火星：一颗火星会点燃另一颗火星。一个深思熟虑的教师和班主任，总是力求在集体中创造一种共同热爱科学和渴求知识的气氛，使智力兴趣成为一些线索，以其真挚的、复杂的关系——思信的相互关系把一个个学生连接在一起”。陶行知说过：“虽然全校只有一个教师，也觉得孤单寂寞。因为每个学生都是活的线，把学校和社会连接起来了。”

郝老师在授课过程中非常注重连接，一是注重与学生的连接。任何一个学生的一个小小的疑问郝老师都不会轻易地放过，学生们有受重视、受尊重的感觉，自然会喜欢跟着郝老师学习。二是注重与书本的连接。“打通”是郝老师常用的一个词，他会把佐藤学的《静悄悄的革命》中的三重对话理论与《人是如何学习的》中教学的三原则融会贯通，连接起来理解教学。他阅读一本书时，枕边会同时放相关的四五本书籍，一起研究啃读，这也是主题阅读。三是注重与教学实践的连接。讲座过程中，郝老师举的例子就在我们身边，都非常鲜活，如对优秀生、偏科、马虎等的分析，这都仿佛是我们自己班上的某个活生生的例子，让我们如同身临其境。还有前后连接、新旧连接、理论与实践连接、内外连接等。

反省自己的教育教学，由于好久没当班主任了，与学生的连接做得特别不够，对学生缺少持续的关注、欣赏、鼓励与支持，日后要让每个学生都感受到“老师喜欢你”，感受到老师的足够重视才行。社会是大课堂，要打通学生与社会的连接，开展各种形式的调查研究，与专家对话，培养学生的公共参与能力，这刻不容缓。

学无止境，教亦无止境，最美的教育教学在路上，而我一直在路上。

四、回归生活，沉潜课堂

这两天，有幸阅读和深度学习了孙利娟老师的优秀作品《学思结合，举一隅以三隅反》，我深深认识到自己身上的不足之处，想要以孙老师为榜样，学习她以下几点做法。

（一）生活即教育，教育即生活

1. 善于收集真实的生活情境

孙老师是个有心人，“处处留心皆学问”，从一则新闻入手，联系到情境教学，也反思自己为什么不懂迁移，推己及人，从而总结出如何利用情境教会学生迁移。这是一则缺乏电知识的生活情境迁移导致的悲剧新闻：几天前，黑龙江某地两个孩子哭闹着要去外面放风筝玩，于是夫妻俩便带着他们去了附近的广场。哪知中途不小心将风筝挂到了附近的高压电线上。本来夫妻俩想着算了就要回家。可是两个孩子没有尽兴，哭闹着还要玩。由于时间是傍晚，很难再买到风筝。夫妻俩便打算把风筝取下来。可是在取的时候不小心将棍子触碰到了高压电线，结果夫妻两人被击倒，送往医院救治，四肢都被截去。

看完新闻，唏嘘不已。对于电的知识，我自己也都没有太多印象，一股脑地还给了中学老师。

家有理工男，我弱弱地问他，棍子会导电吗？

他觉得不可思议，我竟然连这个常识都不知道，高压电和其他电不同，电压很高，离得近很容易触电死亡。

我不敢确定，如果是我，会不会也为了哭闹的孩子去触碰那根高压电线。

我想到，影响知识迁移的因素中提到了学习情境对知识迁移的影响：学习与情境怎样密切相连取决于知识是如何获得的。并且，当一个科目在单一而非符合情境中传授时，情境间的迁移就相当困难。

我之所以对物理学科中学习到的电知识一无所知、无法提取，我想，与教师讲授物理概念和公式时的情境有关。枯燥的讲解和练习无法将知识迁移到真实的生活情境之中。

这种关心生活，从身边的真实生活入手反思教学的精神非常值得我们学习。

2. 善用生活情境，为学生的迁移服务

孙老师深谙情境化教学有助于学生理解知识，从而顺利实现迁移。孙老师从“真实的情境—具体情境—复杂情境”详细阐述了“情境对迁移的影响”，创造性地提出自己的观点：迁移的路径是起于真实问题，经由具体的复合情境，最终归于简单而深刻的一般性原理。启发我们要重视设置教学中的真实情境，促进知识弹性迁移，让学习真正带来美好生活。

（二）把课上好是最崇高的师德

其实，崇高的师德并没有那么复杂无序，也不是那么高不可攀的，万语千言、百川归海一句话：把课上好就是教师最崇高的师德！

1. 把课上好的前提是钻研教材、写好教案

被两代总理（周恩来、温家宝）看重的“国宝教师”霍懋征老师，在总结几十年的教学经验时强调：要想向课堂四十分钟要质量，教师必须认真备课，不同的教学要求、不同的教学对象就必须采取不同的教学方法。教师备课要进入角色和作者的思想感情产生共鸣，要用自己的语言、丰富的感情去感染学生，这样才能达到好的教学效果。

孙老师的备课精神也很值得我们学习。例如，她在备一节课时，会准备很多材料和内容，因而上课时根据课堂上学生的反应（反馈）能快速理解学生的学习程度，删选冗余内容，选择最适合的教学资源，更有效地完成教学内容。

要创造性地组织教学资源，变“教科书是学生的世界”为“世界是学生的教科书”，引导学生打通书本世界和生活世界之间的界限，将生活和书本知识融合起来，让教师和学生在每一次的学习中都有新的收获。

2. 把课上好的基础是走进学生、研究学生

北京师范大学林崇德教授赋予学生以这样的定义：“学生活的知识，学生存的技能，学生命的意义。”研究学生要有新的学生观。苏霍姆林斯基认为：教师的职业就是研究人。他的教育思想建立在三种基本学生观上：①学生是生活中人，教师“是和生活中最复杂、最珍贵的无价之宝，也就是人在打交道”

的人，“儿童对你来说不是班级记事簿上的一行字和一个号码，而是一个活生生的人”；②学生是发展中人，“儿童经常在变化，永远是新的，今天与昨天不一样”；③学生是一个个个性独特的人，每一个学生都是“一个有个性，一个独特的人的世界”。学生在成长过程中总会出现这样那样的缺点和错误，作为教师不能熟视无睹，更不能姑息迁就，而应该巧妙而正确地走进学生心灵，为学生指出缺点和错误并要求他改正。

孙老师指出要提高学生效率，这样才能使学生顺利学会迁移，她从“情境→问题的表征→抽象概念、原理、做同学的小老师、培养成长型思维、师生间良好的双向反馈”几方面引导学生成长。她一步步走近学生、研究学生，为自己的课堂积累了鲜活、有用的素材。

3. 爱是和谐的师生关系的纽带

爱是教育永恒的主题。

孙老师认为爱的情感促进迁移，而且是师生间良好的双向反馈。她觉得学生需要教师的反馈，如课堂上的点评、作业本上的评价等。同样，教师也需要学生的反馈：课堂上学生的学习状态、学生眼中的光都是对教师的激励和反馈。如果教师足够用心做教育，就会经常得到学生真诚的反馈，也许是一张卡片，也许是一句问候，也许是一个拥抱，也许是一颗糖。

师生间真诚、友爱的互动可以形成和谐的师生关系，这也是有效课堂、实现迁移的一个重要因素。

最后，跟孙老师一起探讨文章序号的用法。看到孙老师文章的序号有这种情况：一、（1）下面是1、2、3。我查了一下资料，科学的写法是：论文序号第一层为汉字数字加顿号，如一、二、三；第二层为括号中包含汉字数字，如（一）（二）（三）；第三层为阿拉伯数字加下脚点，如1.、2.、3.；第四层为括号中包含阿里伯数字，如（1）（2）（3）；第五层为带圈阿拉伯数字，如①②③；第六层为大写英文字母，如A.、B.、C.；第七层为小写英文字母，如a.、b.、c.。

这也是我需要规范注意的地方。

期待更多这样的学习机会！

五、理想教师的模样——致远方的郝晓东老师的一封信

敬爱的郝老师：

您好！见字如面，虽然我们未曾谋面，但是却像早已相识，因为我们尺码相同。

我是2020年春季加入新网师的学员冯春柳，很冒昧地给您写这样的一封信，但是我确实是在课程结束后，有很多话想跟您说，有很多想法想跟您汇报……麻烦您抽点时间且听我一一诉说。

转眼加入新网师已经5个月了！写第一篇小打卡《愿我们尺码相同》就被置顶时的开心与窃喜还历历在目，一开始手忙脚乱的线上教育还是让此时的我无比怀念……

本学期，您带领我们啃读和深深地研究了《人是如何学习的》这本书，在课上，您总是引导我们深入地思考、热烈地碰撞、积极地探寻……本学期重点让我们掌握了科学学习的规律，让我们了解了科学学习的基本原则，让我们理解了学习环境的“四中心说”……

每一节课，您总是幸福地、真诚地、全身心地投入其中，您和我们可以说是“在共同的目光中，你中有我，我中有你”，相互关怀，充满温情、鼓励和期待。记得您的第八次授课，我们称之为“肯德基之课”。这是在2020年的端午节假期，在人人都放假的日子里，您的课如期而至，我在钉群里说：“郝老师辛苦了，人人都端午节放假，您还要花时间免费给我们上课，着实令人感动。”您说：“对于网师人来说，放不放假，过不过节，没有多大区别。”“嗯，我们也要传承新网师精神，深度学习，时时都是学习之机，处处都是学习之地。”为什么叫“肯德基之课”？因为这节课结束后，您告诉我们，当天一直在下雨，无奈之下，出于安全考虑，您不得不中途在肯德基停下。于是，一个下午和晚上，您都是在肯德基备课和通过钉群给我们上课的。“肯德基之课”是本课程的最后一次课，恰好是我做的授课实录，当录到课程的结束语，师生离别的不舍，教师对学生的期待、鼓励以及种种尽在不言中的情感，不禁让我觉得大有“小林漫画”中“你们再看看书，我再看看你们”之感。我也在不知不觉中泪花闪烁，眼前涌现出本学期您的谆谆教导、您的兢兢业业、您的倾听与追问、您的公益情怀与仁爱之心……新教育、新网师的精神就这样

不断地薪火相传、生生不息……教师的价值就在这里。

教师的魅力尤其体现在他对学生的影响之中。古今中外有无数描写教师魅力的文章和语句。例如，《论语》记录了颜渊对孔子的仰慕："仰之弥高，钻之弥坚，瞻之在前，忽焉在后。夫子循循然善诱人，博我以文，约我以礼，欲罢不能……"能够让学生"欲罢不能"的，正是教师的魅力。同学们在您的第八次授课时纷纷追问郝老师下学期所开的课程，同时也纷纷表示再次追随郝老师，继续报读郝老师的课程。北京师范大学的郭华教授认为：学生之所以能够追随教师，"欲罢不能"，就是因为教师的肚子里有那些神圣的、金光闪闪的、无比美好的、奇妙的"神像"，这些神像就是教师魅力的来源，也是教师修养的体现。我想，理想教师就是您的样子：具有人格魅力的，让学生"欲罢不能"的好老师！

在第八次授课中得知，您在本学期报考了博士研究生。同学们深感佩服与荣幸，佩服的是您孜孜不倦的好学精神，荣幸的是我们可以聆听博士的课程了，相信成为博士的您会带领我们朝着知识的殿堂更加勇猛精进，带着我们朝着知识这一伟大事物继续狂欢。在这，我也想起自己2019年报读清华大学博士研究生败北的经历，您的精神鼓舞了我：清华博士，我会卷土重来的！

您经常教导我们，要把读书写作常态化，把终身学习变成我们的一种生活习惯和生活方式，享受追求知识的快乐与满足。于漪老师曾说过"我一辈子做教师，一辈子学做教师"。是啊，学无止境，教亦无止境！本学期，我学着向您靠拢、看齐，每天尝试着不是阅读就是写作，以日记的形式记录自己的工作、生活与学习，竟然也积累了20万字左右的书稿。在这个过程中虽然自己也会腰酸背痛、老眼昏花、早生华发，却也体会到了精神成长的前所未有的快乐！在报读您的课程之前，我从来没有这么认真地读过一本书：批注、思维导图、摘抄、书评、读后感、主题阅读……《如何阅读一本书》的十八般武艺几乎齐齐上阵，同时也让我极度怀疑自己的人生：我以前从来没有采用这么多的方式读过一本书，难道我以前的书都白读了吗？还真是如此！要想让一本书入脑、入心，还真需要这么干：少而精、透。朱光潜在《谈读书》一文中意味深长地指出："学问如作战，须攻坚挫锐，占住要塞。目标太多了，掩埋了坚锐所在，只东打一拳，西路一脚，就成了'消耗战'。与其读十部无关轻重的书，不如以读十部书的时间和精力去读一部真正值得读的书；与其十部书都只能泛览一遍，不如取一部书精读十遍。”

回过头来想想刚开始翻开《人是如何学习的》的心情：这么晦涩难懂的厚如砖头的“大部头”？！我将如何啃读？我能学会吗？也想起您第一次授课安慰我们的话语：第一次课听不懂不要紧，这些知识后面都会慢慢涉及，我们慢慢来……果然，一学期下来，8次授课8次作业，加上自己恶补皮亚杰、怀特海的知识，现在回看这本书大有“一览众山小”的感觉。莫国夫老师指出：读透一本书，真能撼动你的心灵，激发你的思考，继而影响到你的思想与思维。这是开启、点燃个人专业生命最朴素、最直接的方式。我想：在您的指引下，我找到这种方式了！我也想，理想教师就是您的样子：具有终身学习之精神的谦谦君子。

有人说，平庸的人有一条命：性命；优秀的人有两条命：性命和生命；卓越的人有三条命：性命、生命和使命。罗曼·罗兰曾说：“生命被赋予了一种责任，那就是精神的成长。”让我们用精神的成长创造使命的精彩，铸就生命的辉煌。

再次感谢您的教导与引领！

此致

敬礼

您的学生：冯春柳

2020年6月29日

教师对话力——与自己对话

一、愿我们尺码相同

“愿你尺码相同”，这是新网师招生的初心。我这几天也在探寻着：到底怎样才是“尺码相同”？昨天花了一个多小时研读《专业成长三部曲》网师文化手册（新学员必读），终于有点眉目了。

首先，必须有三个“真正热爱”。这是新网师的敲门砖！

真正热爱学习，是指对教育、生命等未知领域充满兴趣和好奇；将学习视为生命内在的需求，而不是外在强加的负担；有终身学习的认识和行动，能耐得住寂寞，啃读书籍，坚持书写；知行合一。真正热爱教育，是指虽然处于平凡岗位，但教育的理想与激情还没有完全被世俗与庸常磨灭；从内心深处认同教育职业，并把教育作为此生生命意义的寄托。真正热爱生命，是指对生命饱含激情，不愿挥霍生命，虚度光阴；渴求生命的内在成长，希望从平凡抵达优秀，从优秀抵达卓越；愿意通过专业学习，获得职业尊严。

其次，读书要坚持“啃读”。这是新网师的标志！

什么是啃读？顾名思义，就是一点一点反复地啃。对于一些特别有价值但又超出自我认知水平的书，就需要放慢阅读速度，反复阅读思考。啃读往往有几个层次：

第一层次，用不同颜色的笔勾画出重点概念或关键句子、段落。

第二层次，在书页的页眉、页脚等空白处写下阅读心得、疑惑、随想等，用简短的话概括出段或章的中心思想，这就是批注。

第三层次，读完一章后，不断提炼文章的核心观点以及内在的思路和逻辑结构，用思维导图画出来，将文本内容结构化。

第四层次，针对文本的核心概念或关键内容，或者向他人咨询、讨论、交流，或者查阅其他资料，展开主题性、研究性阅读。

第五层次，阅读文章后，能写一篇内容综述，或者阅读心得。

从对话论的角度看，啃读的过程完成了三重对话：

第一重，通过勾画、批注、画思维导图等方式完成“人与知识”的对话，即个体与文本的对话。

第二重，通过与他人交流、研究性阅读，实现“人与他人”的对话。

第三重，通过批注、写作完成“人与自我”的对话，也就是通过对文本的阅读，促进个体的自我反思，在反思中促进个体生命智慧的生长。

啃读是一种持久深入的探究。在这种探究中，一方面抵达了世界的深处，另一方面提升了自我人格的深刻性。

正如朱熹关于读书的一段话说得极好：“读书要切己体验（切己体察学习，要将所学道理亲自体验，躬行实践），不可只作文字看……读书不可只专就纸上求理义（儒家经义），须反来就自家身上推究（探索和检查原因、道理等）。须是一棒一条痕，一掴一掌血；看人文字，要当如此。看文字，须是如猛将用兵，直是鏖战（激烈地战斗，竭力苦战）一阵；如酷吏治狱（残酷的官吏审讯案件），直是推勘（审问）到底，决是不恕他方（才）得。”

正如朱光潜先生所言：“我国古代学者因书籍难得，皓首穷年才能治一经，书虽读得少，读一部却就是一部，口诵心惟（诵：朗读；惟：思考。口中朗诵，心里思考），咀嚼得烂熟，透入身心，变成一种精神的原动力，一生受用（享用）不尽。”“少读如果彻底，必能养成深思熟虑的习惯，涵泳（浸润，沉浸，深入领会）优游（致力于某事），以至于变化气质。”

再次，要学会“深度学习”，坚持“知行合一”，将所学的知识转化成自己生命的智慧，引领学生的生命成长。这是新网师的最终目的！

什么是深度学习？1946年，美国学者埃德加·戴尔提出了学习金字塔的理论，之后美国缅因州国家训练实验室也做了相同的实验，并发布了“学习金字塔”报告。报告称：人的学习分为被动学习和主动学习两个层次。被动学习，如听讲、阅读、试听、演示，学习内容的平均留存率为5%、10%、20%、30%。主动学习，如通过讨论、实践、教授给他人，能将原来被动学习的内容留存率从5%提升到50%、75%和90%。

其中的被动学习都属于浅学习，主动学习中“自己读书+思维导图+读书笔记”也属于浅学习。深度学习如何做？从上述理论可知：一是读书学习+践行操练，二是读书学习+践行操练+输出教授。所谓输出教授，就是输出成果，通过言说或者书写去教别人。把所学的知识转化成自己生命的智慧，用于传授给我们的学生，转变我们的课堂，在教育教学的实践中践行，做到“知行合一”，引领学生的生命成长！

最后，要立志成为一名卓越的教师，过一种幸福完整的教育生活！这是新网师的核心价值追求！

想要成为一名卓越的教师，就要具备卓越的技能、卓越的职业精神和素养。这不是赵括式的纸上谈兵，而是在博观约取、融会贯通、身经百战后的水到渠成。我们必须做到学习日常化、日常学习化！把读书学习当作一种享受，把读书学习看成与呼吸一样自然，在纷繁复杂的具体事务中锻炼自己的心理素质，做到动静皆定。以此沉着冷静，正确应对，内心才会拥有强大力量，个人才能真正成长。欲求教师专业发展之“理”，就应探究学科知识、教育学、心理学等理论，厚植专业素养，提升专业能力，以求得专业发展。

是的，日有所增，日有所新。在岁月里静静地潜滋暗长是我们的常态，能在漫长岁月中坚守寂寞而枯燥的学习，下一个春暖花开的季节你才能风姿翩然地起舞。

为了专业的提升和生命的成长，种下种子，相信岁月。走向卓越，为什么不？！

愿我们在新的一年继续翻山越岭、灿若云霞！郝晓东院长如是说。

二、追求当卓越而幸福的新时代思政课教师

在2019年3月18日学校思想政治理论课教师座谈会上，习近平总书记发表了重要讲话，为新时代思政课建设和发展指明了方向。中华人民共和国成立以来，这是第一次党中央这样关心、关注我们思政课教师，总书记亲自跟思政课第一线的教师面对面地座谈，这是没有过的。我作为一名从教20年的思政课的老教师，心里感到异常激动，但同时又感觉自己肩膀上的担子更重了。虽然这20年来我自认为自己在享受学生生命的成长，学生那最纯真、最鲜活的生命值得我无限地陪伴与敬畏，“我已无我，不负学生”，但这次总书记的亲自关心与关切，让我不由得再对思政课心起涟漪，“激情澎湃，神采飞扬”。2019年4月18日，东莞市教育局邀请到京参加了此次座谈会的青岛二中的高保卫老师到莞传达这次会议精神，我有幸在现场听取了高老师的讲座。当高老师讲到习总书记在会议最后跟所有参会的思政课教师代表170人一一握手时（本来按照议程安排，习总书记只是跟发言代表握手的），我隔空都能感受到习总书记对思政课教师的殷切重托……

（一）乱花渐欲迷人眼：卓越路上之囧途

说实话，现在思政课是一门学生不喜欢学的课程，觉得要背的东西太多了，很多中小学生厌思政课到了想放弃的地步。给大家讲一个我身边每年都会发生的真实故事：每到新一届高一的新学期，高一的班主任刚接手新的班级都会进行问卷调查，让学生填表，自己写上他想要当的班干、团干职务以及想要当哪些科的科代表。几乎每次所有的班主任都会向我汇报：冯老师，不好意思，我们班各科的科代表都有人想要主动承担，唯独你的政治课没人自告奋勇想要当科代表……（这绝不是我的错误，因为我尚未跟他们见面，也还

没给他们上过课）当时我在想：天呀！这些孩子在小学的思想品德课、初中的道德与法治课都经历了什么？为什么会如此深恶痛绝思政课？为什么会如此恐惧思政课？之后我给他们上思政课都诚惶诚恐，如履薄冰，唯恐伤害他们幼小的心灵，想尽快让他们从充满心理阴影的思品课、道法课中走出来，并且喜欢上思政课。怎样才能让学生们对思政课入耳、入脑、入心？怎样才能让学生们真信、真学、真懂、真用？这成为我每次课前都要思考的问题。费了九牛二虎之力才让他们不要片面地“妖魔化”思政课，要科学、理性地评价与对待思政课，思政课其实很美、很酷的。要把它当作生命成长、人性养育的殿堂；要把它当作培养政治认同、科学精神、法治意识、公众参与核心素养的摇篮；要把它当作一门正常的学科；要认识到每门学科的知识都有其内在的情趣，有它特有的神奇、美妙或富有疑问、智慧的一面。理想是很丰满的，现实却是很骨感、很残酷的。思政课在教育教学实践中主要还会遇到以下现实问题：

一是社会上不少人（包括在校的高中生）认为马克思主义已经过时，学了无用。

社会上许多外行人都片面地认为思政课干瘪、枯燥、刻板、沉闷、抽象、难懂、无用，说教严重，马克思主义那套早已经过时，学多了无用。思政课教材的内容与形式都不吸引人，密密麻麻的都是文字多、插图少。许多学生认为“思政课就是教学比较沉闷、考试难拿高分的课”，所以不愿学、不想学。部分教育管理者（如校长等）认为“思政课就是讲讲政治知识的课，学科专业性不强，学生背背也能拿高分，缺思政课老师的时候，自己也能上这门课”……由于对思政课的理解与认识存在一定的偏差，思政课在某些学校属于那种“说起来重要，做起来次要，忙起来不要”的课程。采用新高考方案后，思政课更是有被边缘化的危险，高考选思政的学生有可能会更少。例如，我校对2018届高一新生进行选科前测（广东高考方案正式公布前进行的摸底选科），全级864人，选物理、化学的600多人，生物400多人，历史、地理300多人，唯独思政200多人。

二是社会上外行人一成不变、僵化呆板的印象，“妖魔化”思政课。

“教思政课很简单，画圈、画书、背书就够了。”“思政课就是‘背多分’！”“背！背！！背！！！以前高中时学思政课，背得我头昏脑涨、口干舌燥的……”这是思政课给社会上大多数文科生留下的最深刻而不美好的一成不变、僵化呆板的印象。这是“妖魔化”思政课，这是没有真正走进思政课，这是没有真正入门思政课。再加上，在有些学校教学中，思政课没得到老师、学生的充分重视，被放在副科的位置。青少年时期又是三观形成的关键时期，思维也非常活跃和不稳定，年轻人也容易意气用事，容易跟风与从众，并且有点盲目，不会根据事情本身的是非曲直来判断事实的对与错，缺少理性、冷静和科学精神，这又增加了做好青少年思想工作的难度。

其实，思政课不同于单一学科课程，它涉及经济学、政治学、法学、哲学、逻辑学、马克思主义基本理论等学科，是一门综合性课程。它非常有利于发展学生的综合能力，提高学生的综合素质。马克思主义理论永远不会过时，它是变化发展的理论，它是与时俱进的理论，它是中国化、时代化的理论，它不是一成不变的，它是永恒发展的，它蕴含了深厚而强大的真理、思想、智慧……《普通高中思想政治课程标准（2017年版）》把它定义为活动型学科课程，强调走出校门，“引进来”和“走出去”相结合，通过亲身参与体验，迈入社会实践活动的大课堂……思政课具有思辨性、情境性、议题化、生活化、案例化等特点。它强调真实、真效、真切、真学、真信、真懂、真用；它强调身动、心动、脑动，从而真正做到入耳、入心、入脑。这就需要我们争取做一名新时代卓越的思政课教师，自信从容地上好新时代的每一节思政课。

教育大计，教师为本。办好思想政治理论课关键在教师。学校思想政治理论课教师座谈会的召开，说明学校思想政治教育将迎来明媚的春天，指引着思政课教师的前进方向。

（二）春风已度玉门关：追求卓越，为什么不？！

追求卓越是新时代的特征和要求。2014年教育部颁发的《关于实施卓越教师培养计划的意见》就明确提出了培养卓越教师的任务和目标。2018年初中共中央、国务院又颁布了《关于全面深化新时代教师队伍建设改革的意见》，2018年9月17日教育部印发的《关于实施卓越教师培养计划2.0的意见》明确提出到2035年，要能为培养出数以十万计的卓越教师、数以万计的教育家型教师奠定坚实基础。

何为卓越？根据《辞海》，“卓”，高超、高远。与“卓”相关，如“卓见”“卓绝”“卓越”“卓异”“卓尔不群”等，皆具超出、不同于一般之意。“越”，超出。“卓越”，《辞海》解释为“优秀突出”。叶澜教授在阐释“卓越教育”内涵时，将“卓越”解释为“卓然独立、越而胜己”。据此，卓越教师就是超越一般的、具有高超水平的教师。在新时代条件和教育要求下，卓越教师应该具有以下几个方面的特点：一是师德水平。这主要是指教师自身的师德追求以及教师的育德意识和育德能力。“立德树人”是教育的根本任务，卓越教师更应是师德的楷模，深化育人的责任意识、使命意识，具有道德情操、仁爱之心。卓越教师不仅要以德立身，还要以德立学、以德施教，更要以德育德，真正成为学生崇德向善的典范。在教育教学的各个环节、各个方面，都以自身的示范和榜样作用培养学生的道德情怀。二是专业能力。专业能力包括卓越的教学能力与专业化能力。卓越的教学能力主要是指教师能“因人施策”“因材施教”“按需施教”，针对不同层次、不同类型、不同特点、不同需要的学生，发现与发展每一位学生的潜能，创造性地开展教学活动，激活学生的创新潜质和学科特长，激发学生学习本学科的学习动力、学习能力与学习毅力，使学生在追求卓越中不断突破自我、超越自我、成就自我，最终得到最优化、最大化的成长与发展。卓越教师也在此基础上形成自己鲜明的教学风格与教学特色。卓越教师的专业化能力既表现为对各学段教育教学特点和规律的深刻认识和有效把握，也表现为能够综合运用教育学、心理学、脑科学、信息技术等专业化知识和技术手段，开展教育教学实践或教育教学研究的能力，即既能做到在教育教学工作之中游刃有余，又能起到指导与引领作用。三是依法执教。依法执教，既包括教师对教育教学相关法律法规的充分认识和把握，也包括教师依据法律法规的规范要求开展教育教学活动和教学研究，还包括教师对相关利益诉求的合规性、合法性表达。卓越教师要做学生遵纪守法的榜样，做好学生爱国敬业、奉公守法的表率，在学校的一切教育教学活动中发挥依法执教的引领作用和示范作用。四是终身发展。教无止境，卓越教师要确立终身学习的理念，随时关注并及时补充、更新自己的学科知识，有效提升运用信息技术开展教育教学的能力，拓展教育教学的综合实践能力，将追求卓越贯穿终身发展的全过程。

（三）不用扬鞭自奋蹄：做新时代的卓越而幸福的思政课教师

一是卓越思政课教师能教出有信仰的真实、独立而幸福的学生，能做到有信仰、有自信、有理想、有境界、有情怀。

雅斯贝尔斯曾指出：“教育须有信仰，没有信仰就不称为教育，而只是教学的技术而已。”思政教师要坚守信仰，做一名纯洁的教师，从技术型教学转向艺术型教学，走教与研相结合的发展道路，做一名有信仰、有自信、有理想、有境界、有情怀的“六要”思政教师。学生正处于成长期，他们知道国家的信仰，也知道马克思主义，但是他们可能不是真懂信仰是怎样的一种情况，学生往往定力不够，容易摇摆，这就需要思政课教师的精心引导和悉心栽培。正如习近平总书记说，青少年阶段是人生的“拔节孕穗期”，最需要精心引导和栽培。因此，思政课教师应该让思政课具备中国魂，植入中国心，引导学生成为“中国人”，用心指引学生扣好人生的第一粒扣子，做好学生成长的引路人，让学生做到真学、真信、真懂、真用，共圆中国梦，做到不忘本来、借鉴外来、面向未来才能赢得将来。我们的教育绝不能培养社会主义的破坏者和掘墓人，绝不能培养出一些长着中国脸、不是中国心、没有中国情、缺少中国味的人。

例如，笔者在讲“中国自信”时，通过组织学生观看《辉煌中国》《我国改革开放40周年的伟大成就》《壮丽70年 奋斗新时代》等一系列视频，让学生从“中国站起来，富起来，强起来”等事实来深刻感悟自己作为中国人的骄傲与自豪，从而树立中国自信，做自信中国人，为自己生活在中国感到幸福。通过举行“中美贸易摩擦大家谈”财经辩论赛，让学生通过辩论，自己判断美国的做法哪些是真的或假的，哪些是好的或坏的，哪些是进步的或退步的。正如卢梭曾经说的，问题不在于告诉他一个真理，而在于教他怎样去发现真理。我不会告诉学生具体的标准答案，而是告诉他们应该如何判断，如何透过现象看本质，启发学生的思维，让学生有质疑精神，提高学生自身的判断力，正如爱因斯坦说：“学会独立思考和独立判断比获得知识更重要。不下决心培养思考习惯的人，便失去了生活的最大乐趣。”通过“模拟联合国”活动，让学生在情境模拟中深深明白中国话语权的增强，明白我国在国际社会中负责任大国的地位与作用，明白中国的担当，深刻领会中国对“人类命运共同体”理念的践行，中国正在讲好中国故事，正日渐走近世界舞台中央，不断为人类做出更大的贡献……要成为信仰必须是扎根心里的，必须是能够内化于心、外显于行的，遇到问题以后能够倚靠而坚守的东西，这需要教师在真实或者模拟的情境中反反复复引导学生，更有可能是经过三年甚至三十年教育的积累与沉淀，使学生在潜移默化、耳濡目染中树立坚定的理想信念，坚守信仰。这更需要思政教师坚守信仰，几十年坚持与努力，特别热爱学生、热爱教育、热爱我们伟大的国家和人民才能做到。

二是卓越思政课教师能激发学生的学习力，能做到“有己有人、有棱有角、有趣有料、有虚有实”。

“有己”是指思政课既要求有“学科味”，能充分发掘学科知识的内在魅力、内在情趣以及特有的神奇、美妙或富有疑问的一面；又要求教师有自己的教学风格，或丰满厚重，或生动活泼……“有人”是指教师眼中要有人，心中要有学生，要铸魂育人、立德树人，而不是眼中只有分。“有棱有角”是指让学生对知识本身发生兴趣，教师的感召力、学科的魅力、学生的潜力三位一体，融会贯通，充分实现三者功能的最大化。“有趣有料、有虚有实”是指思政课教师能充分考虑到一词一句，牵动学生情思；一举一动，点燃学生心灵之火；一篇一章，引发学生感情共鸣，整个身心融入教学情境中。

例如，笔者在讲必修1《经济生活》时，引用“影视财经”这一环节，通过推荐、指引学生观看经典的财经影视作品，激发学生的学习兴趣与学习动力。又如，讲到投资理财时推荐学生观看经典的《华尔街》《中国合伙人》《金牌投资人》等影视作品，采用合作、探究等形式举行看电影、评电影、拍电影、演电影等活动，调动学生的积极性，激发学生的学习力，让学生体会投资的风险性与守法经营的重要性，从而树立正确的价值观念，形成关键能力与必备品格，也充分发掘学科知识的内在魅力，培养学生的科学精神与法治意识，最终达到铸魂育人、立德树人的目的。

三是卓越思政课教师能唤醒灵魂，触动和抵达学生的心灵，能做到有情有义、有滋有味、有声有色、有笑有泪、有血有肉。

教育，就是一种思想启迪另一种思想、一个灵魂唤醒另一个灵魂的事业。思政课教师要真正成为塑造学生心灵的雕塑家，就要能触动和抵达学生的心灵，唯有智慧才能启迪智慧，心灵才能抵达心灵，人格才能感染人格。那么，什么样的思政课教学才是学生需要的、喜欢的，能够进入学生内心深处，成为“唤醒灵魂”“感动精神”“滋润心田”“抵达心灵”的活动？在笔者看来，这样的教学活动必须是有滋有味、有情有义、有声有色、有笑有泪、有血有肉的。

所谓的“有滋有味”就是指思政课要有“生活味”。生活是知识的源头活水，生活是汤，知识是盐，盐只有溶入汤中才易于消化和吸收。所以教师不能为知识而知识、为活动而活动，不能只是把知识、活动看作事实性的存在，而应该将其看成与学生的生命、生活、生长、生成、生态等相关的意义系统，即知识的学习过程同时要成为学生道德品性的形成、情感体验的获得、生活智慧的领悟和人生意义的追寻过程，从而真正将学科知识与学生的境遇、命运和幸福关联起来，真正做到贴近学生、贴近生活、贴近时代。

所谓的“有情有义、有声有色、有笑有泪、有血有肉”就是指要努力把思政课变成一种快乐和幸福的活动。正如爱因斯坦所说：“教育应当使所提供的东西让学生当作一种宝贵的礼物来接受，而不是作为一种艰苦的任务去完成。”大家不妨换位思考假如我是孩子，假如是我孩子，假如孩子是我，是不是都希望有这样的课堂？上课的关键是讲授要打动人，卓越的思政课教师的课是能拨动心弦和富有思想的。从情感到心灵，从思维到思想，蕴蓄着课堂的高级境界——心灵对话。要讲到学生心坎里去，要能走进学生的心灵，要负载思想的笑和泪，要能影响学生的知、情、意、行，承托师生的内心世界与情感！这才是最高级的课堂！

首届全国高中思想政治卓越课堂观摩及研讨会上孔令启老师的《运动是事物的根本属性》展示课上，孔老师出示一则《寻人启事》，主要内容如下：

我有这样一批学生，他们走丢啦。他们拥有深度思考的学习品质……他们用心学习……善于思考……勤于发现……孩子们，孔老师想你们，你们到哪里去了？

这则蕴含着教师与学生心灵相约的“启事”余音绕梁，它所追求的教学境界让人回味良久。育人在于育心，那缕透过文字散发出来的殷殷之情是师生企望深度学习意愿的一种心灵相约，而蕴含于文字之中的是一个教育工作者对于学生素养发展教育旨归的心灵呼唤。

一路跋涉一路歌。一站上讲台，我的生命便在歌唱！做新时代的卓越而幸福的思政课教师，让我们以强烈的责任意识和担当精神，做好学生成长的引路人，不断创新，充满底气、自信满满地上好每一节思政课。

参考文献

［1］（美）安德斯·艾利克森，罗伯特·普尔. 刻意练习［M］. 王正林，译. 北京：机械工业出版社，2019.

［2］（美）约翰·D.布兰思福特. 人是如何学习的［M］. 程可拉，孙亚玲，王旭卿，译. 上海：华东师范大学出版社，2013.

［3］（美）帕克·帕尔默. 教学勇气［M］. 沈桂芳，金洪芹，译. 上海：华东师范大学出版社，2020.

［4］（意）蒙台梭利. 童年的秘密［M］. 蒙台梭利丛书编委会，译. 北京：中国妇女出版社，2012.

［5］（意）蒙台梭利. 有吸收力的心灵［M］. 蒙台梭利丛书编委会，译. 北京：中国妇女出版社，2012.

［6］（奥）阿尔弗雷德·阿德勒. 儿童的人格教育［M］. 张庆宗，译. 上海：华东师范大学出版社，2017.

［7］（美）大卫·苏泽，等. 教育与脑神经科学［M］. 方彤，黄欢，王东杰，译. 上海：华东师范大学出版社，2014.

［8］（美）玛丽亚·哈迪曼. 脑科学与课堂：以脑为导向的教学模式［M］. 杨志，王培培，等，译. 上海：华东师范大学出版社，2018.

［9］秦美丽，陈星. 基于“自教育”思想的教师成长模式探索［J］. 创新人才教育，2019（3）：12–18.

［10］樊文芳. 教师实践性知识发展的层次探析：基于专家型教师成长的个案［J］. 基础教育，2019（6）：36–42.

［11］（日）今井睦美. 深度学习：彻底解决你的知识焦虑［M］. 罗梦迪，译. 北京：北京联合出版公司，2018.
［12］（美）詹姆斯·A. 贝兰卡. 深度学习：超越21世纪技能［M］. 赵健，译. 上海：华东师范大学出版社，2020.
［13］朱永新. 未来学校［M］. 北京：中信出版集团，2019.

致　谢

要写出一本书来，既少不了独自一人默默耕耘，也少不了团队的帮助支持，而我将永远感谢所有帮助我完成这本书的人。

每一本书的出版都离不开团队的支持与鼓励。衷心感谢三名书系编辑部，特别是曹富霞编辑为这本书的出版忙前忙后的付出。

我借此感谢广东省教育研究院陈式华老师和东莞市高中政治教研的领头人王定国老师，对我专业发展的引领与栽培，两位前辈是我心中永远的专业成长导师。

其次感谢东莞市石龙中学政治科组的所有小伙伴们，感谢他们对我这么多年来工作的支持与理解，特别是本书原稿的第一读者谷保庆老师帮我审稿，为这本书提出了中肯而宝贵的意见，并为此书框架的成型提供了建设性的意见。感谢汤逸山老师允许我与他一起成长，互相陪伴，走过的激情燃烧的岁月，都见证了彼此的成长。感谢石龙中学这个大集体，包容我的直率，容忍我的缺点，特别是叶照伦校长、罗达明副校长、宋延安主任和揭贤英副主任，提供了各种平台支持和鼓励我成长，无限感激。一日龙中人，一世龙中情！

还要感谢东莞市高中政治教研中心组的团队，特别是王定国老师、陈月强老师、杨永社老师、徐丰老师、王建新老师、陈观胜老师、刘秋燕老师等，感谢在2019年汤逸山老师代表东莞市参加广东省第二届青年教师教学能力大赛的备赛过程中给予的智力支持和各种辛勤付出。

我的每一个进步都离不开亲人以及朋友的帮助。感谢我爸妈、家婆对我的帮助、鼓励和支持。感谢我先生郭雪钊给予我无限的关爱与支持，容忍我每天早起读书写作；感谢大女儿郭慧君在这两年日渐懂事，使我少操心或不用操心，自己管好自己的学业与古筝专业；感谢二女儿郭宝仪的出生，转移了我的注意力，减少了我的焦虑，使我能静心、精心、耐心、专心地开展教育科研，此书很多时候都是在陪伴宝仪睡觉的间隙完成的，准确来说，没有宝仪的出生也就没有此书的诞生。

感谢恩师李镇西老师、郝晓东老师，是他们在新网师开设的课程，引领我们勇猛精进，这本书里的部分内容来自两位老师的授课指导，成果也是两位老师的。但是，如果书中还有任何错误，那都是我个人的疏忽，我将承担所有的责任。这本书中我的啃读、写作，还有其中许多感想、感悟，皆因受熏陶于新网师，我个人亲测新网师是教师生命成长的天堂，感谢朱永新老师创办新教育，创办新网师。一日新网师人，一世新网师情！